Katalogbuch zur Ausstellung
«Über Leben im Krieg.
Kriegserfahrungen im Ruhrgebiet
1939–1945»
Ruhrlandmuseum Essen

Ausstellungsleitung: Ulrich Borsdorf, Mathilde Jamin
Konzeption: Mathilde Jamin
Gestaltung: Gabriele Musebrink
Wissenschaftliche Mitarbeit: Stephan Sensen

Ulrich Borsdorf
Mathilde Jamin (Hg.)

# ÜBER LEBEN IM KRIEG

## Kriegserfahrungen in einer Industrieregion 1939–1945

rororo
Rowohlt

Lektorat: Charles Schüddekopf

Originalausgabe
Veröffentlicht im Rowohlt Taschenbuch Verlag GmbH,
Reinbek bei Hamburg, November 1989

Fotoredaktion: Alexander v. Plato und Stephan Sensen
Umschlaggestaltung Prof. Uwe Loesch /
Arbeitsgemeinschaft für visuelle und verbale Kommunikation
Gesetzt aus der Sabon auf Linotron 202
Gesamtherstellung Clausen & Bosse, Leck
Printed in Germany
1980-ISBN 3 499 18739 6

# Inhalt

Hans Mommsen

# Kriegserfahrungen

Die unmittelbaren Erfahrungen des Zweiten Weltkrieges sind für den größten Teil der deutschen Bevölkerung nicht mehr bewußt miterlebte Vergangenheit. Die Spuren der Bombennächte sind kaum mehr wahrnehmbar, die zerstörten Städte und Landschaften wiederaufgebaut, die ehemaligen Kriegsgegner vielfach zu Partnern geworden. Sind die Erfahrungen im Kriege überhaupt von den nachfolgenden Generationen, die den Krieg nur noch aus den Geschichtsbüchern kennen, nachzuvollziehen? Gibt es Gemeinsamkeiten zwischen Individuen, die den Krieg unter ganz verschiedenen Perspektiven wahrnahmen, nicht nur abhängig davon, auf welcher Seite sie standen, sondern auch davon, wie unmittelbar sie in das Kriegsgeschehen verstrickt worden sind? Die Fülle der Geschehnisse zwischen dem Kriegsausbruch am 1. September 1939 und der deutschen Kapitulation am 8. Mai 1945 war zu groß, die Herausforderungen des einzelnen waren zu vielgestaltig, als daß es denkbar wäre, die Erfahrungen dieser einzelnen in einen geschlossenen Typus zu verdichten.

Die Ausstellung des Ruhrlandmuseums will die vielfältigen Aspekte des Krieges anschaulich machen und spezifische Schicksalslagen herausarbeiten, die nicht zuletzt diejenigen betreffen, die der Zerstörung, dem Vernichtungswillen, der rassenideologischen Hybris und einer Menschenverachtung ohnegleichen am meisten zum Opfer fielen: das jüdische Volk, die sowjetischen Kriegsgefangenen in deutscher Hand, die Angehörigen der Völker Osteuropas. In gleicher Weise wird der Prozeß nachgezeichnet, der mit innerer Folgerichtigkeit die Last und die Schrecken des Krieges auch der deutschen Bevölkerung aufbürdete, obwohl die nationalsozialistischen Machthaber aus Gründen der Popularität des Regimes bei den Massen und um der «inneren Sicherheit» willen bemüht waren, die dem Krieg entspringenden Belastungen vom eigenen Volk möglichst fernzuhalten. Die Kosten des Krieges dachte man den unterworfenen Nationen abzufordern; zur Sicherstellung der Lebensmittel- und Rohstoffversorgung plünderte man die besetzten Territorien mit wachsender Rücksichtslosigkeit aus. Daß dies das Verhungern zahlloser Menschen im Osten, in den Kriegsgefangenenlagern, in den Außenlagern der KZs bedeutete und damit – weithin auch unter den Augen der Bevölkerung des Altreichs – mit Terror und Unterdrückung verknüpft war, wurde nur unscharf wahrgenommen und, wo die vielfach menschenunwürdige Behandlung der «Fremdvölkischen», der Kriegsgefangenen und selbst der dienstverpflichteten Arbeitskräfte offenkundig wurde, verdrängt oder mit dem Gefühl der Hilflosigkeit beantwortet. Manches davon mochte man damals als «kriegsbedingt» entschuldigen. Heute, wo klar zutage liegt, daß der Krieg vom Deutschen Reich mutwillig begonnen und einem unbegrenzten Eroberungs- und Ausbeutungsprogramm, das vor allem auf den europäischen Osten gerichtet war, dienstbar gemacht wurde, ist kein Zweifel daran möglich, daß der Tod von Hunderttausenden in den Gefangenenlagern, bei der Zivilbevölkerung, in den KZs, ganz abgesehen vom Genozid an den europäischen Juden, bei der Planung der militärischen Operationen und der Rüstungspolitik bewußt in Kauf genommen worden ist. Der Krieg nahm nicht erst mit dem Angriff auf die Sowjetunion den Charakter des Rassenvernichtungskriegs an, wenn auch der Terror der Einsatzgruppen, der Besatzungsbehörden und des Systems der Höheren SS- und Polizeiführer im besetzten Rußland schließlich keinerlei innere Begrenzung mehr besaß.

Mit der in ihrem ganzen Ausmaß erst nach dem deutschen Zusammenbruch 1945 durchgesetzten Erkenntnis, daß der Krieg notwendigerweise in einer Niederlage enden mußte und ein Sieg des Dritten Reiches von keiner Seite gewünscht werden konnte, geht ein neuerliches Erschrecken über das Ausmaß von Terror, Zerstörung und Verbrechen einher, die er entfesselte. Hätten die sinnlos gewordenen Kampfhandlungen auch nur Monate früher ein Ende gefunden, wären weite Landstriche im Osten, wäre Deutschland selbst von dem größten Teil der Zerstörungen verschont geblieben, die die Politik der verbrannten Erde, die alliierte Luftoffensive und der Vormarsch der alliierten Armeen auf deutsches Territorium bewirkten. Selbst das ist nachträgliches Wunschdenken, denn der Amoklauf des in schwerste Verbrechen verstrickten Regimes, das auf diplomatische Schritte zur Kriegsbeendigung nicht rechnen konnte, mußte zu jedem Zeitpunkt des Krieges in die äußerste Katastrophe hineinführen. Aus dem inzwischen gewonnenen zeitlichen Abstand heraus gilt es, die Geschehnisse des Krieges neu zu entdecken und dessen atemberaubend zerstörerische und lebensfeindliche Wirkungen zu begreifen, die von der gegenwärtigen Erfahrungswelt her geradezu unvorstellbar erscheinen. Die Ereignisse im Kriege sind von den Zeitgenossen notwendigerweise ganz unterschiedlich wahrgenommen worden, was mit den persönlichen Umständen, der regionalen Zugehörigkeit, dem Lebensalter, schließlich zufälligen Konstellationen zusammenhing.

Das Problem, ob der einzelne Opfer oder Täter oder beides war, ist mit der Frage nach der Gleich- oder Verschiedenheit der Kriegserfahrungen nicht unbedingt identisch. Der Charakter des mit totaler Ausschließlichkeit geführten und ideologisch begründeten Vernichtungskrieges brachte es mit sich, daß die Toten dieser Jahre, ob sie an den Fronten fielen, ob sie im Einsatz für die Rüstungsindustrie oder die Aufrechterhaltung der öffentlichen Verwaltungen umkamen, ob sie im Bombenkrieg getötet wurden oder die mörderischen Flüchtlingstrecks aus dem ostdeutschen Raum nicht überlebten, ob sie in den Kriegsgefangenenlagern starben oder ob sie Opfer des nationalsozialistischen Terrors und des Genozids wurden, auch im Rückblick nicht Gegenstand des gleichen Trauerns werden können. Trotzdem ist die Frage legitim, ob es für die vom Zweiten Weltkrieg gezeichneten Generationen bei aller Unterschiedlichkeit des Schicksals und unterschiedlicher Belastung mit individueller und kollektiver Schuld gemeinsame Erfahrungen gab.

Die Kriegsmaschine, der nationalsozialistische Arbeitseinsatz, die Bevölkerungsumsiedlungen und Fluchtbewegungen im gesamten europäischen Raum zerstörten oder beeinträchtigten in weitem Umfang autochthon gewachsene Strukturen, zerschlugen angestammte Familienbindungen und veränderten die nationalen Siedlungsräume. Der räumlichen Umschichtung entsprach die vielfältig eintretende Zerstörung des Familienzusammenhangs, sei es durch die Einziehung zur Armee, sei es durch die Entsendung der arbeitsfähigen Bevölkerung in Arbeitslager aller Spielarten, sei es durch die vorübergehende Aussiedlung aus vom Bombenkrieg bedrohten urbanen Räumen, die mit der Kinderlandverschickung begann, sei es mit der Versklavung wachsender Heere von Zwangsarbeitern, zu denen sich Kriegsgefangene und, auf der untersten Stufe der nationalsozialistischen «Rassen»-Hierarchie, jüdische Konzentrationslagerhäftlinge scharten, sofern sie durch die Selektion an den Rampen von Auschwitz-Birkenau von der sofortigen Ermordung ausgenommen worden waren. In der Kollektivierung des privaten Daseins lag eine gemeinsame Erfahrung der im Krieg lebenden Individuen, gleich welcher Nation und Konfession sie angehörten und welche politischen Gesinnungen sie auch immer besaßen.

Die zweite grundlegende Erfahrung der Kriegsgeneration bestand wohl in der weitgehenden Zerschlagung oder Aushöhlung der Normen, denen sie sich zuvor verpflichtet fühlte. Die kriegerische Wirklichkeit schliff nicht nur eingeübte Umgangsformen und soziale Unterschiede ab, sondern rief zugleich eine verstärkte moralische Indifferenz und zunehmende Gewöhnung an Gewalt, Elend und Tod hervor, deren massenhaftes Auftreten auch bei dem moralisch Sensiblen schließlich meist nur noch ohnmächtige Gleichgültigkeit erzeugte. Es häuften sich Situationen, in denen es ums bloße Überleben ging und in denen ideologische Indoktrination oder soldatische Tugenden jede Bedeutung verloren, sich auch die Unterschiede zwischen Freund und Feind verwischten. Die verzweifelten Abwehrkämpfe deutscher Soldaten gegen die andrängende Rote Armee hatten mit der antibolschewistischen Propaganda, wie sie Goebbels in unzähligen Tiraden wiederholte, wenig oder nichts zu tun. Für selbstverständlich erachtete Werte wie Nation und Vaterland verloren in den blutigen Schlachten seit Stalingrad ihren Glanz. Dem einfachen Landser ging es in erster Linie darum, sich selbst zu behaupten, und wenn nationale Überlegungen eine Rolle spielten, so überwiegend in dem Sinne, daß es galt, den totalen Untergang des eigenen Landes abzuwenden. Die Härte der Kriegshandlungen in der Sowjetunion, die auf deutsche Initiative zurückging, sich aber angesichts der desolaten Verhältnisse gleichsam verselbständigte, gab kein Bild des Normalfriedens mehr frei. Zwar kämpfte man längst nicht mehr für einen definitiven Sieg, wohl aber darum, eine Niederlage abzuwenden, deren verhängnisvolle Folgen alle Vorstellungskraft zu übersteigen schienen. Goebbels' Schlagwort vom «Untermenschentum», Himmlers Äußerungen von den «vertierten Bestien», mit denen sie die sowjetischen Soldaten abtun zu können glaubten, verfingen bei der kämpfenden Truppe nicht mehr, und auch im Altreich ließen sich derartige Klischees, die so offenkundig dem Auftreten und der Arbeitswilligkeit der sowjetischen Kriegsgefangenen und der Ostarbeiterinnen widersprachen, auf die Dauer nicht mehr verwenden. Aber der Haß, den das deutsche Vorgehen in der Sowjetunion erzeugt hatte, ließ sich nicht mehr zurückdrehen.

Die Eskalation des Terrors wuchs in dem Maße an, in dem sich die deutschen Operationen im Osten festliefen und militärische Rückschläge zu verzeichnen waren. Der Antibolschewismus, der bei den deutschen Führungskadern vorherrschte und untrennbar mit antisemitischen Klischees verbunden war, setzte schließlich auch die Praxis der Massenvernichtung des jüdischen Bevölkerungsteils frei, die seit Anfang 1942 auf das europäische Judentum, soweit es deutscher Herrschaft unterworfen war, übertragen wurde. Himmler bediente sich bewußt der Tatsache, daß die «Endlösung der Judenfrage», die ursprünglich nach dem siegreich abgeschlossenen Krieg angefaßt werden sollte, unter dem Deckmantel des Krieges ohne größere Widerstände durchgeführt werden konnte, zumal die Wehrmachtsführung die Einsatzgruppen bei ihrem mörderischen Handwerk gewähren ließ, sie teilweise noch aktiv unterstützte und es nur in Ausnahmefällen zu Protesten der Truppenführer kam, die zudem vor allem das Problem der Manneszucht in den Vordergrund stellten. Frontsoldaten wurden vielfach Zeugen von Massenerschießungen und Mißhandlungen, es fehlte nicht an Gerüchten, und in einzelnen Fällen erging das Verbot, Exekutionen zu fotografieren.

Der systematische Charakter der Erschießungen und der fabrikmäßigen Ermordung der meisten nach Osten deportierten Juden entging der deutschen Öffentlichkeit, obwohl sich die Deportationen weitgehend vor ihren Augen vollzogen und die völlige Enteignung der jüdischen Mitbürger von der Bevölkerung widerspruchslos, von einer fanatisierten Minderheit mit Genugtuung hingenommen wurde. Auch die Widerstandsbewegung des 20. Juli erlangte erst vergleichsweise spät ein auch dann noch fragmentarisches Bild der systematischen Judenvernichtung. Viele Zeitgenossen vermochten sich die Wahrheit des Holocaust trotz noch so vieler propagandistischer Ausfälle und Drohungen gegen den jüdischen Bevölkerungsteil nicht vorzustellen, und es gab Motive genug, diese unbequeme Wahrheit bald wieder zu verdrängen. Als die nationalsozialistische Führung die Aufdeckung der Massengräber von Katyn zu einer antibolschewistischen Propagandaoffensive ausnützen wollte, meldete der SD in den geheimen Stimmungsberichten, daß vielerorts die Meinung vorherrsche, die Entrüstung der deutschen Propaganda sei schon deshalb verlogen, weil man die Juden nicht anders als die ermordeten polnischen Offiziere behandelt habe. Bald aber trat das Bewußtwerden der massenhaften Ermordung der Juden wieder in den Hintergrund.

Zu den spezifischen Erfahrungen des Krieges innerhalb des deutschen Herrschaftsbereichs gehörte es, trotz zahlloser Gerüchte keine zuverlässigen Informationen über die Ereignisse an den Fronten und im Innern erlangen zu können. Die Fragmentierung des politischen Systems im Dritten Reich bewirkte selbst unter hochstehenden Machthabern eine weitreichende Desinformation, da es geregelte Kommunikationskanäle selbst auf dieser Ebene nicht gab. Sowenig man der Goebbelsschen Propaganda glaubte, sosehr war man auf die offiziellen Nachrichten angewiesen; das illegale Abhören des BBC konnte den extremen Informationsmangel nur teilweise wettmachen. Unbeugsame Gegner des Regimes, die diesem das Schlimmste zutrauten, waren davor gefeit, die Auslandsnachrichten für übertrieben zu halten, während die Masse der Bevölkerung noch immer geneigt war, den Versicherungen Hitlers Glauben zu schenken, die zeitweiligen Rückschläge würden wieder überwunden. Der Grad der Desinformation war kaum zu überschätzen. Die Störung der Kommunikationsnetze durch den Bombenkrieg und die Einschränkung des Reiseverkehrs erschwerten Kontakte zwischen Gleichgesinnten, und dies trug dazu bei, daß viele Oppositionsgruppen auf sich gestellt blieben.

Nur vergleichsweise kleine Teile der Bevölkerung gaben sich den Propagandaversprechungen hin, die eine Wende des Krieges durch die «Vergeltungswaffen» in Aussicht stellten; viele klammerten sich an die Illusion, Hitler habe nichts mit der Korruption und der verbrecherischen Politik Himmlers, Heydrichs und Goebbels' zu tun. Die bürokratischen Unterdrückungsapparaturen verhinderten, daß sich die Antikriegsstimmung öffentlich entlud. Die Rechtsprechung verfolgte unter der Generalklausel der «Heimtücke» selbst geringfügige Vergehen, die auf Disziplinbruch hinwiesen, und griff mit härtesten und vielfach unbilligen Strafen durch, wobei Elemente einer Klassenjustiz einwirkten. Die geringsten Chancen hatten ausländische Zwangsarbeiter, den sich häufenden Denunziationen zu entrinnen, die in einem so großen Maße zur Alltagswirklichkeit gehörten, daß Göring schließlich forderte, gegen Denunzianten vorzugehen. Der Justizapparat, der immer mehr Zuständigkeiten an die Willkürjustiz der SS abgab, suchte mit verschärften Bestrafungen das «Durchhalten» der Bevölkerung zu erzwingen und eine Wiederkehr des November 1918, die auch Hitler insgeheim fürchtete, mit allen Mitteln zu verhindern. Bis zum letzten Moment wurden diejenigen, die gegen sinnlos gewordenen militärischen Widerstand eintraten, von Standgerichten, die Feldjägereinheiten und fanatische Truppenführer installierten, unter grausamen Bedingungen hingerichtet.

Die faktische Atomisierung der Gesellschaft durch die ständige Mobilisierung, durch die Bevölkerungswanderung und das Leben im dauernden Ausnahmezustand war in der Struktur des Systems angelegt, wurde aber unter den Einwirkungen des Krieges aufs äußerste beschleunigt. Andererseits stellten sich neue Solidaritäten her. Die christlichen Kirchen wurden zu einem immer wichtigeren Zufluchtsort; ihre wachsende Popularität wurde von hohen NS-Führern mit unverhohlenem Neid betrachtet. Denn die Sprechtage der Ortsgruppenführer und die lokalen Parteiveranstaltungen besaßen keinerlei Anziehungskraft auf die Bevölkerung. Nichts fürchtete man in kleinen Orten mehr, als den Dienstwagen des lokalen NSDAP-Funktionärs zu Gesicht zu bekommen; denn die Partei hatte das zweifelhafte Vorrecht, die Hinterbliebenen über den «Heldentod» der Söhne, Väter oder Ehemänner zu unterrichten. Unabhängig davon sank die Popularität der NSDAP und der Parteifunktionäre, denen mit guten Gründen vorgeworfen wurde, zu Unrecht u. k. (unabkömmlich) gestellt zu sein; erst der Einsatz der NSDAP und NSV bei der Soforthilfe gegenüber Bombengeschädigten gab der Partei etwas von ihrem ramponierten Ansehen zurück.

Goebbels frohlockte über die «Volksgemeinschaft», die sich als Resultat der verheerenden Bombenangriffe spontan herzustellen schien, und über die Ansätze zu einer klassenlosen Gesellschaft, die in gegenseitiger Hilfsbereitschaft der «Volksgenossen» hervortraten. Die Solidarität, die der Bombenkrieg hervorrief, beruhte darauf, daß die einzelnen, unabhängig von ihrer sozialen Stellung oder politischen Haltung, aufeinander angewiesen waren. Die Luftangriffe hatten daher im allgemeinen die umgekehrte Wirkung dessen, was das Alliierte Strategische Bomberkommando von ihnen erwartete; die Bevölkerung hatte im übrigen gar keine Alternative, als durch gemeinsames Zusammenstehen die äußeren Bedingungen ihrer Existenz notdürftig zu sichern. Es kam hinzu, daß der einzelne Tag und Nacht im Bann des Luftkriegs stand oder damit beschäftigt war, dessen private Folgen provisorisch zu beheben. Das war gewiß keine Konstellation, in der es zu oppositionellen Handlungen größeren Stils kommen konnte, zumal sich die Zugriffsmöglichkeiten der Gestapo in dem Maße vermehrten, in dem die Menschen von ihrem gewohnten Lebenskreis und ihren hergebrachten sozialen Kontakten getrennt wurden.

Die deutsche Bevölkerung war vom Kriegsausbruch am 1. September 1939 überrascht worden und hatte darauf mit Apathie und Zurückhaltung reagiert. Kriegsbegeisterung, wie am 4. August 1914, war nirgendwo zu konstatieren. Den Deutschen steckten die Erfahrungen des Ersten Weltkriegs zu tief in den Knochen, als daß die mit allen propagandistischen Mitteln vorangetriebene psychologische «Wehrhaftmachung» besonderen Erfolg verzeichnete. Andererseits stellte die langjährige Kriegsverherrlichung in Presse, Publizistik und Literatur ein wirksames psychologisches Hindernis dar, den Krieg grundsätzlich abzulehnen. Die militärischen Anfangserfolge in Polen und der nach dem Stellungskrieg von 1914–1918 spektakulär erscheinende Sieg über Frankreich waren von einer Welle patriotischer Hochstimmung begleitet. Sie trugen Adolf Hitler auf den Gipfelpunkt seiner Popularität, wobei die Hochstimmung nach dem Frankreichfeldzug mit der Erwartung zusammenging, das Ende des Krieges stehe unmittelbar bevor.

Der Rußlandfeldzug stieß jedoch auf größte Zurückhaltung, und die Kriegsmüdigkeit breiter Bevölkerungsteile sollte sich nunmehr kontinuierlich verstärken. Das Bild, das die Propaganda des Regimes von der fanatisch für die nationalsozialistischen Ideen kämpfenden Truppe zeichnete, traf nicht einmal auf die Eliteverbände der Waffen-SS zu. Die weltanschauliche Indoktrination des Heeres war jedenfalls in den Augen von Martin Bormann höchst unvollkommen, und er suchte dem seit Ende 1943 mit der Einrichtung des NS-Führungsoffiziers abzuhelfen. Die Mentalität des durchschnittlichen Landsers war von Nüchternheit, Ablehnung der realitätsfernen Propagandatiraden und vom festen Willen geprägt, selbst zu überleben. Gewiß gab es unter dem Vorzeichen des Kommissarbefehls schwerwiegende Übergriffe der Armee gegen die ihr wehrlos ausgelieferte Zivilbevölkerung und gegen Kriegsgefangene; der Partisanenkrieg führte zu einer beispiellosen Verrohung der Kriegführung auf beiden Seiten. Aber der Durchschnittssoldat hatte darauf wenig Einfluß und sah kaum eine Möglichkeit, sich der Eskalation der Gewalt zu entziehen.

Die Einzelschicksale derer, die der Krieg aus der Lebensbahn warf, die ihre Familie, ihre Anverwandten verloren, die niemals wieder in ihre Heimat zurückkehrten, die durch den Krieg zu Tode kamen, lassen eine generalisierende Betrachtung schwerlich zu. Gemeinsam war wohl für alle direkt Betroffenen ein sich ausbreitendes Gefühl der Hoffnungslosigkeit, der Desorientierung und der fehlenden Aussicht auf die Rückkehr zum Frieden. Die Gewöhnung an Krieg als Normalexistenz, die Abstumpfung gegenüber Not und Leid, die man allenthalben wahrnahm, die in der Grenzsituation auftauchende Erfahrung des Kampfes um nacktes Überleben führten zu dem Eindruck gänzlicher Aushöhlung der Verhaltensnormen und Werte, die bis dahin die Grundlage des gesellschaftlichen Zusammenhalts bildeten. Die Umwandlung der sozialen Beziehungen in einen sozialdarwinistischen Überlebenskampf lag auf der Linie der nationalsozialistischen Ideologie. Sie mündete in eine Ersetzung des Institutionengefüges durch Cliquenkämpfe, bei denen die Gauleitungen, aufgeschwemmt durch im Osten stellungslos gewordene und zurückgekehrte Parteifunktionäre, eine führende Rolle spielten. Helmuth James von Moltke, der Führer des Kreisauer Kreises, schrieb dem mit ihm befreundeten britischen Journalisten Lionel Curtis, die Hauptaufgabe des Widerstands bestehe darin, das Bild des Menschen im Herzen unserer Mitbürger wiederherzustellen. Die im Krieg kulminierende zynische Gewaltpolitik des Nationalsozialismus zerstörte in der Tat immer mehr den Glauben daran, daß es noch positives gesinnungsethisches Handeln geben könnte, nachdem die Pervertierung der idealistischen Überlieferung durch die nationalsozialistische Politik gerade die Angehörigen der jüngeren Generation völlig desillusioniert hatte.

Der Krieg schmolz zugleich die Unterschiede ein, die ursprünglich zwischen

Front und Heimat bestanden hatten. Die deutsche Besatzungsherrschaft im Osten trieb die mißhandelte Zivilbevölkerung dazu, sich den Partisanen anzuschließen, die eine zweite Front im Rücken der deutschen Armeen bildeten. Die alliierte Luftoffensive überzog die deutschen Städte mit Zerstörung. Millionen von Fremdarbeitern wurden zur Aufrechterhaltung der deutschen Kriegsproduktion eingesetzt und unter vielfach unwürdigen Bedingungen zu Arbeitsleistungen gezwungen, die weithin über die Kraft des einzelnen gingen. Dazu trat die planmäßige «Vernichtung durch Arbeit» in den Außenstellen der Konzentrationslager, aber auch die konzentrationslagerartige Bestrafung derjenigen, die sich den Arbeitsanforderungen widersetzten und wegen «Arbeitsvertragsbruchs» in Arbeitserziehungslager eingewiesen wurden, deren Funktion darin bestand, die psychische und physische Widerstandskraft binnen weniger Wochen zu brechen. Auch wenn Sabotagefälle äußerst selten waren, wurde der Krieg so doch bis in die Produktionsstätten getragen. Die strengen Vorschriften, jeden engeren Umgang mit Polen, Ostarbeitern, sowjetischen Kriegsgefangenen und KZ-Insassen zu unterlassen, desgleichen die diskriminierende Behandlung der Zwangsarbeiter durch die Gestapo und die Behörden, trugen die Feindschaft zwischen den Völkern in den Alltag hinein.

Die Epoche des Zweiten Weltkrieges hat tiefe Spuren im Leben der Völker hinterlassen. Im Grunde entzieht sich das Ausmaß der Menschenverluste und der Zerstörungen unserer Vorstellungskraft; allein 50 Millionen Menschen sind in diesem Kriege umgekommen, Zivilisten und Militärs zusammengerechnet. Die Bevölkerungsverluste haben vor allem bei den am meisten betroffenen osteuropäischen Nationen tiefe Wunden geschlagen. Die 1939 einsetzenden Vertreibungen und Bevölkerungsverschiebungen, denen die Ausweisung der deutschen Bevölkerung aus den Ostgebieten folgte, sind irreversibel, sowenig die nationalen Probleme Ost- und Ostmitteleuropas dadurch beseitigt worden sind. Der ungeheure Haß, den die Gewalttaten der Kriegsparteien freigesetzt hatten, ist heute zugunsten des Willens zur Verständigung zwischen den Völkern und der Entschlossenheit zurückgetreten, auf die Anwendung kriegerischer Mittel in der Politik zu verzichten. Das einzig Tröstliche, das der Erbschaft der erbitterten Schlachten des Zweiten Weltkrieges entspringt, besteht in der unabweisbaren Einsicht, daß in modernen Kriegen die Unterscheidung zwischen Siegern und Besiegten nur noch graduelle Bedeutung besitzt.

# Trennungen

## Tapfere kleine Soldatenfrau

Lied von Carl Sträßer

1. Als wir im August hinausgezogen sind, / Da hast du mich zum Sammelplatz gebracht, / Du trugst auf deinem Arm unser kleinstes Kind, / Und du hast mich so fröhlich angelacht. / Du sagtest unserem Jungen: „Schau, / Dort steht der Vater ja!" / Und du warst eine kleine tapfere Frau, / Die ihren Liebsten scheiden sah.

1.—4. Tapfere kleine Soldatenfrau, / Warte nur, bald kehren wir zurück. / Tapfere kleine Soldatenfrau, / Du bist ja mein ganzes Glück, / Tapfere kleine Soldatenfrau, / Ich weiß wie so treu du denkst an mich. / Und so soll es immer sein, / Und so denk ich ja auch dein, / Und aus dem Felde von ganzem Herzen grüß' ich dich.

2. Als Abschied ich nahm, da war der Garten bunt, / Viel Rosen waren ringsumher erblüht. / Du gabst mir einen Kuß und dein roter Mund, / Der hat auch wie ein Röselein geglüht. / Du drücktest mir die Hand so fest, / Da hab' ich's tief gespürt, / Daß mit Stolz in den Kampf du mich ziehen läßt, / Den Freiheitskampf, den Deutschland führt.

3. Heut' bin ich so fern von dir und unserem Haus, / Doch fühl' ich deine Grüße mit mir gehn. / Ich rechne mir den Tag bis zum Urlaub aus, / Werd' dann dich und die Kinder wiedersehn. / Du stehst am Gartentore dann; / Wie schön ist da die Welt, / Wenn die tapfere Frau ihren feldgrauen Mann / In ihren Armen selig hält.

(wenden!)

**4. Wenn siegreich der Krieg beendet ist dereinst, / Dann ziehen wir ins Städtchen mit Musik. / Die Fahnen flattern froh und du lachst und weinst, / Denn es ist unser schönster Augenblick. / Du trägst denn zwar kein Ordensband, / Du strahlst denn allerwärts, / Als der herrlichste Stern in dem ganzen Land / Dein tapferes goldenes Frauenherz.**

Kriegspostkarte

Clermont sur l'Oise,
Frankreich, 31. 1. 1941
*«Meine liebe Lotte!
Immer wieder ist es mir eine besondere Freude, wenn ich nach dem Dienst einen lieben Brief von Dir vorfinde.»*
Bild und Text: Pincornelly
PK-Foto

Frankreich
Ferntrauung eines Oberleutnants
der Fallschirmjäger
PK-Foto

Sowjetunion
*Der Divisionspfarrer hat das Briefeschreiben übernommen*
Andersen, PK-Foto

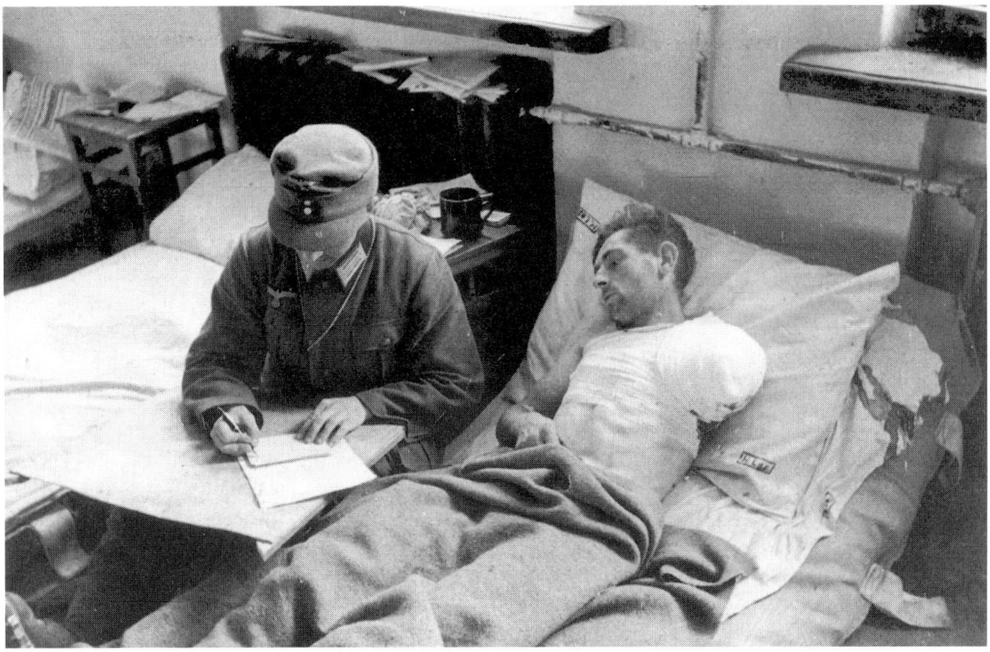

Sowjetunion 1942
*Abschied vom Kameraden*
PK-Foto

Privates Album
für den gefallenen Bruder

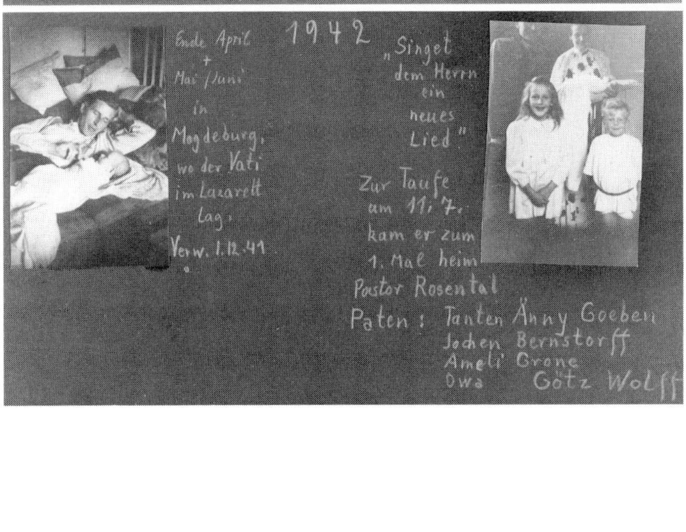


Die Männer sind gefallen, ihre Frauen werden Taufpaten
Privatalbum, ca. 1955/56

Alexander v. Plato, Stephan Sensen

# Vorsicht, Foto!

## Quellenkritische Anmerkungen zu den abgebildeten Fotografien aus dem Zweiten Weltkrieg

Kriegsfotografien – wer hat sie nicht im Kopf, die Bilder von Schlachten, rollenden Panzern und angreifenden Flugzeugen, von vorwärtsstürmenden schattenhaften Gestalten mit verwischtem Stahlhelm vor qualmenden Trümmern, die Mauern und Menschen zerreißenden Explosionen, die abschiednehmende tapfere Lilly Marleen, die marschierenden singenden Soldaten, die Kolonnen gefangener geschlagener Feinde...

Und die Bilder von der «Heimatfront»: die auf Hochtouren laufende Rüstungsindustrie, Frauen, die Männer am Arbeitsplatz ersetzen und zu Hause trotz schwieriger Versorgungslage souverän wirtschaften, die unter imposanten Lichtkegeln dröhnenden Flakbatterien und die mühsame, aber energische Beseitigung der durch Bombenangriffe verursachten Schäden.

Was erscheint da auf der inneren Projektionswand – Wirklichkeit? Oder erinnerte stereotype Propagandabilder, tausendmal gesehen in Wochenschauen und Fotografien der Nationalsozialisten?

Wer Fotografien zum Krieg auswählt, lernt Vorsicht. Vorsicht vor den eigenen Vorlieben und Klischees, Achtsamkeit vor immer noch wirksamen Effekten der Propaganda, die von Bildern in uns ausgelöst werden, welche die Zensur des Goebbels-Ministeriums und zum Teil auch der Wehrmacht passieren mußten, um veröffentlicht zu werden. Erhöhte Aufmerksamkeit ist also geboten bei den Millionen Fotos aus dem Zweiten Weltkrieg, die noch in unseren Archiven erhalten, aber nicht annähernd ausgewertet sind und dort auf die oft mißverstehenden Blicke nachfolgender Generationen warten – allesamt aus deutscher Perspektive von beauftragten Profifotografen aufgenommen.

Die Frage nach dem Quellenwert dieser Bilder stellt uns vor ein Problem, das beim Umgang mit Fotografien, diesen ausschnitthaften Momentaufnahmen, von grundsätzlicher Natur ist. Fotos suggerieren einen Realismus, der letztlich nur technisch bedingt ist. Doch unter dem Hochglanz der Fotografie liegt eine tiefere, subjektiv kodierte Schicht, die es mühsam zu entschlüsseln gilt: die Arrangements, die Ausschnittwahl, die Bildwürdigkeit bestimmter Themen, die Unwürdigkeit anderer – alles Hinweise, die zur Aufklärung der mit dem Bild verfolgten Absicht beitragen.

Die Fotografien der Kriegsberichterstatter zum Beispiel – in speziellen Propaganda-Kompanien der deutschen Truppen hergestellte Profiarbeiten. Sie zeigen die Wehrmacht als touristisches Großunternehmen, mit dem deutsche Soldaten weltweit reisen, nicht zuletzt ins eroberte Paris, die mondäne Hauptstadt des Erzfeindes. Der heldische Stalingradkämpfer, durch transzendent wirkendes Licht modelliert, erscheint im klaren Profil, den Blick unbeirrt geradeaus gerichtet; Bartstoppeln und eine fehlende Niete am Helm zeugen vom Abenteuercharakter des Krieges (Bild 1). Sein russisches Gegenüber dagegen wirkt alt und schwach; die hervorgehobenen Makel des zahnlosen Mundes und der Warze auf der Stirn unterstreichen noch diesen Eindruck – wer könnte diesen Feind nicht leicht besiegen (Bild 2)? Der polnische Jude im Internierungslager: Seine äußere Erscheinung entspricht den damals verbreiteten rassistischen Klischees, auch nahegelegt durch die depressive Haltung und die wohl bewußt irreführende Darstellung des rechten Fußes als diabolische Mißbildung (Bild 3). Steckt gerade in der Aufdeckung der Propaganda deren heutiger dokumentarischer Wert, oder heißt das nur, daß die Gefahr groß ist, ihr immer noch auf den Leim zu gehen?

Manche ihrer Produkte sind aus heutiger Perspektive nicht ohne tragische Ironie – der Lauf der Geschichte kehrt den intendierten propagandistischen Wert dieser Bilder ins Gegenteil um. Zur bevorstehenden Schlacht um Stalingrad, dem Symbol der Wende des Krieges, fahren lachende Landser mit nackten Oberkörpern, begleitet von Akkordeonspiel, als ginge es zu einem fröhlichen Fest – schon ein halbes Jahr später war dieses Foto Makulatur der Propaganda

Links außen:
1 Stalingrad,
Spätherbst 1942
PK-Foto

2 Sowjetunion
*Das sind Stalins Soldaten*
Sowjetischer Kriegsgefangener
PK-Foto

3 Polen
Polnische Juden im Lager
PK-Foto

(Bild 4). Der Heldentod unter dem Motto «Deutschland muß leben und wenn wir sterben müssen» ruft im Zeitalter eines vollständig kompromittierten Nationalismus bei dem gnädig Nachgeborenen Kopfschütteln hervor – oder war das Bild vielleicht schon damals ironisch gemeint (Bild 5)?

Auch die Wirkung der Fotos von der Aktion «Verbrannte Erde» und der Erhängung von Partisanen, damals in der Aktivpropaganda der Wehrmacht als Dokumentation ihrer Erfolge im «Bandenkrieg», aber auch als Abschreckung für die Zivilbevölkerung besetzter Gebiete verwendet, hat sich geändert: Heute verursachen sie nur noch Abscheu. Ebensowenig eindeutig sind heute viele der damals an der «Heimatfront» entstandenen Fotografien. Wurde eine Frau in der Rüstungsindustrie aufgenommen, um deren neue Aufstiegsmöglichkeiten in männliche Domänen zu zeigen, oder ist das unser heutiges Mißverständnis? Der Bombenblindgänger, der zu Beginn der Luftangriffe wie ein zwar sensationelles, aber doch harmloses Objekt wirkt, mit dem man gern vor der Kamera posiert, bekommt durch das Wissen um die Flächenbombardierungen gegen Ende des Krieges eine andere Bedeutung.

Trotz der auf unsere Distanz zu den Ereignissen zurückzuführenden Einschränkungen der beabsichtigten Wirkung dieser Bilder: Alles deutet zunächst hin auf eine vollständige Unterwerfung der deutschen Berufsfotografie im Zweiten Weltkrieg unter die Direktiven einer zentral gesteuerten Propaganda. Aber dieses Bild ist zu grob. Es berücksichtigt nicht die Fotografen als Subjekte mit politischen Einstellungen, beruflichem Ehrgeiz, ästhetischen Ansprüchen

4 PK-Foto

5 PK-Foto

6 PK-Foto

und persönlichen Vorlieben. Es läßt die nicht kontrollierbaren Nischen außer acht, die durch individuelle Initiative oder durch unterschiedliche Ansprüche an Bilder von seiten der Wehrmacht und der NSDAP entstanden. All dies führt zu einer größeren Komplexität der Bilder, die von vermeintlich rein propagandistisch arbeitenden Fotografen eigentlich nicht erwartet wird.

Manchmal gelingen Fotografen Bilder, die mit kleinen Listen komplexere Bezüge ahnen lassen, durch eine scheinbare Nebensächlichkeit mehr zu erkennen geben, als der Zensur lieb sein konnte. So ist die vom Essener Lokalreporter Willy van Heekern fotografierte Trümmerlandschaft mit dem bewußt durch die Ausschnittwahl auf den ironischen Spruch «...für den Sieg» reduzierten Bruchstück einer auf eine Hauswand geschriebenen Naziparole von geradezu subversiver Wirkung.

Mit Fotos, die Tote nach Bombenangriffen, Gefangene beim Räumen der Trümmer oder KZ-Häftlinge beim Bergen der Bombenopfer zeigen, verstießen die akribisch und systematisch vorgehenden Dokumentaristen, die alle durch Luftangriffe auf Reichsgebiet verursachten Sach- und Gebäudeschäden mit der Kamera erfassen sollten, gegen die mit ihrem Auftrag verbundene Fotografiererlaubnis. Dieses Handeln setzte außer professioneller Neugier ein kritisches Bewußtsein voraus.

Nicht selten finden wir Aufnahmen von Kriegsberichtern, die Verbrechen der Deutschen dokumentieren, so etwa die Bildfolge von der Erschießung russischer Zivilisten und Soldaten durch Wehrmacht. Auch wenn die Fotografen solche Szenen nicht als kriminell wahrgenommen haben sollten, so leuchtet doch der geringe Wert dieser Bilder für propagandistische Zwecke ein. Ebenfalls unbrauchbar im Sinne der Propaganda ist die Serie über das Wehrmachtsbordell in Brest. Die Bildberichter der Propaganda-Kompanien waren eben nicht nur Propagandisten, sondern auch Dokumentaristen der Truppen.

Also: Sogar die Bilder der Propaganda-Kompanien sind mannigfaltig, und auch die Kamera, die so gern von den Kriegsberichterstattern als Gewehr oder als Kanone dargestellt wird (Bild 6), hat Rohrkrepierer, auch ihre Schüsse gehen manchmal nach hinten los.*

Und trotzdem: Es fehlen bestimmte Bilder; es fehlen das Leiden und der Tod der Landser, das Elend, die Erschöpfung, die Angst, die Läuse, der Gestank, der

* Zur Quellenkritik der von den Propaganda-Kompanien aufgenommenen Fotografien entsteht zur Zeit eine Untersuchung von Stephan Sensen.

7 u. 8 Ein Erinnerungsalbum an die Gefallenen einer Jugendclique.
Von den vieren blieb nur einer übrig.

9. u. 10 Privatalbum eines deutschen Soldaten zum Kriegsbeginn

Hunger, die Trostlosigkeit des Verlustes und der Niederlage. Es fehlen die unheldischen Anstrengungen an der «Heimatfront», die kleinen Durchmogeleien oder die Normalität des Lebens, die ab und zu durch Todesanzeigen, schließlich durch Bombenexplosionen zerplatzt, um schnell wiederhergestellt zu werden. Wie soll Fotografie, selbst wenn der Fotograf es will, die Alltäglichkeit der Barbarei auf Film bannen?

Diese Art Fotos finden wir auch nicht bei den Siegern, die ebenfalls Millionen gekonnter Fotos lagern: Sie zeigen eher das Inferno aus den Luken der Bomber oder aus den siegreichen Panzern heraus aufgenommene Ansichten, schließlich die geschlagenen Deutschen und Eindrücke vom Ende des Krieges. Und es gibt die Fotografien von den befreiten Zwangsarbeitern und Insassen der Konzentrationslager, von den Spuren der Vernichtung.

Also suchen wir nach dem Kriegsalltag der Deutschen in privaten Alben oder einzelnen Privatfotos – und werden fündig. Da gibt es das Album für die Freundes-Clique, die «Alte Garde», von der nur die Frauen und ein Mann übrigbleiben (Bilder 7 u. 8); von Abiturfeiern damals und heute – heute sind die Klassen nur halb so groß und in Ost und West verstreut. Da sind die Kinderalben vom süßen Säugling bis zum kleinen Mädchen – ganz ohne Krieg; nur daß der Papi inzwischen fünf Jahre weg war in Krieg und Gefangenschaft; das Kind sollte «nur Kind» sein, scheinbar unberührt vom Krieg, aber im Hintergrund sind Trümmer oder der Teil einer Uniform zu sehen. Da ist die Taufe, bei der nur Frauen die Patenschaft übernehmen, weil deren Männer «im Osten gef.» sind.

Aber auch hier bei den Privatfotos heißt es «Achtung!» im doppelten Sinn: Es sind respektable Fotos mit breitem Themenspektrum, doch auch sie können in die Irre führen, stecken oft voller Fallen.

Da ist der zugleich tragische und rührende Fall der sowjetischen Zwangsarbeiterin, die sich ein zweites Mal, fröhlich wirkend, porträtieren läßt, weil ihre Mutter sich wegen des ersten Fotos Sorgen macht, das sie in bedrückter, aber authentischer Stimmung zeigt. Ein unkritischer Umgang mit diesen Fotografien kann zu dem Mißverständnis führen, in ihnen Belege für das Wohlergehen der Zwangsarbeiter zu sehen. Am Beispiel allein dieser Geschichte ließe sich eine Quellenkritik der Fotografie entwickeln.

Manchmal finden wir Fotos, die sich mangels Informationen zu ihrer Entstehung nach 40–50 Jahren kaum noch entschlüsseln lassen. Hier sind Mißverständnisse vorprogrammiert. So muß etwa die Frage, aus welchem Grund polnische Juden zu Kriegsbeginn für das Privatalbum eines deutschen Soldaten fotografiert wurden, ungeklärt bleiben. War es ihre als exotisch empfundene Fremdheit, oder waren die Motive antisemitisch (Bilder 9 u. 10)?

Und es gibt die internalisierte Propaganda: Heute erschrickt der linke Betriebsrat, wenn er liest, was er damals für martialische Bildunterschriften in sein «Ostfeldzug»-Album schrieb, dem Unternehmer ist es peinlich, wenn er in seinem Album als «Gefolgschaftsführer» und die Belegschaft dementsprechend als

11 Werbeanzeige Adox

12 Privatfoto

13 Norwegen
*Am Polarcirkel, woh ich vor nicht langer Zeit vorbeigekommen bin*
Privatfoto

«Gefolgschaft» tituliert wird. Und auch in den Privatalben taucht der Krieg als großtouristisches Unternehmen auf – nur daß es eben wirklich Herr Müller von nebenan ist, der sich selbst als turbangeschmückter Rommel-Afrikaner oder in typischer Touristenpose am norwegischen Polarkreis abbilden ließ (Bilder 11–13).

Was also auswählen? Wir haben uns zu einer aspekthaften Auswahl entschlossen: eine Mischung aus häufig hintergründigen Fotos der Profis und aus privaten Fotoalben. Diese Fotografien sind nicht den Texten untergeordnet, sondern behalten ihren eigenständigen Wert als Quellen zum Zweiten Weltkrieg; sie zeigen sogar dann eine eigene «Bildsprache», wenn sie, oberflächlich gesehen, den Text begleiten oder bebildern. Am deutlichsten wird der Dokumentencharakter der Fotos da, wo vom Fotografen selbst konzipierte Bildserien, die ein bestimmtes Ereignis thematisieren, vorgestellt werden. Aber auch die aus privaten Alben zusammengestellten Seiten sind authentische Quellen: Sie offenbaren, wie der Krieg oder der Tod eines Familienmitgliedes individuell oder familiär verarbeitet beziehungsweise inszeniert wurde. Darüber hinaus haben wir Bilder, die nicht zur gleichen Zeit oder am gleichen Ort gemacht wurden, unter bestimmten Themen nach einem von uns erdachten Erzählduktus geordnet – wohl wissend, daß wir hier einen Zusammenhang konstruieren, der damals nicht intendiert war, uns heute jedoch wichtig und schlüssig erscheint. Ausgewählt wurden auch einzelne Fotos, die für uns großen dokumentarischen Wert oder besondere bildliche Qualität haben.

All dies enthüllt sich nicht immer auf den ersten Blick, verlangt genaues Suchen oder gar das Gespür für das inhaltlich oder ästhetisch Hintersinnige.

# Wehrmachtsbordell

Wehrmachtsbordell in Brest, Frankreich, 1940
Übersetzung: «Zur Zeit und auf Befehl der Kommandantur ist dieses Etablissement für Zivilisten geschlossen.»
Alle Fotos dieser Serie befinden sich auf demselben Film.
PK-Fotos

Les Clients

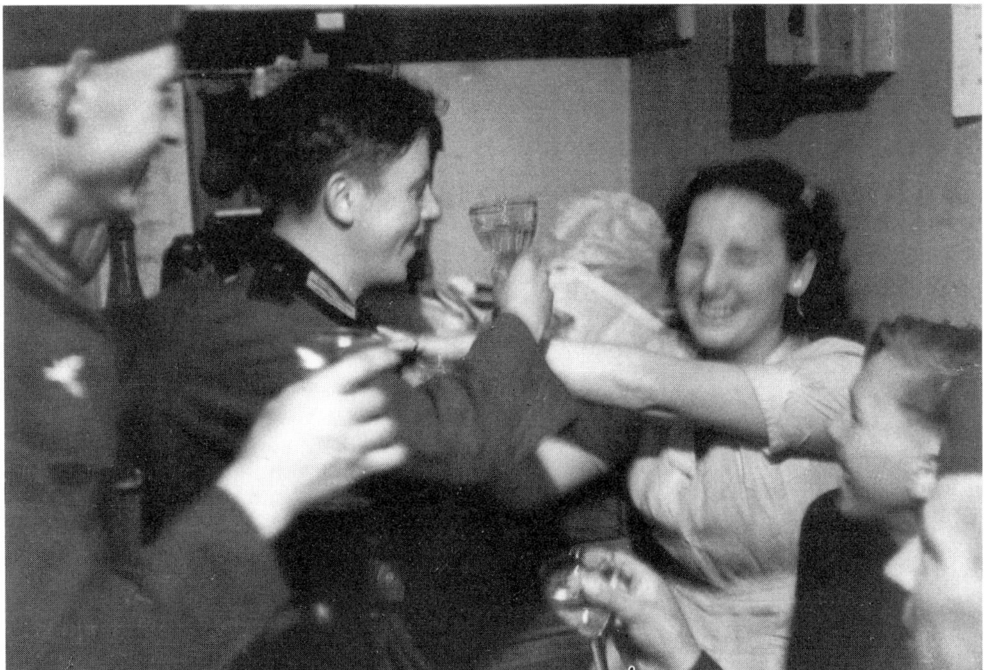

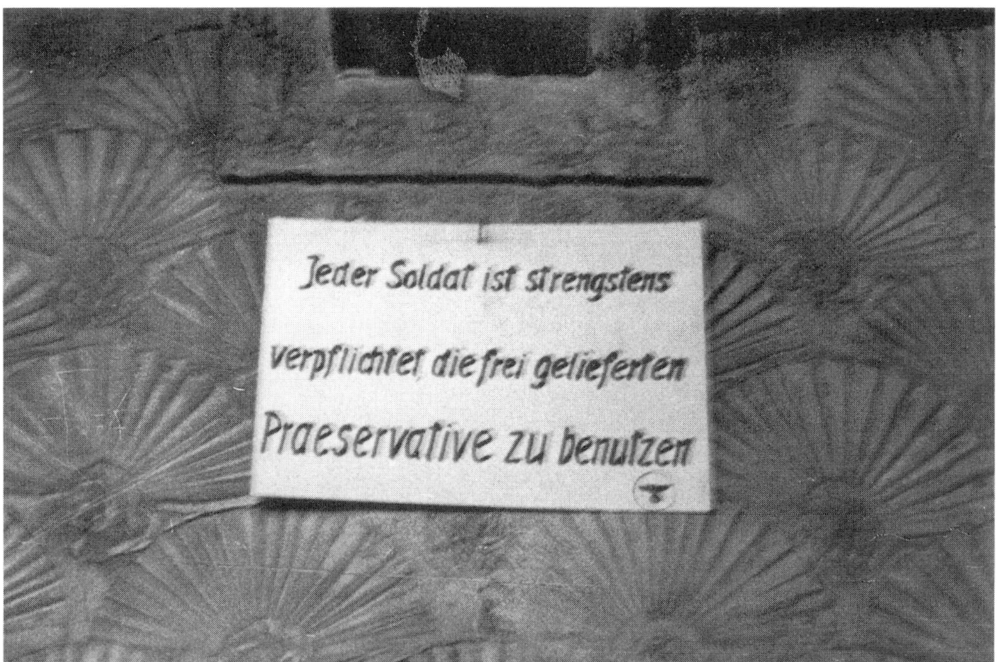
Jeder Soldat ist strengstens
verpflichtet die frei gelieferten
Praeservative zu benutzen

Straße mit Wehrmachtsbordellen in Brest, Frankreich, 1940
Rechts und links der Tür Texte mit demselben Inhalt wie auf dem ersten und dem siebten Foto dieser Serie. An der Mauer vier verzierte Davidsterne: Es handelt sich offensichtlich um eine ehemalige Synagoge oder ein jüdisches Bethaus!

Wolfgang Franz Werner

# Belastungen der deutschen Arbeiterschaft in der zweiten Kriegshälfte

«Die Stimmung in diesen Bevölkerungskreisen [die Arbeiterschaft der Großstädte und Industriegebiete] sei auf einem im Verlauf des Krieges bisher noch nicht festgestellten Tiefstand angelangt», heißt es im Lagebericht des Sicherheitsdienstes (SD) der SS vom 23. März 1942.[1] Bei dem Ereignis, das «geradezu ‹niederschmetternd›» gewirkt und «in Arbeiterkreisen zu einer nicht unbeträchtlichen Beunruhigung geführt» hatte, «und zwar in einem Ausmaße wie kaum ein anderes Ereignis während des Krieges», handelte es sich um die Ankündigung einschneidender Kürzungen bei den Lebensmittelrationen, die vom 6.4.1942 an wirksam wurden. Weder der Überfall auf die Sowjetunion noch die Kriegserklärung an die Vereinigten Staaten von Amerika, noch die erste Winterkatastrophe der deutschen Truppen in den Weiten Rußlands hatten sich vergleichbar negativ auf die Stimmung ausgewirkt. Der Grund dafür lag nicht nur in der unmittelbaren Betroffenheit, sondern darin, daß die propagandaberieselten Deutschen ihre Versorgungslage zum Gradmesser der Glaubwürdigkeit der NS-Nachrichten gemacht hatten und nun merkten, daß die Lage ernst war. Die Lebensmittelversorgung seit Kriegsbeginn war keineswegs befriedigend gewesen, wie die ständigen Klagen der Bevölkerung belegen. Sie hatte jedoch, weil sie nach Arbeitsschwere differenziert war, Ernährungsmißstände, wie sie im Ersten Weltkrieg herrschten, erfolgreich vermieden und sichergestellt, daß es in der Arbeiterbevölkerung keinen Hunger gab. Man registrierte aber schon in den ersten Kriegsjahren fühlbare Gewichtsverluste, die nach den Rationenkürzungen 1942 noch auffälliger wurden. Die Kürzungen wurden zwar noch im selben Jahr zurückgenommen, die Verbesserungen waren jedoch so geringfügig, daß das Niveau des ersten Kriegsjahres nicht annähernd wieder erreicht wurde. Beschaffungs- und Zubereitungsschwierigkeiten verschlimmerten den Mangel noch. So berichtete der Generalstaatsanwalt beim Oberlandesgericht Nürnberg unter dem 11. August 1942 von «Hamsterfahrten» in einem bisher nicht gekannten Ausmaß. Illegale Beschaffungspraktiken (z. B. «Schwarzschlachten») wurden häufiger. Auf Wochenmärkten kam es immer wieder zu Handgreiflichkeiten beim Kauf nur knapp angebotener Gemüse. Des öfteren wurde von stundenlangem Anstehen vor Lebensmittelgeschäften berichtet. Die Bevölkerung machte die schlechtere Qualität der Lebensmittel, den hohen Anteil von Rauhgemüsen und den Mangel an Fetten für den starken Anstieg von Magen- und Darmerkrankungen verantwortlich. Vom Herbst 1944 an brach die Lebensmittelversorgung regional und zeitlich unterschiedlich in Etappen zusammen.

Die Ernährung verschlechterte sich zu der Zeit, zu der die Anforderungen an die deutsche Arbeiterschaft gewaltig anstiegen. Der Krieg selbst wurde in Form der Bombenangriffe seit 1942 verstärkt nach Deutschland getragen und traf die Zivilbevölkerung in bis dahin unbekannter Härte. Da die Tagesangriffe auf Produktionsstätten und Transporteinrichtungen die deutsche Kriegsproduktion nicht entscheidend schwächen konnten, stellte das britische Bomber Command 1942 seine Taktik auf nächtliche Flächenangriffe mit dem Ziel um, die deutsche Kriegswirtschaft durch die Zerstörung des Durchhaltewillens und der Arbeitsmoral zu lähmen. Wohnviertel, vornehmlich Arbeiterwohnviertel, wurden zu bevorzugten Angriffszielen. Der erste Tausend-Bomber-Angriff (auf Köln am 30./31. Mai 1942) zeigte unmißverständlich die neue Luftstrategie. Mehr als die Hälfte der abgeworfenen Bomben gingen 1942 auf Flächenziele nieder. Obwohl die amerikanische Luftflotte andere Strategien befürwortete, blieben Flächenziele auch 1943 dominant und wurden erst 1944 durch die gezielten Angriffe auf Transporteinrichtungen übertroffen. Die Tonnage der auf Flächenziele abgeworfenen Bomben stieg von rd. 3600 (1941) auf 55 000 (1942) und auf 132 000 short tons (1943), ehe sie 1944 auf 104 000 short tons reduziert wurde. Die Zahl der Opfer, die bis Februar 1942 bei durchschnittlich 220 Toten im Monat gelegen hatte, stieg im Sommer 1942 auf 750 und betrug 1943 7000, 1944 5500 Tote im Monat.

Auch wenn die Demoralisierung der deutschen Arbeiterschaft durch die Luftangriffe nicht erreicht wurde, kann man doch die zermürbende Wirkung erahnen, die von den immer häufiger werdenden Angriffen ausging. Noch das Geringste war der gestörte Schlaf durch die oft fast täglichen Fliegeralarme, die ja noch häufiger waren als die tatsächlichen Bombenangriffe. Die kumulierende Wirkung solcher Störungen ist sicherlich nicht zu unterschätzen. Dazu kamen vielfältige Formen von harter Arbeit, enormer psychischer und physischer Belastung und Lebensgefahr. Die zunehmenden Anforderungen spiegeln sich im Wandel der Vorschriften für den Werkluftschutz und den erweiterten Selbstschutz wider. Sollten 1940 Männer zum Werkluftschutz nicht häufiger als dreimal pro Monat herangezogen werden, so lag die Obergrenze der Bereitschaftsdienste 1942 schon bei sechs, 1944 bei zehn Einsätzen im Monat. Wer den Einsätzen fernblieb, mußte mit Geldstrafen durch polizeiliche Strafverfügungen rechnen.

Die Heimatflak entstand 1942, als klar wurde, daß den alliierten Flugzeugverbänden mit den vorhandenen militärischen Kräften nicht beizukommen war. Dazu wurden wehrfähige Zivilisten herangezogen. Innerhalb von jeweils drei Wochen mußten diese als Soldaten bei der Heimatflak eine Woche lang während der Nacht Bereitschaftsdienst und gegebenenfalls Einsatz leisten – zusätzlich zu ihrer normalen Tagesarbeit im Betrieb. Daneben wurde der nebenamtliche Werkschutz erweitert, um Sabotageakte und Fluchtversuche ausländischer Arbeiter nach Luftangriffen zu verhindern. Teilweise wurden regelrechte Alarmkompanien gebildet, wenn nicht Heimatflaksoldaten oder reguläre Soldaten alarmierbar waren. Darüber hinaus konnte jeder noch per Notdienstverordnung zu Aufräumungs- und Sicherungsarbeiten herangezogen werden. Als z. B. alliierte Luftangriffe die Hydrierwerke und damit die Produktion von Treibstoff auszuschalten drohten, wurden für Reparaturen bei der Gelsenberg-Benzin in Gelsenkirchen-Horst von überallher rund 20 000 Arbeiter zusammengeholt, «zum Teil in der Form, daß bei den Bahnhöfen morgens Posten standen, die sämtliche Leute auf ihrem Weg zu ihrer Arbeitsstätte anhielten, hinsichtlich ihres Berufes kontrollierten und bei Eignung mit nach Horst nahmen».

Die wenige Freizeit, die geblieben war, mußten viele Arbeiter darauf verwenden, ihre beschädigten Häuser und Wohnungen zu reparieren. Wenn die Schäden größer waren, fehlten diese Arbeiter auch mehrere Tage. Private Reparaturarbeiten waren Mitte 1943 im Ruhrkohlenbergbau der Hauptfehlgrund. Noch eine weitere Belastung kam hinzu. Es gab bei Kriegsbeginn nicht annähernd ausreichend Schutzraum gegen Bombenabwürfe in Deutschland. Vielerorts gingen Arbeiter daran, fehlenden Schutzraum, so gut es ging, in «Selbsthilfe» zu erstellen. Wie enorm dieser Einsatz war, ergibt sich aus einer Übersicht über den vorhandenen Schutzraum in Essen, gemessen am Fassungsvermögen in Personen. Von 377 000 Plätzen in trümmer- und splittersicheren Bauten waren rund 17 % in Selbsthilfe erstellt worden, von den 216 000 Plätzen in bombensicheren Bauten sogar rund 27 %. Berghänge und Kohlenhalden wurden durch Stollenbau genutzt, andere Formen des Schutzraumbaues waren wegen der Rohstoffprobleme schwierig.

Alle genannten Faktoren müssen mit berücksichtigt werden, wenn die Arbeitsleistung deutscher Arbeiter beurteilt werden soll. Allein aus der Fülle der zusätzlichen Arbeiten ergibt sich, daß es außerordentlich schwierig war, die Arbeitszeit, die in den meisten Betrieben 60 Stunden pro Woche betrug, noch zu steigern. Im Steinkohlenbergbau, in dem die tägliche Arbeitszeit kürzer war als in anderen Wirtschaftsbereichen, wurden 1941 «Sonntagspflichtschichten» eingeführt. Elf waren es im Ruhrbergbau 1941, schon 26 im Jahre 1943. Nur mit drastischen Strafandrohungen auf der einen und finanziellen Prämien und zusätzlichen Nahrungs- und Genußmitteln auf der anderen Seite hatte sich diese Arbeitszeitverlängerung durchsetzen lassen. Auch in anderen Bereichen wurden Arbeitszeitverlängerungen, bis auf 72 Stunden in der Woche, angeordnet, ließen sich aber nur kurzfristig realisieren, weil es an Rohstoffen fehlte, die Arbeiter erschöpft waren und der Anteil an Ausschuß in der Überstundenzeit unvertretbar hoch schien. So ist denn wohl hauptsächlich zu erklären, warum die Arbeitszeitstatistik für diese Zeit nur geringfügige Steigerungen ausweist.

Es gehört ja zu den auffälligsten Erscheinungen in der Zeit der großen Bombenangriffe, daß die Abwesenheitsrate und die Abwesenheitszeiten deutscher Arbeiter nach Werks- oder Wohnungszerstörungen relativ gering und kurz waren. Nur anfangs schienen die Fehlzeiten die Kriegswirtschaft zu bedrohen. Aber schließlich hatten viele Arbeiter wirklich Reparaturen an ihren Wohnungen durchzuführen, und Bau- bzw. Ausbesserungsmaterial war nicht leicht zu bekommen. Daneben war ein beträchtlicher Papierkrieg zu bewältigen, etwa um Ersatz für verbrannte Lebensmittelkarten, Entschädigungen oder Übergangshilfen zu bekommen. Sicher benutzte so mancher Arbeiter Beschädigungen der Wohnung auch zum Vorwand, um ein oder zwei Tage Ruhe zu haben, zumal in solchen Fällen der Lohn bis zu zwei Wochen weiterzuzahlen war. Längst war es schon nicht mehr ratsam, sich auf dem Wege des «Krankfeierns» eine Verschnaufpause zu verschaffen, denn die Ärzte waren gehalten, «Arbeitsbummelanten» aufzuspüren. In diesem Zusammenhang soll der Hinweis genügen, daß die Zahl der Betriebsärzte, die auch vertrauensärztliche Funktionen wahrnahmen, sich von 467 im Jahre 1939 auf 8000 im Jahre 1944 vergrößert hatte.[2] Bereits in der ersten Kriegsphase galten vertrauensärztliche Dienste vielen Arbeitern als «Gesundmühlen».

Noch seltener waren die Fälle, in denen sich deutsche Arbeiter nach dem Schock der Bombenangriffe oder aus Angst vor diesen Arbeitsplätze in sicheren Regionen suchten, was einem verbotenen Arbeitsplatzwechsel gleichkam. Zwar hatte der Generalbevollmächtigte für den Arbeitseinsatz, Gauleiter Sauckel, angeordnet, daß Fahndungsaktionen wie bei Ausländern bei deutschen Arbeitern in solchen Fällen unterbleiben und keine Zwangsmaßnahmen angewandt werden sollten, aber trotzdem mußten Arbeitsämter dafür sorgen, daß die deutschen Arbeitskräfte freiwillig oder per Dienstverpflichtung wieder in ihren Betrieb zurückgingen; es konnte wochen- oder monatelang dauern, «bis man dieser Flüchtlinge wieder habhaft» wurde, wie man im Reichswirtschaftsministerium wußte.

Sehr viel häufiger kam es vor, daß Arbeiter wegen völlig unzureichender Luftschutzräume vor einem Angriff das Werk verließen und aufs freie Feld oder in nahe gelegene Bunker außerhalb des Betriebsgeländes flüchteten. Nicht selten versuchten Firmenleitungen, dies zu unterbinden. So hinderte die Werksfeuerwehr des Betriebs der Hugo Schneider AG (Hasag) in Leipzig deutsche Arbeiter mit Wasserstrahlen am Verlassen des Werksgeländes, gegen die ausländischen Zwangsarbeiter wurden sogar Schußwaffen eingesetzt. Allerdings wandten die Werke und andere Instanzen nicht überall solche drastischen Mittel an, sondern beschränkten sich zumeist auf Appelle an ihre Arbeiter oder z. T. auf spürbare Geldstrafen. Nicht selten lehnte die Polizei sogar die Bestrafung solcher Arbeiter ab, wenn die betrieblichen Luftschutzmaßnahmen als unzureichend erkannt wurden.

Zum Normalfall wurde, daß die Arbeiter nach solch einer Flucht bzw. nach der Regelung privater Schäden relativ schnell und in großer Zahl in die Betriebe zurückkehrten und die Produktionsausfälle gering waren. Nach wenigen Tagen arbeiteten 80–90 % der Belegschaft trotz schwierigster Verkehrsbedingungen wieder in ihrem Betrieb. Selbst bei den gewaltigen Zerstörungen in Hamburg 1943 kehrten nach einem Massenauszug von fast einer Million Menschen aus der Stadt viele Arbeiter wieder an ihren Arbeitsplatz zurück und setzten ihre Arbeit ohne Anzeichen von verminderter Leistungsbereitschaft fort. Befragungen ausländischer Arbeiter bestätigten, daß es nennenswerte Abwesenheitsraten nach Luftangriffen bei deutschen Arbeitern nicht gegeben hat. Nur in seltenen Fällen fehlte eine größere Zahl von deutschen Arbeitskräften oder blieb der Arbeit sogar auf Dauer ganz fern. Wenn das doch geschah, dann handelte es sich dabei überwiegend um Frauen. Dieses Verhalten wurde erst gegen Kriegsende in einzelnen Firmen gravierend. Nach vier Angriffen im Juni/Juli 1944 auf Köln kehrten insgesamt 1000 Deutsche, ein Drittel davon Frauen, nicht mehr zu den Ford-Werken zurück. Die übrigen Arbeiter (rund 1800) stellten sich im Laufe von zwei Wochen in der Mehrzahl wieder ein. Trotz des hohen Arbeitsausfalls überstieg der Produktionsausfall die Normalproduktion von zwei Wochen nicht, weil die Arbeitszeit auf 56 bis 66 Stunden pro Woche erhöht und 150 Arbeiter aus einem zerstörten Werk übernommen wurden.

Führende Nationalsozialisten werteten die erstaunlich rasche Aufnahme der Arbeit in solchen Fällen als Anzeichen einer vorzüglichen Arbeitsmoral. In den Jahren 1942 und Anfang 1943 war die Arbeitsmoral nämlich schlechter geworden, die Arbeitsunlust hatte fühlbar zugenommen, und die Kriegsunlust wurde immer ausgeprägter. Vor diesem Hintergrund wirkt der scheinbare Umschwung überraschend. Es war jedoch keine Hinwendung zum Regime. Sogar deutliche Ablösungsprozesse wurden sichtbar, etwa darin, daß sich viele Deutsche nicht mehr mit ihrer Führung identifizierten und es gelegentlich sogar, wie einige Bahnarbeiter in Braunschweig, wagten, nach einer neuen Regierung zu rufen. Die schweren Luftangriffe drängten solche Verhaltensweisen völlig in den Hintergrund. Gangbare Alternativen zum Weitermachen gab es nicht, die Alliierten waren trotz der Luftangriffe weit weg, die Macht des Regimes blieb ungebrochen. Das Überleben, das Übrigbleiben wurde das zentrale Problem. Hier liegt das eigentliche Motiv für die rasche Rückkehr der deutschen Arbeiterschaft in die Betriebe. Dies läßt sich am Verhalten ausländischer Arbeiter, bei denen man getrost von einer geringen Loyalität gegenüber den Firmen ausgehen kann, deutlich zeigen. Verblüffenderweise half die große Mehrzahl der ausländischen Arbeiter nach Angriffen auf die Werke mit großem Einsatz bei Aufräum- und Löscharbeiten; in geringer Zahl benutzten sie die Luftangriffe und das daraus resultierende Durcheinander zur Flucht.

Solche Energie und solcher Opferwille wurden auch an den Tag gelegt von «Elementen, von denen man dies nicht ohne weiteres hätte erwarten sollen», wie es in einem Bericht an den Reichsminister der Justiz hieß: Insassen von

Zuchthäusern, Haftanstalten und Jugendarrestanstalten nutzten Bombenschäden an den Gebäuden oft nicht zur Flucht, sondern beteiligten sich an den Lösch- und Bergungsarbeiten, und das zu einer Zeit, zu der die Zahl der Ausbrüche aus Untersuchungshaft und Strafhaft zunahm. Selbst ausländische Häftlinge aus einem betriebseigenen Arbeitserziehungslager in Rheinhausen, deren Lager durch einen Luftangriff beschädigt worden war, flohen nicht, sondern beteiligten sich an den Löscharbeiten an einem brennenden Wohnhaus. Ein vergleichbares Extrembeispiel im privaten Bereich ist von einem ehemaligen KZ-Häftling und Widerstandskämpfer überliefert. Angehörige der verbotenen KPD retteten nach einem Luftangriff Frau und Kind eines führenden Nazifunktionärs. Später kam es zu der merkwürdigen Szene, in der der Nazifunktionär sich bei dem Altkommunisten bedankte. Die Mitarbeit an Lösch- und Aufräumarbeiten, ob in den Betrieben oder Wohngebieten, von Menschen, die den Nazis wenig oder keine Loyalität entgegenbrachten, legt die Vermutung nahe, daß auch die Partizipation der Gesamtbevölkerung nicht unter dem Gesichtspunkt der Solidarisierung mit dem System zu fassen ist. Die extreme Belastung führte zum Wiederaufleben der Mechanismen, die darauf zielten, zusammenzuhalten und die Überreste der Existenzgrundlage zu sichern.

Den zerstörerischen, demoralisierenden Effekten der Bombenangriffe wirkten also offenbar Tendenzen entgegen, die diese Effekte weitgehend neutralisierten. Eine Auswertung von Briefen, die den westlichen Alliierten bei ihrem Vormarsch in die Hände fielen, ließ nur bei leichten und mittelschweren Bombardierungen nachlassende Widerstandsfähigkeit erkennen, bei schweren Bombenangriffen stabilisierte diese sich wieder. Umgekehrt verstärkte sich der Glaube an die Führung unter diesen Bedingungen etwas. Gerade der unter schwersten Bedingungen sich wieder verstärkende Glaube deutet auf einen gewissen Solidarisierungseffekt hin; mit den Worten einer Zeitgenossin ausgedrückt: «Die Katastrophen, die Nazis wie Antinazis gleichermaßen treffen, schweißen das Volk zusammen.»

Daneben spielte ein Gewöhnungs- und Lerneffekt eine beträchtliche Rolle; die in Ruinen liegenden Städte, die Bombengefahr wurden die neue Normalsituation, der sich die meisten, so gut es ging, anpaßten: «Unfaßbar, was der Mensch ertragen kann und wie schnell er seine Angst vergißt. Ob dieser Zustand zur Gewohnheit wird? Ein Zusammenbruch wird mit diesen Methoden [Bombenangriffen, W. F. W.] nie erreicht. Eher kriechen wir alle noch halbverhungert aus Höhlen und Unterständen und arbeiten weiter.» Während die Anpassung an die neue Normalität anhielt mit einer hartnäckigen Entschlossenheit, am Leben zu bleiben, war der Solidarisierungseffekt über soziale Schranken hinaus nur auf die Phasen größter Not beschränkt. Nach dem furchtbaren Angriff auf Hamburg vom 27.7.1943 herrschte dort ungefähr zwei Wochen lang eine klassenlose Gesellschaft, in der alles ohne Ansicht auf Rang und Status von Personen brüderlich geteilt wurde. Danach allerdings, als das Allerschlimmste überstanden war, reetablierte sich das alte Sozialgefüge. Trotz des an sich vorübergehenden Charakters war die Erfahrung gegenseitiger Solidarität ein wichtiger Stützfaktor für das Regime; zudem hörte in vielen Großstädten Deutschlands die Ausnahmesituation des Bombenkrieges bis zum Kriegsende nicht mehr auf. Es zeigte sich dabei, daß gerade in den Arbeitervierteln die Solidarität besonders ausgeprägt war, was dann wohl auch der Grund dafür war, daß die Ortsgruppenleiter in den Arbeitervierteln mit den Problemen, die die Luftangriffe schufen, besser fertig wurden als anderswo. Das lag sicher auch daran, daß Arbeiter das handwerkliche Können besaßen und sich einem Wiederaufbausyndrom hingaben und sich auf das Naheliegende konzentrierten, während Angehörigen anderer Schichten diese handwerklichen Fähigkeiten fehlten. Sie konnten sich daher nicht gezielt an die Arbeit machen. Das Ergebnis war hier sehr viel häufiger Resignation und Apathie angesichts der schier unüberwindlichen Schwierigkeiten. Dieses Verhalten der Arbeiterschaft, das die Nazis sich selbst gutschrieben als vorzügliche Arbeitsmoral, war also vorwiegend eine Verhaltensweise, die den Nazis zugute kam, aber kein echter Indikator für die Einstellung der Arbeiterschaft dem Regime gegenüber, obwohl nicht bestritten werden soll, daß es bis in die letzten Kriegsmonate Arbeiter gab, die sich an den «Führerglauben» klammerten. Allerdings waren sich wohl auch die Nazis der Vieldeutigkeit des Arbeiterverhaltens bewußt und keineswegs sicher, daß die Arbeiterschaft immer rasch zum Arbeitsplatz zurückkehren würde. Daher überlegte man, ob den Arbeitern ausgebombter Betriebe Rückkehrprämien gezahlt werden sollten. Aber es gab auch so zugkräftige materielle Gründe dafür, daß die deutschen Arbeiter rasch in ihre Betriebe zurückkehrten. Wohin sollten sie denn sonst auch gehen? Die Arbeiter waren bei ihrer Ernährung weitgehend abhängig vom Betrieb. Sie erhielten ihre Normalverbraucherkarten zwar von der entsprechenden Zweigstelle des Ernährungsamtes, ihre Zulagekarten aber in den Betrieben. Im Zuge der Evakuierung von Frauen und Kindern waren zwangsläufig viele Arbeiter auf die Betriebskantinen angewiesen, weil sie selbst nicht kochen konnten oder – nach zehn Stunden Arbeit – auch nicht wollten, vom Einkaufen in den Läden, die wegen Bombenzerstörungen nahe gelegener Geschäfte jetzt möglicherweise am anderen Ende der Stadt lagen, ganz zu schweigen. Und das war nur eines der zahlreichen Probleme, mit denen «bombengeschädigte» Arbeiter zu kämpfen hatten. Hier boten viele Betriebe, vor allem Großbetriebe, durch Betreuungsstellen Hilfen an, die den Arbeitern etliche Probleme abnahmen – selbstverständlich mit dem Hintergedanken, dadurch deren Arbeitskraft möglichst rasch und uneingeschränkt wieder zur Verfügung zu haben. So organisierten solche Stellen in Hamburg die Bearbeitung von Schadensersatzanträgen bei Fliegerschäden, sie nahmen gleichzeitig Vorprüfungen der Anträge vor und konnten Vorauszahlungen gewähren. Sie beschafften am Rande des totalen Chaos Notunterkünfte, beispielsweise in Schulen oder werkseigenen Räumen. Lebensmittelkarten wurden ebenfalls zentral für die Arbeiter innerhalb eines Komplexes von mehreren Werken ausgegeben. Außerdem besorgten die Werke durch Gemeinschaftskäufe Kleidung, Betten, Bettwäsche und vieles andere mehr bis hin zu Zahnbürsten, Kämmen und Glühlampen, die dann in den Betrieben an improvisierten Verkaufsstellen an die Arbeiter weiterverkauft wurden. Auf diese Art konnte die Belegschaft sogar Gebrauchsgegenstände bekommen, die sonst nur nach stundenlangem Suchen in verschiedenen Läden – wenn überhaupt – erhältlich gewesen wären. Die Sperrung der «Reichskleiderkarte» zugunsten der Luftkriegsgeschädigten 1943 charakterisiert die Versorgungsprobleme. Aber auch bei Betrieben ohne Beratungs- oder Außenstellen von Behörden wurde sichergestellt, daß die Arbeiter sich zumindest aus materiellen Gründen rasch wieder am Arbeitsplatz einfanden. Arbeiter konnten nur dann Ersatz für ihre verlorengegangenen Karten erhalten oder Anspruch auf Schadensersatzleistung bei Bombenschäden geltend machen, wenn sie sich vorher bei ihrem Betrieb zurückgemeldet hatten und dies durch eine Bescheinigung belegen konnten.

Es läßt sich nur schwer abschätzen, welchen Stellenwert die materiellen Vorteile der Rückkehr in den Betrieb hatten. Ausländische Arbeiter jedenfalls sahen die Ursache für die Arbeitsbereitschaft ihrer deutschen Kollegen in erster Linie in der Furcht vor der Polizei, die größer war als die vor den Luftangriffen. Da viele Betriebe sich nicht scheuten, bei mehrtägigem Fehlen eines Arbeiters die Polizei einzuschalten, scheint diese Furcht mehr als verständlich. Als zweiter Grund wurde die Angst vor den Verbänden der Roten Armee genannt, die sich von Osten her immer näher an die Reichsgrenze heranschoben. Das mag eine gewisse Rolle gespielt haben, obwohl die Furcht vor dem «Bolschewismus» bei den Arbeitern 1943 und 1944 eher rückläufig war.

Die Furcht vor dem Heer von schließlich über sieben Millionen ausländischer Arbeiter wurde als letzter Grund genannt. Ihr Anteil an den Beschäftigten in der Industrie betrug 1944 immerhin rund 30 %, in einzelnen Betrieben sogar sehr viel mehr. Die Angst davor, daß beim Zusammenbruch des faschistischen Systems die Zwangsarbeiter sich für ihr Los an den Deutschen rächen würden, war in der Tat sehr weit verbreitet. Sie mag auch die deutschen Arbeiter zu Anstrengungen angespornt haben, ein System zu erhalten, das vermeintlich dazu in der Lage war, sie vor der Rache der Ausländer zu schützen. Noch wichtiger war aber zweifellos, daß zum damaligen Zeitpunkt angesichts der Kriegsentwicklung kein halbwegs vernünftiger Mensch ein Interesse daran haben konnte, seine Freistellung vom Kriegsdienst zu verlieren und an die Ostfront geschickt zu werden. Genau das konnte trotz des Arbeitermangels aber sehr leicht passieren, z. B. wenn ein Betrieb nicht mehr weiterproduzieren konnte. Der Zielkonflikt zwischen Kriegsproduktion und Soldatenmobilisierung nahm in dem Maße zu, in dem klar wurde, daß die Sowjetunion nicht in einem Blitzkrieg zu besiegen war. Für die deutsche Arbeiterschaft bedeutete dies die erhöhte Gefahr der Einberufung zum Kriegsdienst. 1943 waren 35 % der männlichen deutschen Belegschaft zum Wehrdienst eingezogen gegenüber knapp 20 % 1942.[3] Weitere 25 % waren unabkömmlich gestellt, ein Status, der laufender Überprüfung unterlag und schnell aufgehoben werden konnte. Darin lag ein nicht zu unterschätzendes Disziplinierungsmittel. Resultat der Einberufungen war eine deutliche Überalterung der verbleibenden deutschen Belegschaft. So machte z. B. im Ruhrbergbau 1944 die Altersgruppe über 41 Jahre zwei Drittel der deutschen Bergleute aus gegenüber einem Drittel im Jahre 1939.

Schließlich hatte diese Überlebensstrategie auch noch eine besondere psychologische Dimension. Die Arbeit schützte nicht nur vor Einberufung, die Flucht in die Arbeit ermöglichte es, sich dem Nachdenken, der furchtbaren Realität der bombenzerstörten Städte und den Sorgen über eine höchst ungewisse Zukunft zu entziehen. Mitte 1944 vermerkte der SD-Bericht diese Einstellung als typisch: «‹Es geht über meine Kraft, jetzt den Wehrmachtsbericht zu hören. Ich muß einfach warten, bis wieder bessere Nachrichten kommen.› Mit solchen und ähnlichen Erklärungen versuchen viele V[olks]G[enossen], um irgendwelche Erörterungen der Lage herumzukommen. Andere bemühen sich, alle ungünstigen Tagesereignisse von sich fernzuhalten und sich mit Tagesereignissen nicht mehr zu beschäftigen, als es unbedingt notwendig ist, um sich nicht in eine Kopflosigkeit hineinreißen zu lassen. *Die Männer gehen zumeist stur ihrer Arbeit nach.*» (Hervorhebung durch den Autor) Wie sehr diese psychologische Komponente die Arbeiter beeinflußte, zeigt die Bemerkung eines Bergmannes: «Ich denke schon mit Schrecken wieder an den Abend. Solange ich im Betrieb bin, weiß ich nichts davon, aber wenn ich nach Hause komme, habe ich das Grauen.»

Die Vielschichtigkeit der Motive, die zur raschen Wiederaufnahme der Arbeit führten, zeigt sich in den oben aufgeführten Beispielen. Sie macht deutlich, daß diese nicht als gute Arbeitsmoral im Sinne einer Zustimmung zum herrschenden System aufgefaßt werden kann, obwohl auch solche Elemente mit enthalten waren. Die simplifizierende Sichtweise, alle Negativreaktionen auf die Bombenangriffe als vorübergehende schlechte Stimmung aufzufassen und das Weitermachen trotz aller Beschwernisse als «gute Haltung» und damit Zustimmung zum herrschenden System zu reklamieren, ist so nicht haltbar. Die Beispiele zeigen, daß man kaum von freiwilliger Bereitschaft sprechen kann. Zu eindeutig ist die Furcht vor Einberufungen oder der Gestapo. Allerdings ging der Zwang nur zum Teil vom System aus, denn die Bomben warfen ja die Kriegsgegner, und diese Form des gegnerischen Terrors half dem Regime ganz außerordentlich. Es war die Ausweglosigkeit der Situation, das Fehlen einer gangbaren Alternative, die die deutsche Arbeiterschaft zu den Höchstleistungen bei Rückkehr in die Betriebe und deren Wiederaufbau trieb. Völlig richtig schätzte der SD die wirkliche Situation ein: «Tatsächlich sei bei einem nicht geringen Teil der Bevölkerung trotz äußerlicher Gelassenheit, insbesondere rastloser und opferbereiter Pflichterfüllung in der Arbeit, eine pessimistische Grundtendenz unverkennbar.»

Hauptziel der britischen und später auch der amerikanischen Luftoffensive seit Anfang 1942 war die «morale» der Zivilbevölkerung, speziell der Industriearbeiter. Offensichtlich ist nach den obigen Beispielen, daß die alliierten Bombenangriffe massiven Druck auf ein komplexes System ausübten, damit aber nicht nur zerstörerische, sondern auch wiederaufbauende Kräfte freimachten. Auf der Ebene des Bewußtseins gelang es den Alliierten ja sogar, die Widerstandskraft vieler Deutscher zu brechen, wie deren immer pessimistischere Einschätzung der Kriegsaussichten zeigt. Dies wurde aber mehr als kompensiert durch das Zusammenrücken verschiedener Bevölkerungsgruppen durch den vehementen Druck von außen. Die damit verbundene Aktivierung des Selbsterhaltungstriebes wurde zur stärksten Stütze des Regimes. Die Bombenangriffe erledigten für das Regime einen beträchtlichen Teil des Zwangs zur Arbeit, den es sonst selbst hätte ausüben müssen. An der Anwendung von Zwangsmitteln fehlte es aber auch in dieser Phase des erzwungenen Konsenses ohne Alternative nicht. Geldstrafen, Kürzungen der Lebensmittelrationen, gerichtliche Bestrafungen, Einweisungen in Arbeitserziehungs- oder Konzentrationslager wurden verhängt. Die Drohung mit Gestapo und Einberufung zur Wehrmacht blieb reales Druckmittel, auch wenn sein Einsatz durch den Außendruck vielfach unnötig gemacht wurde. Entscheidenden Anteil hatte die Überlebensstrategie auf psychischem Gebiet: die Flucht in die Arbeit zur Vermeidung des Nachdenkens. Sie verband sich mit dem Versuch, sich nach Möglichkeit die Familie als privaten Bereich zu erhalten (wie die zähe Verweigerungsstrategie gegen die Kinderlandverschickung und die damit oft verbundene Frauenevakuierung zeigt), und dem Festhalten am Betrieb als einer der letzten, Ordnung verheißenden Institutionen in einer Gesellschaft, die sich immer mehr zersetzte und auflöste.

## Anmerkungen

1 Falls nicht gesondert ausgewiesen, finden sich die Belege in: Wolfgang Franz Werner, «Bleib übrig». Deutsche Arbeiter in der NS-Kriegswirtschaft. Düsseldorf 1983

2 Wolfhard Weber, Arbeitssicherheit. Historische Beispiele – aktuelle Analysen. Reinbek bei Hamburg 1988, S. 174 f.

3 Ulrich Herbert, Fremdarbeiter. Politik und Praxis des «Ausländer-Einsatzes» in der Kriegswirtschaft des Dritten Reiches. Berlin/Bonn 1985, S. 221

# Frauen in der Kriegswirtschaft – Frauen im «militärischen Einsatz»

Propagandaplakat der «Deutschen Arbeitsfront»

*Frauen am Strahlrohr*
*Der Kraftfahrer der Feuerwehr ist eingezogen und wird durch eine Helferin ersetzt, die früher beruflich den Wagen ihres Mannes gefahren hat. Die Umschulung auf das schwere Löschgruppenfahrzeug bereitet ihr keine Schwierigkeiten.* Agenturfoto

*«Stationsvorsteherin Edith sichert den Kriegsverkehr»*
*Die Weiche muß umgelegt werden. Mit der Mechanik ist man bald vertraut geworden.*
Agenturfoto

*Frauen leisten Männerarbeit im Flugzeugbau.*
*Anhand einer Liste überprüft diese junge Arbeiterin nach der Fertigmontage die einzelnen Einbauteile einer Ju 52.* PK-Foto

Links außen: Schweißerin bei Messerschmitt, 19. 3. 1941
*Hier sind geschickte Frauenhände unersetzlich. Meisterhaft erfüllt diese Volksgenossin ihre Aufgabe an ihrem Arbeitsplatz, der Verantwortungsbewußtsein und viel Feingefühl erfordert. So wie hier in den Messerschmitt-Werken stehen überall in Großdeutschland Millionen Frauen «ihren Mann» und sind stolz auf ihre Mitarbeit.* Agenturfoto

*Links: In der Heeres-Munitionsanstalt.*
*Die Köpfe der Granaten werden gereinigt.*

16.5.1944
Wehrmachthelferinnen bei der «Luftlagemeldung»
PK-Foto

1944
Frauen im Flakeinsatz

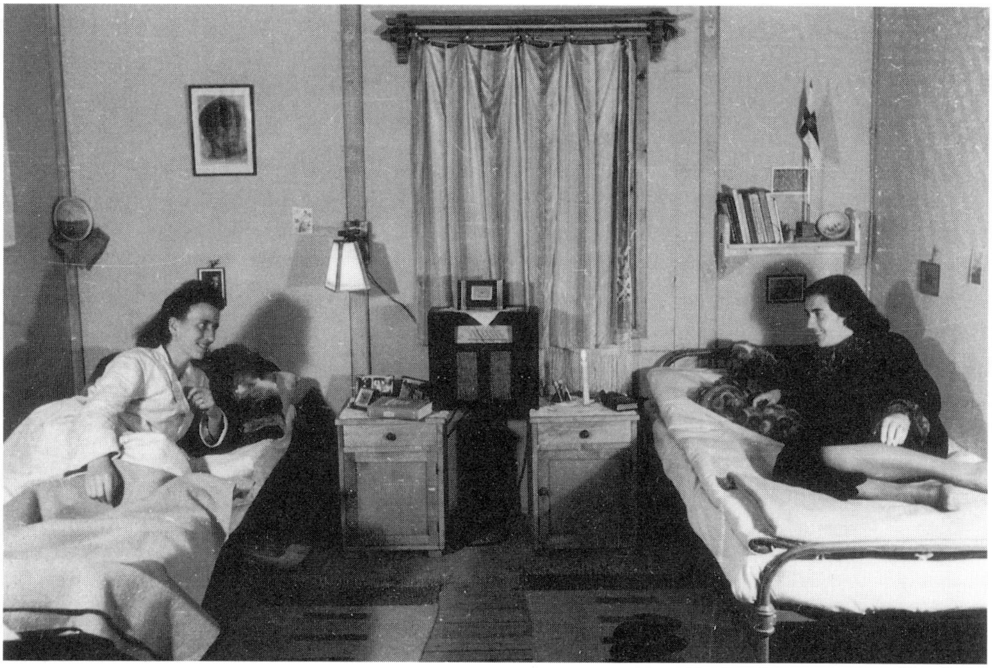

Wehrmachthelferinnen im besetzten Belgien
PK-Foto

Wehrmachthelferin
PK-Foto

Links: 1943
Wehrmachthelferinnen
auf ihrer «Stube»
PK-Foto

# «Der kleine Flieger»

Privatalbum

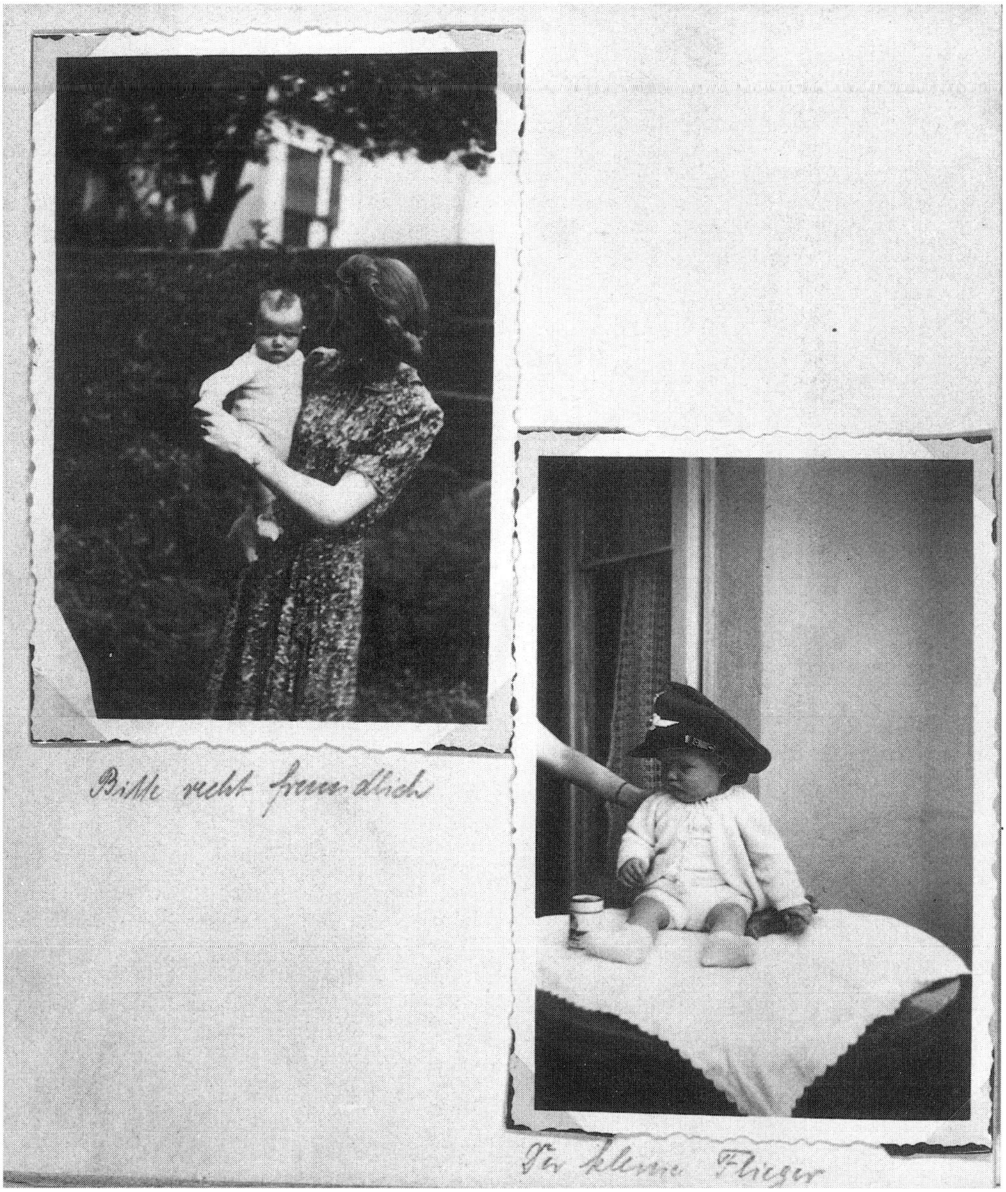
Bitte recht freundlich
Der kleine Flieger

Nori Möding

# Kriegsfolgen

## Kriegserfahrungen von Frauen und ihre Verarbeitung [1]

### 1. Erfahrungsunterschiede

Im Herbst 1944 waren 13,5 Millionen Männer zur Wehrmacht eingezogen.[2] Während sie fort waren, mußten z. T. Frauen zu Hause ihre Positionen übernehmen, je länger der Krieg dauerte, desto mehr.[3] Dabei forderte schon die übliche, traditionell «weibliche» Arbeit, die Versorgung des Haushaltes, den Frauen unter den Bedingungen der Lebensmittel-Rationierungen, der Alleinverantwortlichkeit in der Familie und der späteren Kriegszerstörungen außerordentliche Leistungen ab. Gleichzeitig waren sie, als Zivilistinnen im eigentlichen Kriegsgeschehen passiv, gerade in den großen Städten meist hilf- und wehrlos den Bombenangriffen und schließlich dem Einrücken der Front in die Heimat ausgesetzt. Weibliche und männliche Erfahrungen klafften zu dieser Zeit besonders weit auseinander. Mir wird es hier um die Erfahrungen von Frauen, also vor allem um Erfahrungen «aus der Heimat» gehen.

Selbstverständlich gibt es auch innerhalb dieser Erfahrungen von Frauen große Unterschiede. Welche Erfahrungen man machen kann, machen muß, und wie man sie verarbeitet, hängt von verschiedenen Faktoren ab: von der sozialen Herkunft und Lage, vom Alter zu einer bestimmten Zeit, von der Region, in der man lebt (hier vor allem das Ruhrgebiet und das spätere Nordrhein-Westfalen), und vom Geschlecht. Aber auch weniger klar faßbare Faktoren spielen eine Rolle: politische und ethische Einstellungen, und in der NS-Zeit, zusätzlich, wie man vom Regime bestimmt wurde, ob man als «Volksgenosse» eingegrenzt oder als Angehöriger einer «fremden» oder gar «feindlichen» Gruppe ausgegrenzt und verfolgt wurde. Es ist also eine entscheidende Frage, mit welcher Bevölkerungsgruppe man sich beschäftigt. Eine Jüdin, eine Kommunistin, eine Zigeunerin – sie mußten andere, schrecklichere Erfahrungen machen als Angehörige der «schweigenden Mehrheit». Mir wird es hier vor allem um diese Frauen gehen, die sich weder nach «links» noch nach «rechts» exponierten und die über die «Gnade der richtigen Geburt» verfügten, was damals hieß, daß sie der «arisch» genannten Gruppe zugehörten und nicht unheilbar körperlich oder geistig krank waren. Denn ihre Mehrheits-Erfahrungen sind für die Konsolidierung der «neuen» Gesellschaft in der

Zeit nach 1945 wichtig, während die anderen auch in der Bundesrepublik eher an den Rand gedrängt wurden.

Die Erfahrungen des Nationalsozialismus (im folgenden: NS) am eigenen Leibe läßt sich für die Frauen der schweigenden Mehrheit meist so beschreiben: «*Ich habe persönlich nichts Schlechtes erfahren.*» Und: «*Was mir gefiel, das habe ich mitgenommen und versucht, mich vor dem zu drücken, was mir nicht gefiel.*» Der NS hatte für sie, aus der privaten, persönlichen Perspektive gesehen, «gute und schlechte Seiten». Die «guten» sind durch das privat Nützliche gekennzeichnet, durch die Beseitigung der Arbeitslosigkeit, durch Sicherheit, Ordnung und auch ein bißchen politisch-militärischen Glamour. Uniformen bzw. Uniformierte waren bei vielen beliebt. Diese Erfahrung wird von den Interviewten meist gegen die End-Zeit der Weimarer Republik, gegen das «Grau in Grau» der Arbeitslosigkeit und die «Besetzung» der Straßen durch die unbeschäftigten, «ungeordneten» Arbeitslosen gesetzt. Die «schlechten» Seiten des NS sind markiert durch den direkten Eingriff der Politik in das Private, beispielsweise die Entziehung der Kinder durch die HJ, den staatlichen Terror gegen Andersdenkende und Anders«artige», den man z. T. in der Nachbarschaft direkt beobachten konnte. Zwar blieb den meisten Frauen die ganze Zeit bewußt, daß sie in einem diktatorischen System lebten, dennoch überwogen zunächst die «guten Seiten».

Entsprechend gilt die Zeit bis zum September 1939, manchmal auch, bis der Krieg im eigenen Land erfahrbar wird, als «gute Zeit». Das änderte sich, als mit dem Krieg die Politik auch den unauffälligen Frauen näher auf den Leib rückte – mit Dienstverpflichtungen, mit Verlusten von Verwandten und Freunden an der Front, der Wohnungen im Bombenkrieg, mit den «Einsätzen», zu denen auch Frauen und Mädchen eingeteilt wurden. Dennoch gibt es auch hier Unterschiede, die vor allem vom Alter, aber auch – damit verbunden – von der Schichtzugehörigkeit abhängen. Ich werde in den folgenden Abschnitten diesen verschiedenen Erfahrungen nachgehen, wobei ich mich vor allem auf die außerhäuslichen, eher über das Traditionelle hinausweisenden Erfahrungen konzentriere.

## 2. Grenzüberschreitungen

**Kriegsgewinne.** Mit ihren verschiedenen «Einsätzen» überschritten Frauen oft die Grenzen, die ihnen in der damaligen Gesellschaft durch ihr Geschlecht gesetzt waren. Diese Grenzüberschreitungen, manchmal eine erste unmittelbar auf der persönlichen Ebene spürbare Kriegsfolge, hatten positive Aspekte: Frauen verstehen den Krieg dann als Chance zum Erwerb neuer (oder zum Wiedererreichen alter) Positionen; manche Frauen stellen sich regelrecht als Kriegsgewinnlerinnen dar.

Für Frau Finke, Tochter eines Bergwerksdirektors, Geburtsjahrgang 1909, ist der Krieg die Zeit des beruflichen Aufstiegs. Zunächst wurde ihr beruflicher Werdegang durch die Nazis behindert: Sie begann 1930 das Studium der Zeitungswissenschaften, wechselte aber 1933 ins juristische Fach. Unter den Nazis wollte sie nicht Journalistin sein. Als sie 1937 ihr Examen machte, trafen sie die NS-Einschränkungen: Frauen durften nicht mehr Richterinnen werden und nicht als Anwältinnen vor Gericht plädieren. *«Die ganzen Laufbahnen waren zu für Juristinnen.»* Sie nahm zunächst eine Stelle in einem Versicherungskonzern an, ging aber 1939 in die besetzten Ostgebiete. Dort waren die Laufbahnen, jedenfalls für Deutsche, offener. Sie erfuhr den Rückenwind des Krieges. *«In der Nazizeit, im Kriege, da blühte ja auch unser Weizen. Ich kam sofort als Referentin nach – Dinges, hatte dort einen Riesenstab von überwiegend polnischen Mitarbeitern unter mir ... Dann war man auf einmal völlig rehabilitiert, dann war man richtig eingestuft auf einmal ... Da machte sich der Krieg schon bemerkbar. Die Jüngeren, die Nachwuchskräfte, die waren eben doch Soldaten. Die meisten Frauen sind da reingekommen wieder, unter der Hand und klammheimlich.»*

Die Nazis wollten den beruflichen Einsatz von Frauen nicht allzu deutlich werden lassen, aber sie brauchten sie doch und nahmen, wenn auch sehr widerstrebend und nicht vollständig, ihre besonders restriktive Frauenpolitik zurück, die zu Beginn darauf abgezielt hatte, «die Frau», die ja ins Heim und an den Herd gehören sollte, aus den Berufen zu verdrängen.[4] «Unter der Hand und klammheimlich» konnten sich vor allem bereits qualifizierte, meist hochqualifizierte Frauen «rehabilitiert» fühlen. Für jüngere Arbeitertöchter der Jahrgänge 1920 hielt der Krieg manchmal ein Geschenk bereit:

Frau Tormin wäre gern in einen Büroberuf gegangen, mußte aber zunächst, in Ermangelung eines Ausbildungsplatzes, Verkäuferin werden. Weil die Männer eingezogen wurden, kam sie schließlich zu ihrem «Traumberuf»: in die erhoffte Bürolehre, sogar bei einem Konzern, der – völlig unabhängig von den Nazis – bis dahin vermieden hatte, Frauen überhaupt einzustellen. *«Der Krieg war für mich von ausschlaggebender Bedeutung, so furchtbar er in anderer Hinsicht auch gewesen sein mag. Beruflich war er die große Wende.»*

Die Jahrgänge der um 1920 geborenen Arbeiterinnen und Angestellten und die Jahrgänge der ca. 1910 geborenen Studierenden können diesen «Kriegsgewinn» am ehesten für sich bilanzieren. Anders ist das bei den Jüngeren und auch bei einigen Älteren, die sich gerne fortgebildet hätten. Sie verloren Chancen, weil sie, wie Frau Jabel, Jahrgang 1921, Verkäuferin, *«nur ans Überleben»* denken mußten, oder wie Frau Nyga, Jahrgang 1929, die ihre Lehre nicht beenden konnte, weil ihre Lehrstelle dreimal ausgebombt wurde und die Familie dann vor den Bomben aufs Land floh. Dort mußte sie bei den Bauern arbeiten. Aber auch hier meint sie, gelernt zu haben: mit wenigem auskommen, d. h. «haushalten», und das Arbeiten selbst, den Einsatz ihrer Person.

**Erfahrungserweiterungen.** Diese Art des «aus den Erfahrungen lernen» wird selbst von manchen Dienstverpflichteten bei harter Arbeit in der Rüstungsindustrie oder auch von Flakhelferinnen berichtet. Für manche ist die

Anlernung in der Dienstverpflichtung die einzige qualifizierende Ausbildung, die sie in ihrem Leben bekommen. Einige Frauen bilanzieren einen Gewinn für ihr Selbstbewußtsein beispielsweise so: «*Da habe ich gesehen, ich konnte genausoviel wie ein Mann*» (Erna Hart, Jahrgang 1919, Arbeiterin).

Der Krieg löste die meisten aus ihren gewohnten Beziehungen; viele Frauen waren mit Neuem und Unbekanntem, manchmal auch Schrecklichem konfrontiert und überschritten die Grenzen ihrer Herkunft und ihres Geschlechts nicht nur beruflich. Manche der so häufig als besonders «friedlich» apostrophierten Frauen haben in der Zeit der Blitzkriegserfolge mitgejubelt. Frau Finke etwa genoß recht ungeniert ihren persönlichen Gewinn an den deutschen Eroberungen. Demgegenüber fürchteten Arbeiterfrauen ihrer Altersgruppe aus der Erfahrung des Ersten Weltkrieges heraus meist den Krieg; das drückte sich etwa so aus: «*Mutter hat dann* (als die Nazis den Krieg begannen, N. M.) *Dosen eingekauft, damit wir nicht wieder hungern müssen.*» Der «Profit» des Krieges stellt sich in dieser Bevölkerungsgruppe eher als Chancen- und Erfahrungszugewinn für die Jüngeren dar. Sie genossen es, aus der Enge des Elternhauses und der Region herauszukommen – in den BDM, dann in die Kinderlandverschickung, wo sie auch Ruhe vor den Bomben hatten und genug zu essen bekamen. So freute sich ein kinderlandverschicktes Mädchen: «*Da haben die ein ganzes Schloß für uns besetzt. Für die Jugend haben die alles getan.*»

Selbst noch die Erfahrungen der «totalen Mobilmachung», die sie oft vollkommen den Erfordernissen der Kriegsführung unterwarf oder sie einfach dem Kriegsgeschehen aussetzte, bekommen in den Erzählungen mancher Frauen positive Züge. Frau Gehrmann, Jahrgang 1924, rettete ihren brennenden Betrieb und bekam dafür einen Orden; Frau Grillparzer deckte das zerstörte Dach ihres Hauses und wurde von Nachbarinnen gelobt, während die untätig gebliebenen Männer beschimpft wurden. Ähnlich wie jemand, der nachts in eine Grube gefallen ist und sich wieder herausziehen kann, konnten Frauen auch daraus Selbstbewußtsein beziehen: «*Wie wir das alles geschafft haben!*»[5]

## 3. Mitmenschlichkeiten

Aber auch gegen den NS und seinen Krieg, gerade gegen die fremdenfeindliche Propaganda wurde gelernt. Das war möglicherweise besonders leicht im «melting pot» Ruhrgebiet, wo man daran gewöhnt war, daß Fremde kamen. Fremdenangst im allgemeinen und Antisemitismus im besonderen kommen zumindest in den Interviews mit Frauen aus der Arbeiterbevölkerung des Ruhrgebiets recht selten vor.[6] Vor allem in der Produktion waren Frauen im Kriege direkt mit «Fremden», den Zwangsarbeitern, konfrontiert. Das ist auch nicht erstaunlich: Immerhin waren im Herbst 1944 im damaligen Reich 7,5 Millionen sogenannte Fremdarbeiter. Wie andere wurden auch sie zumeist von Frauen, die mit ihnen auf einer Ebene zusammenarbeiteten, *«einfach als Menschen»* wahrgenommen. Manche erzählt, wie sie ihnen Brote zusteckte, manche fand es schlimm, daß die ausländischen Arbeiter bei Angriffen nicht in den Luftschutzbunker durften. In seltenen Fällen wagten es Frauen, sich mit den fremden Männern gegen das NS-Verbot zu befreunden. Frauen aus einem Rüstungsbetrieb erwähnen aber mehrfach den «schönen Maurice», der offenbar – zumeist aus der Distanz heraus – umschwärmt worden war. Die «menschliche» Perspektive unterlief Verbote des Systems, und manchmal wird auf dieser Basis ein anderes «Wir», das der Privat-Menschen, die alle der «großen Politik» bloß ausgesetzt sind, gegen das volksgemeinschaftlich-rassistische des Nationalsozialismus gesetzt. Frau Duclos' Mutter pflegte mit einem Fremdarbeiter den Austausch von Brot gegen Seife und gab *«auch so ab und zu einmal ein Stück Brot»:*

> *«Und dann kamen sie (die Fremdarbeiter) schon mit zweien. Und da haben wir gesagt: ‹Das wird gefährlich.› Dann hat meine Mutter gesagt: ‹Vielleicht tut das ein anderer dahinten für den Hans.› Das war mein Verlobter. Und das war wohl hier auch ganz viel (häufig). Die Privaten, die haben immer gedacht, vielleicht gibt jemand woanders meinem Mann oder Sohn. Jeder hatte ja irgendwen an der Front.»*

Das Denken «der Privaten» wurde in solchen Fällen solidarisch und ging – universalistisch, aber sozusagen von Privat zu Privat, von Mensch zu Mensch – über die «Rasse»- und «Volks»-Grenzen hinaus, in der Hoffnung auf ebensolche, «einfach menschliche», Reaktionen anderswo. Aber es war eine unterdrückte Solidarität, verborgen gegenüber dem feindlichen, politischen Bereich.

Gleichzeitig nutzen manche Frauen die Wirkung des Krieges als Erklärung für einen Verlust an Wahrnehmungsmöglichkeiten. Während sich manche an die Verfolgungen der jüdischen Nachbarn bis 1939 durchaus auch empört und beschämt erinnern, sind Erzählungen über Deportationen selten. Ob das so ist, weil man sie wirklich nicht sah, aus Peinlichkeits- und Schamgefühlen oder aus Verdrängungswünschen heraus, das muß hier dahingestellt bleiben.

> Frau Jabel erzählt, wie sehr die sogenannte ‹Reichskristallnacht› einen Einschnitt für sie darstellte, *«menschlich gesehen, daß sie den Leuten»*, die für sie *«genauso Deutsche»* waren, *«da alles kaputtgeschlagen haben»*. Danach habe sie die Nazis überhaupt nicht mehr *«leiden können»*. Aber: Da der Krieg *«dann immer schlimmer wurde, hatte man ja gar nicht die Zeit, da hatte man ja immer bloß den Kampf. Kampf ums Überleben, das war wichtig.»*

Tatsächlich wirkte der Krieg am Ende vernichtend auch auf die Wahrnehmung der eigenen Menschlichkeit.

## 4. Unvorstellbare Erinnerungen

Die Kriegserfahrung in der Heimat, gerade im schwer von Bombenangriffen geschüttelten Ruhrgebiet, ist oft von persönlichen Katastrophen gekennzeichnet, angesichts derer manchmal die Sprache versagt. Solche Erzählungen werden dann damit begleitet, daß man das gar nicht richtig erzählen kann, daß einem die Worte fehlen oder wenigstens, daß man *«das jemandem, der das nicht erlebt hat»*, gar nicht richtig vermitteln kann. *«Das können Sie sich nicht vorstellen.»* Auf der persönlichen Ebene thematisieren solche Berichte vor allem Erfahrungen von Bombenangriffen, den Ängsten in Kellern und Bunkern, von Verlusten von Verwandten und Freunden.

Je länger der Krieg dauerte, desto alltäglicher und allgemeiner wurden die eigentlich unerträglichen Erfahrungen. Viele sind verbittert und verzweifelt, wenn sie von den Verlusten erzählen – sie sind bis heute unversöhnt. Am schlimmsten war es, wenn der Mann, Verlobte, Sohn oder Bruder getötet oder verletzt wurde, wenn nahe Verwandte bei Bombenangriffen starben. Manche Frau weint heute noch, wenn sie sich an diese Verluste erinnert.

Frau Jabel, Jahrgang 1922, Arbeitertochter und Verkäuferin in einer Metzgerei, wurde zusammen mit Vater und Schwester (die Mutter und die jüngste Schwester waren evakuiert) insgesamt fünfmal ausgebombt. *«Fünfmal, überall, wo wir* (bei Verwandten) *gewohnt haben, sind wir wieder ausgebombt worden... Zwischendurch haben wir uns eine Wohnung, die wir vom Wohnungsamt gekriegt haben, auch wieder eingeräumt. Das Haus war wieder aufgebaut worden. Und vier Wochen später war es wieder weg... Dabei haben wir immer Glück gehabt, daß wir noch rausgekommen sind.»* Vom letzten Mal erzählt sie: *«... und standen dann wieder draußen mit dem Koffer, und der Angriff war noch nicht zu Ende, und wir standen da so auf einem freien Platz, unser Vater mit meiner Schwester und mir. Angst. Und dann die Frage: ‹Wo gehen wir denn jetzt hin?›»* Der Hauswart sperrte ihnen schließlich die Wohnung einer Evakuierten auf, die sie bis 1953 bewohnten. Frau Jabel schildert ihre Angst näher: *«Wenn man nur die Flieger schon hörte, fing man schon an zu zittern. Ich hab mir immer die Ohren zugehalten im Keller. Das kann man gar nicht so wiedergeben, weil das war eine Situation, wenn man das heute so erzählt – Am Beten, auf der Erde gekniet, ‹lieber Gott› und so weiter.»* Das war schlimm. Am härtesten traf sie aber der Tod des ältesten Bruders, der noch 1945 fiel. Weihnachten 1944 wollte der Vater den Fronturlauber aufhalten. *«Junge, bleib hier, das ganze Ding läuft schief.»* Aber der Sohn ging zurück an die Front und fiel am Tage von Frau Jabels Geburtstag *«‹Für Führer, Volk und Vaterland›. Also das war der erste große Schock, den ich persönlich erlitten habe. Das hat die ganze Kriegszeit nicht fertiggebracht. Man hat wohl einige Male alles verloren... aber das hat einen gar nicht so beeindruckt wie der Tod meines älteren Bruders.»*

Manchmal klingt die Erzählung über die Verluste weniger traumatisch; eher wird ein Empfinden von Absurdität deutlich, wenn man im vermeintlich sicheren Gebiet alle Habe verlor:

Frau Finke zieht den Verlust in ihrem Bericht zusammen: *«Mutter zog noch nach P. im Krieg zu ihren beiden Töchtern und weil das Ruhrgebiet ausgebombt wurde. Aber nicht so schlimm, daß sie nicht noch ihre ganzen Möbel und unsere ganzen schönen Habseligkeiten und zwei schöne Flügel und ein Klavier und alle Gemälde und alles Silber und alle Erinnerungen mit-*

*nehmen konnte. Kam noch 1943 in P. an mit einem dreizehn Meter* (langen) *Möbelwagen.»* An diese ausführliche Beschreibung ihrer Habe und der Erinnerungen, die darin steckten, schließt sie knapp bilanzierend an: *«Wir haben letztlich in P. gelassen: drei komplette Haushalte. Und dann gingen wir auf die Flucht...»*

Arbeitertöchter hatten nicht soviel zu verlieren, aber die Erzählungen ähneln sich doch:

Frau Duclos' Schwester hatte nach der zweiten Ausbombung der Familie ihre Sachen an einen vermeintlich sicheren Ort gebracht: *«Das war auch lustig: Die geht hin, bringt ihre Aussteuer-Kiste, also gute Sachen, nach Wuppertal. War bis dahin noch nie ein Angriff gewesen... Kurze Zeit später kommt in Wuppertal dieser Großangriff, daß die brennend in die Wupper gesprungen sind. Und da hat die alles da gehabt. – Also da hatte sie auch nichts»* (wie viele andere, N. M.)

Eine Art Ex-und-Hopp-Haltung zum Besitz kommt zum Ausdruck, manchmal auch gegenüber dem menschlichen Leben. Angesichts solcher Erfahrungen, die man bloß erleiden kann, und der vielen unbekannten, manchmal auch der eigenen Toten, suchte manche Rettung im Zynismus. *«Bleib übrig!»* wurde zu einem häufig gebrauchten Abschiedsgruß, insbesondere im Berlin der Kriegs-Endzeit. Und Frau Finke variiert in dem Satz, mit der sie die Geschichte ihrer Verluste zusammenfaßt, das Thema vom «lieben Augustin» – «alles ist hin». *«Es war der Beruf hin, es war die neue Heimat hin im Osten, es war das Geld hin, es war der Mann hin.»*

## 5. Was übrigbleibt

Zwar war ihre «alte Heimat» im Westen Deutschlands noch da, aber sie sah auch nicht besonders gut aus. Ihre Heimatstadt lag in Trümmern: *«Sie konnten durch D. hindurchsehen.»* So waren zwar alle Frauen erleichtert, als der Krieg mit seinen Bombardements zu Ende war, doch häufig wird die unmittelbare Nachkriegszeit als noch schlimmer empfunden. Immerhin, so werden die Nazis noch nachträglich oft gelobt, hätten sie auch nach Zerstörungen über eine «hervorragende Organisation» verfügt. Zu Anfang erschien die reimportierte Demokratie nicht besonders positiv, die «Überlebensarbeit», die Frau Jabel schildert, setzte sich erst einmal bruchlos oder sogar erschwert fort; die Frauen blieben – meist nach einer kurzen Unterbrechung durch den Einmarsch der Alliierten – auf ihren Posten, zumal zunächst noch ca. sechs Millionen Männer in Kriegsgefangenschaft waren. Damit verlängerten sich, so berichten die meisten Interviewten, auch die Wahrnehmungsschranken gegenüber den NS-Verbrechen.

**Auschwitz.** Alle befragten Frauen verurteilen die Vernichtung der Juden, doch haben sie, sagen die meisten, erst nach 1945 davon erfahren. Zunächst aber wollen sie kaum Zeit gefunden haben, sich damit auseinanderzusetzen. Aber es gibt Ausnahmefälle:

Frau Finke, die zunächst in den Ostgebieten darauf hoffte, *«daß die Alliierten mit unseren noch gesunden Kräften gegen die Russen gehen»*, und, mehr noch, sich fragte: *«Wie können die* (westlichen Alliierten) *bloß politisch so dämlich sein, uns ganz zu zerschmettern, wo der Russe im Osten droht?»*, akzeptierte schließlich die Niederlage. *«Wie wir diese Geschichten* (aus den Konzentrationslagern, N. M.) *hörten, da dachten wir wirklich, wir haben das verdient, daß wir den Krieg verloren haben. Das hat sich da erst in das Bewußtsein der meisten Deutschen eingesenkt.»*

Andere Frauen formulieren diese Erfahrung nicht. Sie fühlten sich zu Hause weniger von der «russischen Gefahr» berührt als die Parteigenossin Finke im «Osten». Dennoch mußten auch sie sich, meist später, mit der Erfahrung auseinandersetzen, in einer Nation zu leben, in der die industrielle Vernichtung von Menschen geplant und durchgeführt worden war. Da sie auf der Flucht aus ihrem Evakuierungsort einen ehemaligen KZ-Häftling traf, stellte sich für Frau Duclos das Problem schon frühzeitig:

*«Ja, wenn man privat etwas hätte tun können, jemanden verstecken, beispielsweise –.»* Der Politik gegenüber empfand sie sich als subaltern, ohne Einflußchancen und ohne Verantwortung. Mehr noch, in der Nazizeit war Politik feindlich und bedrohlich. Daß sie bloß an kleinen oder «privaten» Widerstand dachte, war auch darum um so realistischer, als diejenigen, die einer Gegenbewegung im Krieg noch den organisatorischen Rahmen hätten geben können, wie z. B. die Kirchen, meist versagten. Unter diesem Blickwinkel kann «eine kleine Frau» wie Frau Duclos dann zu Recht feststellen: *«Ich bin für das deutsche Volk nicht verantwortlich.»*

Im Zusammenhang der Schuldfrage gewinnen die Erfahrungen der kleinen mitmenschlichen Handlungen gegenüber Fremden, der «Widerstand» oder die «Resistenz» auf niedrigem privatmenschlichem Niveau eine Ausweisqualität: Man war nicht unmenschlich wie das System. Doch kann aus dieser Erfahrung eben keine neue Tradition werden, auch wenn Historiker sie heute zu beschwören versuchen. Zwar mußten die meisten der Befragten nicht auf ihre eigene Entnazifizierung warten wie Frau Finke. Dennoch waren viele im Verwandten- und Bekanntenkreis damit konfrontiert; und nahezu alle Ex-PGs bemühten sich um «Persilschein»-Aussteller. So entstand der Typ des «humanen Nazis», der schließlich im Klassifikationsschema der Alliierten zum «Mitläufer» ernannt und damit aller Verantwortung für die Schuld als «kleines Rädchen im Getriebe» enthoben wurde. Mit der Kategorie des «humanen Nazis» aber sind die Erfahrungen der Mitmenschlichkeit, die noch im Kriege gemacht wurden, politisch entwertet, die Entnazifizierten und die anderen gleichgemacht. *«Wir sind doch alle mitgelaufen»*, stellt eine fest. Darin ist die Ahnung enthalten, daß man ja auch vom System profitiert hat, sind aber gleichzeitig die Differenzen zwischen politisch Aktiven und politisch «Subalternen» in der Schuldfrage vergessen. Da sich Schuldfragen darüber hinaus wohl nur individuell beantworten lassen, bleibt der einzelnen, die für sich weiß, daß sie gegen das System «menschlich» geblieben ist, nur eine Möglichkeit: Sie muß sich als nur privat verantwortlich außerhalb dieses Kollektivs stellen.

Außerhalb des Kollektivs aber bleiben auch die «unvorstellbaren» Erfahrungen aus der Kriegszeit ohne eine ausreichende Erklärung. Die Erzählungen von Ängsten und Verlusten werden meist mit einem hilflosen Unverständnis begleitet, das vermuten läßt, daß weder das Entsetzen noch die Verfügbarmachung für das Entsetzliche durch Politik verarbeitet werden konnte. Die Trauer, die Angst, die Verzweiflung sind heute noch vorhanden, bleiben aber ihrerseits im Privaten gefangen, denn wenn man einen kollektiven Trost dafür haben möchte, muß dieses Kollektiv wenigstens einigermaßen in Ordnung gewesen sein oder der Kampf, der geführt wurde, als solcher einen Sinn haben. Selbst aber wenn man aus der häufig gebrauchten zynischen Formel «Für Führer, Volk und Vaterland» den Führer wegstreicht, bleibt nicht viel übrig. Was auch immer «die Nation» für die einzelnen bedeutet hat – keine kann «danach» ungebrochen «stolz sein, Deutsche zu sein». Und kaum eine der Frauen kommt – wohl auch angesichts ihrer Erfahrungen mit den Fremden im Krieg – auf die Idee, den Überfall auf die Sowjetunion als gerechtfertigten Kampf oder gar als einen europäischen Bürgerkrieg gegen den Kommunismus zu verkaufen. Angesichts von Auschwitz erwartete ja auch Frau Finke nicht mehr, daß die westliche Völkergemeinschaft «die Deutschen» gegen «die Russen» unterstützen würde. Und noch viel weniger würde Frau Jabel den Tod ihres Bruders, Frau Duclos den Tod ihrer «großen Liebe» als Teil eines antibolschewistischen Kampfes akzeptieren. Es war der Krieg der Nazis, der von den Frauen auch als Krieg «der Politik» gegen «die Privaten» verstanden wird. Was heute angesichts der eigenen Toten bleibt, ist meist Unversöhnbarkeit: Ihr Sterben war falsch, katastrophal und unvernünftig.

Von Politik und Ideologien, die in ihr Leben eingreifen, hatten die meisten erst einmal *«die Nase gestrichen voll»*. Neue Orientierungen konnten sie vor allem individuell finden, im lockeren Rahmen einer Wiederaufbaugesellschaft, deren kollektive Werte in persönlicher Leistung, Besitz und persönlicher freier Entfaltung bestanden. Der Staat soll als Ordnungs-, Rechts- und Wohlfahrtsstaat die Rahmenbedingungen dieses privaten Lebens garantieren und sich nicht einmischen, solange sich die Privatleute nicht politisch einmischen: so als ob erst einmal eine Art Stillhalte-Abkommen zwischen Politik und Privatheit abgeschlossen wurde.

**Berufliche und private Entwicklung in der frühen Bundesrepublik.** Der Aufschwung im privaten Leben begann nach der Währungsreform. Mit der Rückkehr der überlebenden Männer aus Krieg und Gefangenschaft schienen sich auch im beruflichen und privaten Bereich die alten Verhältnisse zu konsolidieren, zumal die Frauen oft die Arbeitsplätze freiwillig oder gezwungenermaßen (wieder einmal wegen «Doppelverdienertums») verließen. Im nachhinein wundern sich Historikerinnen wie Zeitgenossinnen, daß «die Frauen» ihre «Kriegsgewinne» so schnell wieder aufgegeben haben. Wenn man die Erinnerungen der Frauen aber weiter verfolgt, ist nicht viel unverändert geblieben.

Erst einmal strebten die meisten in die Familien zurück oder auf die Neugründung einer Familie hin. Auch Frau Finke hätte sich wohl gern an dem beteiligt, was sie als Rückzug der Frau im Dienste des «*Wiederaufbaus der Männer*»[7] bezeichnet, doch kehrte ihr Mann nicht aus der Gefangenschaft zurück. Der Verlust des Partners traf insbesondere Frauen der Jahrgänge von 1910–1920. Ihre Erfahrung ist auf eine fast bösartig zu nennende Weise instruktiv für das Verständnis des Geschlechterverhältnisses, soweit es die *beruflichen Möglichkeiten* von Frauen betrifft: Die Männer müssen abwesend, manchmal sogar Opfer geworden sein, bevor die Frauen hier ihre Chance haben. Frau Tormin ist eine der wenigen Frauen, der es gelang, auch nach ihrer Eheschließung ihren «Kriegsgewinn» zu behalten. Die meisten anderen kehrten zunächst in die Familien zurück. Allerdings: Viele knüpften später, vorausgesetzt, daß sie eine positive Berufserfahrung gemacht hatten, nachdem «die Kinder in der Schule (oder aus dem Haus) waren», daran an, nahmen die Berufsarbeit wieder auf oder versuchten es doch wenigstens.[8]

In den Familien jedoch fanden Veränderungen statt. Die Tendenz ging von der patriarchalisch dominierten hin zur Partnerschaftsehe, die ja auch politisch und juristisch – durch den Gleichberechtigungsartikel im Grundgesetz und seine zivilrechtlichen Folgen – begleitet und gesichert wurde. War die politische Durchsetzung des Gleichberechtigungsparagraphen von einigem Kampfgeschrei begleitet, so verlief die Entwicklung in den Familien zwar nicht konfliktlos[9], aber doch meist ohne Streit. Vor dem Krieg verheiratete Männer, die zurückkamen und sich mit den selbständig gewordenen Frauen konfrontiert sahen, akzeptierten, so läßt sich aus ihren Erzählungen entnehmen, wenn auch manchmal mühsam, die gewachsene Selbständigkeit ihrer Frauen, und die Frauen ihrerseits traten eher vorsichtig auf.

In der Erziehung versuchten die Frauen, diese Selbständigkeit an die Kinder zu vermitteln. Und hier fanden wohl die meisten Konflikte statt. Zwischen Selbständigkeit und Rückzug in die Privatheit formulieren nur wenige ihr Erziehungsziel explizit anti-nationalsozialistisch: Die Kinder sollen Selbständigkeit auch in bezug auf die Beurteilung von Politik erlernen. Es sind dann Angehörige dieser Generation, die wohl gerade aus diesen Ambivalenzen heraus – zwischen privater Selbständigkeit und politischer Zurückhaltungsverpflichtung, zwischen dem peinlichen Schweigen über den Nationalsozialismus und seiner dennoch latent präsenten privaten Erfahrung – in den sechziger Jahren die Auseinandersetzung mit der Vergangenheit erzwangen.

## Anmerkungen

1 Ich stütze mich im folgenden vor allem auf Ergebnisse aus den Projekten «Lebensgeschichte und Sozialkultur im Ruhrgebiet» und «Nachkriegseliten in Nordrhein-Westfalen», die von 1980 bis heute von der Stiftung Volkswagenwerk gefördert werden und unter Federführung von Lutz Niethammer an der Universität Essen bzw. an der Fernuniversität Hagen durchgeführt werden. Wörtliche Zitate sind diesen Interviews entnommen, die von Almuth Leh (Finke), Margot Schmidt (Tormin, Duclos), Alexander v. Plato (Jabel), Rainer Potratz (Nyga), Dorothee Streier (Hart, Grillparzer) durchgeführt wurden. *Die zentralen Veröffentlichungen des Projekts sind die drei Bände:* Lutz Niethammer (Hg.), «Die Jahre weiß man nicht, wo man die heute hinsetzen soll.» Faschismuserfahrungen im Ruhrgebiet, Berlin/Bonn, 1984 (im folgenden LUSIR Bd. 1). Ders. (Hg.), «Hinterher merkt man erst, daß es richtig war, daß es schiefgegangen ist.» Nachkriegserfahrungen im Ruhrgebiet, Berlin/Bonn 1984, (im folgenden LUSIR Bd. 2). Ders. und Alexander von Plato (Hg.), «Wir kriegen jetzt andere Zeiten.» Auf der Suche nach der Erfahrung des Volkes in nachfaschistischen Ländern, Berlin/Bonn 1985, (im folgenden LUSIR Bd. 3). *Hier hauptsächlich verwendete Veröffentlichungen:* Ursula von Gersdorff, Frauen im Kriegsdienst, Stuttgart 1969.
Annette Kuhn, Valentine Rothe, Frauen im deutschen Faschismus, 2. Bde., Düsseldorf 1982. Lutz Niethammer, Heimat und Front. Versuch, zehn Kriegserinnerungen aus der Arbeiterklasse des Ruhrgebietes zu verstehen, in: LUSIR, Bd. 1, S. 163–232. Margot Schmidt, Krieg der Männer – Chance der Frauen? Der Einzug von Frauen in die Büros der Thyssen AG, in: LUSIR Bd. 1, S. 133–162. Rita Thalmann, Frausein im Dritten Reich, München/Wien 1984, insbes. S. 157–226. Dörte Winkler, Frauenarbeit im Dritten Reich, Hamburg 1977.

2 Deutsche Männer stellten zu diesem Zeitpunkt nur ca. 1/3 der Erwerbstätigen im «Reich», nämlich 13,5 von insgesamt 35,9 Millionen. 14,9 Millionen Erwerbstätige waren Frauen, 7,5 Millionen ausländische Zivilarbeiter und Kriegsgefangene. (Ulrich Herbert, Apartheid nebenan, in: Lusir Bd. 1, S. 234).

3 Das geschah eher zurückhaltend, und das Regime versuchte, unpopuläre Zwangsmaßnahmen zu vermeiden, zumal ein Teil der Nazi-Führung, vor allem Hitler, dem nationalsozialistischen Frauenbild folgend, immer wieder den außerhäuslichen «Einsatz» von Frauen verhinderte, für den andere, z. B. Göring, eintraten. Statt dessen bevorzugte man letztendlich, ausländische Zivilarbeiter und Kriegsgefangene einzusetzen; einen Teil der Produktion übernahmen die Konzentrationslager, ein Teil der KZ-Häftlinge wurde für die Arbeit in Rüstungsbetrieben zur Industrie abgestellt. (S. u. a. Martin Broszat, Nationalsozialistische Konzentrationslager 1933–1944, in: Hans Buchheim u. a., Anatomie des SS-Staates, München 1967, Band 2, insbesondere S. 108–136); s. auch Anmerkung 4.

4 War der Anteil der Frauen an der erwerbstätigen Bevölkerung von 1933 bis 1937 um 5,6 % gesunken, weil die Nazis z. T. erfolgreich versuchten, die Frauen von den beruflichen Positionen zu verdrängen, so stieg er bereits 1939 auf den Stand von 1933, als die Frauen 37 % der Erwerbstätigen stellten. Allerdings blieben die absoluten Zahlen ab 1939 relativ konstant: Sie schwankten um 14 Millionen. (Rita Thalmann, Frausein…; s. oben Anm. 1, S. 158, 162–166)

5 Das ist der Titel eines Buches von Sybille Meyer und Eva Schulze, das 1984 in München erschienen ist.

6 Ich habe kürzlich in Israel lebensgeschichtliche Interviews mit Personen aus dem Ruhrgebiet und Nordrhein-Westfalen durchgeführt, die vor den Nazis in den 30er und 40er Jahren nach Palästina geflohen sind. Im wesentlichen bestätigten sie mir diesen Befund. Danach sieht es so aus, als ob es vor allem ein politisch-staatlich verordneter und geförderter Antise-

mitismus war, der 1933 – zumindest in dieser Region – in eine Gesellschaft einbrach, die sich in den 20er Jahren gerade im Prozeß einer weiteren Durchmischung und wechselseitigen Integration befunden hatte.

7 Sie gibt als Grund für den allgemeinen Rückzug in die Familien an, «*daß sie* (die Frauen) *also sagten:* ‹*Wir dürfen jetzt nicht so –. Wenn unsere Männer nun zurückgekommen sind, die müssen wir erst einmal wieder seelisch aufbauen. Wenn wir dann so selbständig sind und machen alles, und wir haben den Beruf, und sie sitzen zu Hause und haben kein Geld, dann ist das ganz schlimm. Es ist schon besser, wir machen kleine Brötchen, ziehen uns zurück und bauen die Männer wieder auf.*› *Ich meine, der Männeraufbau, der wurde ja auch gebraucht nach dem Kriege. Nur die Frauen hätten dieses Wirtschaftswunder nicht zustande gebracht.*»

8 1950 waren 65,3 % der weiblichen Erwerbstätigen unverheiratet, 1960 arbeiteten schon 45 % der verheirateten Frauen.

9 Vermutlich gilt das jedenfalls für jene, die nach dem Krieg zusammengeblieben sind. Die Scheidungsrate war 1948 von 8,9 % (1939) auf 18,8 % angestiegen.

# Kriegstourismus

*Deutsche Truppen in Paris. Kradschützen vor dem Eiffelturm*
PK-Foto

Wehrmachthelferinnen am Polarkreis
in Finnland. PK-Foto

16. 8. 1940
*Deutsche Soldaten auf dem Blumenmarkt in Amsterdam.* PK-Foto

Frankreich, Herbst 1940
PK-Foto

Links oben:
Paris, Moulin Rouge, 1943
Willy van Heekern

Links unten:
Deutsche Soldaten auf den britischen Kanalinseln
PK-Foto

Dorfmarkt in Jajce,
Bosnien, Jugoslawien, 1941
PK-Foto

Griechenland
*Hier kann sich der Landser seine Apfelsinen selbst pflücken*
PK-Foto

Akropolis, Athen, 1941. PK-Foto

Nordafrika, 1943. PK-Foto

Dorothee Wierling

# «Leise versinkt unser Kinderland» –

## Marion Lubien schreibt sich durch den Krieg[1]

Ende September 1940, angesichts des drohenden Luftkriegs, erhielt der «Reichsjugendführer» Baldur von Schirach den Befehl, die «Landverschickung der Großstadtjugend» in die Wege zu leiten.[2] Er richtete daraufhin eine sogenannte «Reichsdienststelle KLV (Kinderlandverschickung)» ein, welche entsprechende Maßnahmen befehlen und koordinieren sollte. Kleinkinder sollten mit ihren Müttern, Schulkinder unter zehn Jahren in sogenannte «Pflegefamilien» verschickt werden. Hierfür war die NSV (Nationalsozialistische Volkswohlfahrt) zuständig. Die Unterbringung der über zehnjährigen Volks-, Mittel- und höheren Schüler in «KLV-Lagern» lag im Zuständigkeitsbereich der HJ und des NSLB (Nationalsozialistischer Lehrerbund). Die Gesamtzahl der «Verschickten» wird auf bis zu fünf Millionen geschätzt, darunter auch alle privat Evakuierten. Allein die vermuteten Zahlen der in KLV-Lagern Untergebrachten schwanken zwischen 800000 und 2,5 Mio. Kindern und Jugendlichen.

Betroffen waren Kinder aus Großstädten und Industriegebieten. Ihre «Verschickung» beruhte auf freiwilliger Zustimmung der Eltern, um die jedoch intensiv geworben wurde. Als sich 1943 eine unerwartet hohe Verweigerungsquote zeigte – sie ging bis zu 25 %, vor allem bei Volksschülern –, wurde durch Schließung von Schulen und Androhung künftigen Zwangs vor Ort zunehmend Druck auf die Eltern ausgeübt.

Aufnahmegebiete für die Jugendlichen waren die ländlichen Gegenden im Süden und Osten des Deutschen Reiches sowie die besetzten Gebiete der Tschechoslowakei und Polens. Die Unterbringung erfolgte in Jugendherbergen, Hotels und Erholungsheimen, die zu diesem Zweck beschlagnahmt wurden, bei deutschen Besitzern gegen Zahlung der Unterbringungskosten auf der Basis reduzierter Vorkriegspreise.

Das Lagerleben war streng reglementiert. An der Spitze stand ein Lehrer als Lagerleiter, ihm zur Seite eine Lagermädelführerin bzw. ein Lagermannschaftsführer der HJ. Lagerdienste, Appelle, Heimnachmittage und Ausmärsche bestimmten den größten Teil der «Freizeit», vormittags sollte möglichst normaler Schulunterricht erteilt werden.

Trotz aufwendiger Planung und Organisation kam es zu zahlreichen Problemen bei der Kinderlandverschickung. Ansteckende Krankheiten und Konflikte mit Einheimischen wegen Disziplinlosigkeit der Evakuierten und Versorgungsengpässen, die Sorge der Kirchen und Eltern vor dem totalen Erziehungszugriff der HJ, der Mangel an Lehrern oder ihre unangemessene fachliche Zusammensetzung führten zu Weigerungen, Protesten und Zurückholung vieler Kinder. Der Widerstand steigerte sich angesichts des totalen Luftkriegs. Während Elternbesuche in die weit entfernten KLV-Lager immer schwieriger und die Postverbindungen immer unregelmäßiger wurden, stieg die Angst der getrennten Familienmitglieder. Schließlich kam es bei Kriegsende zu teilweise chaotischem «Rückzug». Wo die Lager nicht rechtzeitig aufgelöst wurden, setzten sich deren Leiter und Lehrer, meist Parteigenossen, häufig allein ab, so daß manche Kinder sich in kleinen Gruppen allein nach Hause durchschlagen mußten, wo sie nur selten eine vollständige Familie in einer intakten Wohnung antrafen.

Im Ruhrgebiet war der Problemdruck besonders hoch. Einerseits begannen die Bombardierungen hier früh und waren 1943/44 besonders heftig. Andererseits lag das zugehörige Aufnahmegebiet weit weg in Süddeutschland, Tirol oder dem «Protektorat Böhmen und Mähren», war seit 1944 also unmittelbar bedroht. Von Anfang an war die Bevölkerung skeptisch bis widerständig gegenüber dem zunehmenden Druck zur Kinderlandverschickung. Verweigerung der Trennung und Bevorzugung privater Evakuierung bei Verwandten waren hier besonders deutlich. Neben den allgemeinen Gründen einer solchen Haltung, die aus dem ganzen Reich berichtet wurden – also der Sorge um das leibliche Wohl der Kinder und dem Wunsch, in der Gefahr zusammenzusein –, waren im Ruhrgebiet vor allem auch die katholische Bindung vieler Eltern und die Sorge, den Kindern könnte in der KLV die Ausübung ihrer Religion erschwert oder verweigert werden, ausschlaggebend.

Auch in Essen mit seinen 67 000 SchülerInnen begannen ab 1941 die Evakuierungen ganzer Klassen, vor allem ins «Protektorat Böhmen und Mähren», im ersten Jahr allerdings nur mit 8600 Schulkindern.[3] Bis 1943 waren aber alle Schulen bis auf die berufsbildenden geschlossen, die Gebäude teils zerstört oder für militärische Zwecke genutzt. Eltern, die sich bis zuletzt weigerten, ihre Kinder fortzulassen, oder die sie aus den Lagern wieder zurückgeholt hatten, versuchten, die Kinder trotz Verbot an Schulen der Nachbargemeinden anzumelden. Im Januar 45 wurde das Essener Schulamt noch nach Tirol verlegt und war dann nach Kriegsende vor allem mit der schwierigen Auflösung der dortigen Lager und dem Rücktransport der Kinder befaßt. Einige Lager wurden von der Besatzungsmacht beschlagnahmt, die Kinder in ehemaligen Fremdarbeiterlagern untergebracht. Eine Gruppe des Mädchengymnasiums Borbeck brauchte von Chlumetz/Königgrätz bis Bayern vier Monate: von Mitte März bis Mitte Juli. Im Dezember 1945 gab es in Essen wieder 45 000 SchülerInnen.

Marion Lubien[4], Jahrgang 1928, Tochter eines Schlossers bei der Eisenbahn, Schwester des fünf Jahre älteren Soldaten Kalla, besuchte eine Essener Realschule und wurde im Oktober 1943 mit ihrer Klasse in die Tschechei «kinderlandverschickt». Schon «am Anfang des Kriegsjahres 1942» hatte sie begonnen, «Erinnerungen aus meinem Leben» zu schreiben. Im weiteren Verlauf des Krieges, vor allem in der KLV, füllte sie sechs weitere Hefte und Kladden, schmückte sie mit Zeichnungen, klebte Blumen, Zeitungsausschnitte, Ansichts- und Kinokarten hinein. Ihre Tagebücher zeigen eine mögliche Perspektive auf den Krieg. Sie sind eine Quelle dafür, wie Marion Lubien den Krieg erfuhr, wie sie diese Erfahrungen strukturierte und welche Sprache sie dafür fand.

## 1. «Das hilfreiche Mädchen wird belohnt» oder: «Der glorreichste Sieg aller Zeiten»

Als Marion Lubien Anfang 1942 ihr erstes Buch fast feierlich eröffnet, will sie schreibend zunächst ihre Kindheit festhalten: die erste Wohnung, die Schule, die erste Kinderliebe, die erste Trennungserfahrung durch den Umzug in einen anderen Essener Stadtteil. Dort, vielleicht als Reaktion auf die anfängliche Einsamkeit, schrieb sie ihre ersten Gedichte, die sie später ihren Freundinnen auf dem Schulweg vorlas, so auch eines, das sie anläßlich des «Attentats, welches auf den Führer im Münchner Hofbräuhaus verübt wurde», verfaßt hatte:

«Es geht eine Kunde durchs deutsche Land,
beinahe wäre von Mörderhand
der Führer getötet worden.
Doch blieb er uns erhalten
um ein Großdeutschland zu gestalten.»

Marion legt ihr Buch als «Frühwerk» an, anonymisiert demonstrativ für eine potentielle Öffentlichkeit («unsere erste Wohnung befand sich in der großen Industriestadt E...»), und entwirft sich ihre Zukunft. Im Märchen: «Das hilfreiche Mädchen wird belohnt» nimmt sie Abschied von ihrer Kindheit –

Ein kleines Mädchen sammelt im Wald Holz. Ein alter Mann bittet es, für ihn mitzusammeln. Er wollte sich am Abend das Reisigbündel holen. So geschieht es auch. Der Mann lädt am Abend das Mädchen zu sich in die ärmliche Hütte, gibt ihm zu essen und zu trinken. Zögernd nimmt das Mädchen seine Einladung, bei ihm in der Hütte zu übernachten, an. In der Nacht hört es einen lauten Knall und Krach, und am nächsten Morgen erwacht es in einem wunderschönen Schloß. Der Alte ist durch des Mädchens Hilfsbereitschaft erlöst worden und heiratet als junger schöner Königssohn seine Retterin.

Mit weiblichen Tugenden, Tüchtigkeit und Hilfsbereitschaft muß das Erwachsensein verdient werden. Unbewußt hat Marion mit dem großen Knall in der Nacht auch die sexuelle Initiation beschrieben, die (im Märchen) das Mädchen zur Frau (des Prinzen) macht.

Wenige Seiten später bricht Marion ihre «Kindheitserinnerungen» ab. Von nun an geht es um Erinnerungen anderer Art, denn Marion schreibt in einer dramatischen Zeit. Die Schlagzeile: «Am 22.5.1939 wurde der Militärpakt zwischen Deutschland und Italien geschlossen» bereitet den Leser auf den Einbruch der Weltgeschichte in Marions privates Leben vor. In den Sommerferien bei der Tante reden die Erwachsenen vom Krieg. Der bestimmt im folgenden Marions Erinnerungen, auch sprachlich. Über Seiten läßt sie die Blitzkriegerfolge Revue passieren, ganz im Stil der täglichen OKW-Meldungen:

«2.9.: Die deutsche Luftwaffe hat die Luftherrschaft über Polen erkämpft.
3.9. Englische und französische Kriegserklärung. Tschenstochau eingenommen
...
6.9. Oberschlesiens Industriegebiet fast unversehrt in deutscher Hand. Bromberg, Krakau und Graudenz erobert. Grausame Ermordung Tausender Volksdeutscher durch die von englischen Agenten aufgehetzten Polen.
...
9.9. Lodsch besetzt. Der Führer in Lodsch.»

Der Westfeldzug schließt sich an, wenn auch nicht nahtlos. Marion zitiert seine Rechtfertigung aus der Zeitung. Man habe einem

«geplanten Einfall ins Rhein- und Ruhr-Land zuvorkommen müssen», in «allerhöchster Notwehr» habe es gegolten, «zu verhindern, daß jemals wieder das deutsche Land im Westen vom Feinde vergewaltigt wird. Das Ruhrgebiet war ihr Ziel, jenes deutsche Arbeitszentrum, wo man vor 17 Jahren mit Hilfe von Verrätern den Dolchstoß erfolgreich durchführen konnte, den man heute mit Hilfe Belgiens und Hollands im Sinn hatte.» Man trage «keinen Haß gegen die Nachbarvölker», werde aber das Letzte hergeben. Die Soldaten «werden den Frieden kämpfend erringen, des sind wir sicher.»

So legitimiert, dokumentiert Marion auf den folgenden Seiten den Westfeldzug, endend mit der «Einstellung der Feindseligkeit am 25. Juni, 1.35 Uhr deutscher Sommerzeit. Der glorreichste Sieg aller Zeiten... Der Krieg im Westen ist damit beendet. Er dauerte nur sechs Wochen.» Darunter zwei Bleistiftstriche und unvermittelt die Gegenwart des Jahres 1942: «Ich schreibe dies in der Schule. Wir haben gerade Englisch bei Fräulein Pfunder... da wir in der letzten Zeit so sehr von den Tommies heimgesucht worden sind, möchte ich bloß noch ab und zu einige kurze Notizen niederschreiben...» Noch einmal versucht Marion im «Heldenlied von Narvik» die großen Siege zu beschwören. Es folgt eine Anklage gegen England und seinen Bombenkrieg «gegen Frauen, Kinder und Kranke», dann aber gesteht sie sich endgültig ein, daß der Krieg schon in der Blitzkriegsphase zu Hause angekommen war:

«16.10.40: In der Nacht fielen 4 Bomben in unserer Nachbarschaft in der Kindsfeldstraße. Es waren 2 Blindgänger und 2 Blindgänger (sic). Ein Blindgänger wog 5 Zentner, Mutter war gerade am Vortage unsere Treppe, 18 Stufen, heruntergefallen. Als die Bomben fielen, lagen Mutter und ich noch im Bett. Kalla stand am geöffneten Schlafzimmerfenster, und Papa wollte gerade das Licht in der Küche anknipsen. Danach kam erst der Alarm. Zum Glück waren keine Menschenleben zu beklagen. ...»

Was sich zuvor las wie verbale Fähnchen auf einer Militäreuropakarte, spielt sich nun in konkreten, nahen, den eigenen Räumen ab. Marions Blitzkriegprotokolle enthielten kein Subjekt, kaum Verben, dagegen viele Partizipkonstruktionen: eingenommen, abgeschnitten, erobert – die abgeschlossene Zustände abstrakt festhielten, wobei die Datierungen aufeinander folgten wie das zackige Abreißen von Kalenderblättern. Jetzt aber beschreibt sie plastisch eine vertraute Szene: das morgendliche Aufstehen der Familie, das die Bomben stören, ihre alltäglichen, harmlosen Handlungen. Zwar sind es nur Blindgänger, aber daß der Alarm so spät kam, wird deutlich enttäuscht registriert.

Als Marion Lubien 1942 ihre Erinnerungen aufschrieb, war nicht nur ihre Kindheit zu Ende, sondern auch die ungebrochene Kindlichkeit ihres Führer- und Siegvertrauens. Beides versuchte sie schreibend noch festzuhalten. Danach brach sie ihr Erinnerungsbuch ab, obwohl es erst zu ⅔ gefüllt war.

## 2. «Wir, damit ist unsere Stube gemeint» oder: «Langsam müssen wir uns daran gewöhnen, daß wir nun die Großen sind»

Am 22. Oktober 1943 begann Marion Lubien ihr «Erstes Tagebuch». Sie war gerade 15 Jahre alt geworden und mit ihrer Schulklasse in Bad Bohdanetsch bei Prag eingetroffen, wo sie die nächsten eineinhalb Jahre verbringen sollte. Das blaue Schulheft hatte sie mit einer Ansichtskarte vom eleganten Kurheim geschmückt, das unter dem Namen «Haus Rhein» als KLV-Lager fungierte. Marions Tagebuch handelt von ihren noch tastenden Versuchen, sich in der neuen Umgebung zu orientieren. Die Tschechen, stellt sie fest, haben ein tolles Kino, «viel schöner als unser Kino am Karlsplatz!» (22.10.43), aber «sechs Wochen in einem tschechischen Krankenhaus verbringen!» (26.1.44) – das hat ihre Vermutungen über die Einheimischen im «Protektorat» bestätigt. Andererseits: «Die Gegend ist einfach herrlich!» Vom Lager und Lagerleben registriert sie im Tagebuch besonders häufig die Mahlzeiten und die Filme, die sie in der Freizeit anschaut. Ausführliche Auflistung der Brot- und Wurstscheiben bzw. der Schauspieler wechseln mit stichwortartigen Notizen wie: «9.3. Ferien vom Ich, Omlette am Abend.»

Zunächst aber kommt Marion noch nicht dazu, sich auf das Lager einzustellen: Unmittelbar nach der Ankunft wird sie mit zehn anderen Mädchen unter Quarantäne gestellt, erkrankt tatsächlich an Scharlach, kommt ins Kreiskrankenhaus, anschließend in ein Genesungslager, und erst kurz wieder im «Stammlager», muß sie mit einer schweren Erkältung ins «Revier». Hat sie Heimweh? Ende Januar schreibt sie vom Elternbesuch, der für den Sommer angekündigt ist, «oder unsere Klasse fährt zusammen in Heimaturlaub. Ich glaube, das wird zackig!» Marion versucht, zumindest den Ton des Lagers zu treffen, aber auch die sprachliche Orientierung gelingt noch nicht ganz.

Seit Ende Januar lebt Marion mit ihren Freundinnen Anneliese und Wilma in einer Stube in «Haus Rhein». Die Schulentlassung und Heimfahrt der Abschlußklasse löst bei den Freundinnen heftige Gefühle aus:

«Heute, am 16.2., haben die Großen den Bescheid bekommen, daß sie am Freitag endgültig nach Hause fahren. Das war eine Freude, als Herr Allekotte das im Speisesaal bekanntgab. – Wir fahren auch bald nach Hause – in zwölf Monaten! ... vielen wird es schwer, sogar sehr schwer fallen, noch hierbleiben zu müssen. Aber wir haben ja die Gewißheit, daß wir die nächsten sind, die in Richtung Heimat abdampfen ... denn es geht alles vorüber, es geht alles vorbei ...»

Nach der Schulentlassungsfeier «herrscht schon überall eine sehr traurige Abschiedsstimmung. Wir laufen mit verweinten Gesichtern herum. Alle möchten mitfahren.» Als die Abschlußklasse tatsächlich fort ist, kommentiert Marion aber schon distanziert-pathetisch: «Wir sind in Gedanken immer bei den Scheidenden, die nun mit freudigem Herzen und froher Erwartung in die geliebte Heimat fahren.» (19.2.44) Zwischen das Heimweh und den Trennungsschmerz haben sich offene Klagen gegen die Lagerdisziplin gemischt: den aufwendigen Blumendienst, die vielen Schularbeiten, den Zwang, nach dem Mittagessen eine Stunde im Freien zu verbringen, die Kälte der Stube. Wenige Tage nach der Abfahrt der Großen schimpft Marion: «Schon wieder durften wir nicht ins Kino, nichts darf man sich mehr erlauben. Zu allem muß man ja und amen sagen ... Hier heißt es nur den ganzen Tag Antreten oder Ruhe, haltet doch mal endlich den Mund!» (21.2.44) Marion meldet ihren Anspruch auf größere Unabhängigkeit und Anerkennung an. Als sie das erste Mal nach dem Abschied der Abschlußklasse erwacht war, hatte sie geschrieben: «Langsam erst müssen wir uns daran gewöhnen, daß wir nun die Großen sind.» (20.2.44) In ihren allerersten KLV-Tagen hatte sie sich noch «in Lack geworfen», um ohne Erlaubnis in einen nicht jugendfreien Film zu gehen, hatte sich mit «Helgas Lippenstift, Hannelores Nagellack und Puder und Augenbrauenstift» (28.10.43) älter gemacht. Jetzt aber bedeutete, zu den Großen gehören, vorbildliches Verhalten, brave älteste Tochter. Die Großen werden ausgesucht, um 60 Soldaten der gegenüberliegenden Kaserne mit Kaffee zu bewirten, und empört kommentiert Marion den Fluchtversuch dreier Mädchen aus dem Nachbarlager:

«Soeben sind die drei Ausreißer aus Vesely wieder hier angekommen. Sie sind an der Grenze aufgeschnappt worden. Nein, das ist eine Blamage! Die Mutter der beiden Schwestern ist auch hier. Sie sieht sehr vergrämt aus. Den Eltern aber auch so etwas anzutun! Durch ihre Flucht haben sie ihr Leben richtig verpfuscht.» (25.2.44)

Das Großsein bringt aber auch Privilegien: Die Ältesten dürfen an einer KdF-Veranstaltung, einem Opernball, teilnehmen. Marion ist begeistert, «was man nicht alles in der KLV zu hören und zu sehen bekommt. Und was werden wir noch alles für schöne Stunden hier in Bohdanetsch verleben. Ich bereue wirklich nicht, daß ich mitgefahren bin. ... Hoffentlich folgen noch mehr solche schönen Stunden! Das wäre herrlich, nicht wahr?! – Heute haben wir nun schon einen Aufmarsch hinter uns. Mariechen rief gerade: Fertigmachen zum Antreten! Da muß ich mich also schwer beeilen, um fertig zu werden.» (16.3.44)

Marion läßt sich begeistern und anspornen, sie beginnt, die KLV als Erlebnis und Bewährung zu akzeptieren. Aber es sind weniger diese euphorischen Phasen, die zur emotionalen Bindung an das Lager führen. Marion, Anneliese und Wilma entwickeln in «Haus Rhein» eine eigene Lebenswelt, schaffen sich ein quasi privates Zuhause. Der Wille zur Gemütlichkeit ist schon früh da. Der erste Stromausfall wird leichtgenommen: «Nun sitzen wir hier beim Kerzenschein und schreiben. So ist es eigentlich höchst gemütlich.» (16.2.44) Die drei Freundinnen machen Privates gemeinsam: «Wir haben nun – mit wir ist unsere Stube gemeint – an unbekannte Soldaten zu schreiben. Natürlich wird das Schreiben aufhören, wenn wir nach Hause fahren.» (22.2.44) Die drei teilen auch Leckerbissen aus Paketen und das Geheimnis um Marions Tagebuch. Was ursprünglich als «Lagerdienst» gemeint war, der «Großputztag», führen Marion, Anneliese und Wilma mit Lust zur geordneten Häuslichkeit durch: «Die Wäsche wurde auf 20 cm gefaltet, und die Bücher wurden schön in neues Papier eingeschlagen. Es war wirklich eine Wonne, sie anzusehen, als sie dann in Reih und Glied wie die Orgelpfeifen standen.» (2.3.44) Bei der «Stubenabnahme» durch Trudel, die Lagermädelführerin, wird ins «Stubenbuch» eingetragen: «Stube ganz hervorragend.» Das klingt nach Kasernendrill und -sprache, hat für die Freundinnen aber noch eine andere Bedeutung. Die Stube ist zum Wohnzimmerersatz geworden, bald in einem sehr realen Sinn. Am 2. April 1944 hatte Marion, nachdem sie die «herrlichen Darbietungen» eines musikalischen Abends gelobt hatte, knapp vermerkt: «Am 27.3. war ein Großangriff auf Essen.» Einige Tage später zitiert sie aus dem Brief der Mutter:

«Du kannst Dir ein Bild machen, wie es hier aussieht, wenn ich Dir schreibe, daß ... eine Miene (sic) heruntergekommen ist. Wir wohnen und schlafen in der Küche. Im Wohnzimmer fallen die Wände ein. Wir können es nicht mehr benutzen. Ebenso unten das Schlafzimmer. Wir sind am schlimmsten hier im Hause mitgenommen. Die NSV verpflegt uns.»

In den nächsten Tagen entwirft Marion intensiver als zuvor die familiäre Seite der Stube:

«Augenblicklich ist es in unserer Stube urgemütlich ... Ich bin mit Anneliese allein. Herrlich ist das! Eben haben wir gebohnert. Nun liest Anneliese.» (7.4.44) «Ich habe in der Nacht mit Anneliese zusammen in meinem Bett geschlafen. Das war schön mollig warm, kann ich Euch sagen. Einmal wurde ich wach und hörte Wilma sprechen. Schade, daß ich das nicht behalten habe.» (15.4.44)

An einen «zackigen» Heimaturlaub ist nicht mehr zu denken: «Eigentlich sehr schade! Aber es ist, ich meine wenigstens, besser, wenn die Eltern hierhinkommen. Hier sind wir ja vor den verfl... Tommies noch so einigermaßen sicher.» (18.4.44) Im KLV-Gedenkbuch hat Wilma später festgehalten, wie die Mädchen die «Stube 22» für diesen Elternbesuch herrichteten:

«Die Übergardinen, die passenden Kissen in den Sesseln, die schönen Deckchen auf dem Tisch und dem Spind, der Schemel zwischen den beiden Bettchen nicht zu vergessen, die Betten schön gebaut, und nicht zuletzt die Gladiolen und die beiden Blumentöpfe auf der Fensterbank. Ja, die Blumen! Die machten doch das meiste des Gemütlichen aus! An den weißblauen Wänden machten sich die Scherenschnitte gut aus! Auch die Photographien auf Annelieses Deckchen... gaben dem Zimmer so etwas Persönliches! Eigentlich sah es vielmehr nach einem Privatzimmer als nach einer Lagerstube aus!»

Angesichts der gefährdeten oder schon zerstörten Wohnräume für das familiäre Privatleben in der Heimat haben sich Marion, Wilma und Anneliese ihre eigene Familie mit ihrem eigenen Wohnzimmer geschaffen. Und in dieses werden nun die Mütter eingeladen, die selbst kein Wohnzimmer mehr haben. Damit erweisen sich die Mädchen als brave Töchter, aber auch als überlegene junge Frauen mit eigenem Haushalt, den sie mit einer Geste mütterlicher Fürsorge vorführen können. Die private Wohnlichkeit wird aber auch im Lager vorgezeigt als der Raum, der sich zwar den Regeln des Stubenappells mit gefalteter Wäsche und aufgereihten Büchern unterwirft, sich ihnen mit Blumen, Deckchen und Scherenschnitten zugleich aber auch entzieht. Im Schutze mädchenhafter Bravheit und vorbildlicher Lagerdisziplin haben sich Marion und ihre Freundinnen einen räumlichen und sozialen Zusammenhang geschaffen, der ihre Autonomie gegenüber Eltern und Lagerleitung ausdrückt.

## 3. «Der einzige Trost auf Erden ist doch der liebe Gott» oder: «Mit Gewalt habe ich die Tränen zurückgedrängt»

Am 13. Mai 1944 eröffnete Marion Lubien ihr «Viertes Tagebuch» in der Kinderlandverschickung mit einem gedichteten «Abendgruß an ein Kind in der KLV:

Weilst Du auch in weiter Ferne,
sei nicht traurig, liebes Kind...»

Der erste Tagebucheintrag beschäftigt sich mit dem kommenden Elternbesuch und der bevorstehenden Landung der Alliierten in Frankreich. Ihre tapfere Selbstbeschwörung unterbricht sie mit einer Beschreibung der Stubensituation:

«Ellen, Pöhle und Kaka liegen zusammen in einem Bett und toben und beküssen und beknutschen und verknutschen sich. Es ist wirklich zum Schreien. Ellen gibt Anneliese gerade einen Zungenkuß. Ja, ja, die kleinen Kinder! Was die nicht alles können!»

Aber nicht nur die erotischen Spannungen nehmen zu in der Stube. Immer häufiger gibt es Streit und Tränen, Geheimnisse, aus denen auch Marion manchmal ausgeschlossen wird:

«Es herrscht mal wieder zur Abwechslung schwüle Luft auf unserer Bude (!)... Man zeigt mir die kalte Schulter, und ich weiß überhaupt nicht, was los ist... ich bin hier... höchst überflüssig, habe ich gemerkt, ich stehe hier nur im Wege... Ja, so etwas muß ich jetzt in mein Tagebuch schreiben.» (14.6.44)

Der Krieg und die wachsenden Sorgen um die Familie und die Zukunft führen zu solchen Zusammenstößen, erzwingen aber auch immer wieder die Gemeinschaft, in der sich die Mädchen durch Geschenke und improvisierte Feiern ihrer Freundschaft versichern, in der sie ihre Angst ausweinen können, Hilfeleistungen bei den Schularbeiten austauschen. Mit ihrem besonderen Geschick beim Entwerfen und Nähen von Kleidung erwirbt sich Marion eine wichtige Position in der Stube und im Lager:

«Als Hobby mein Exemplar von Strandanzug – was noch im Anfangsstadium war – sah, war sie ganz begeistert davon und bat mich, ihr bei der Fertigstellung eines ebensolchen Exemplars behilflich zu sein. Ja, was tu ich nicht lieber, als andern bei einer Näharbeit mit Rat und Tat zur Seite zu stehen? Nun, bei einer Bitte blieb es nicht. Auch Gisela und Anneliese sind damit beschäftigt... Alles geht unter meiner Anleitung...» (27.4.44)

Als sich in der zweiten Jahreshälfte Marions Angst nach den Bombenangriffen auf Essen und um den in Frankreich vermißten Bruder steigert, ist es Hobby, bei der sie Trost findet und die sie ihrerseits trösten kann.

«Hobby hat heute auch Post von zu Hause bekommen. Aber sie war leider nicht erfreulich. Ihre Eltern haben auch noch immer keine Nachricht von ihrem Bruder erhalten. Es ist schrecklich! Sie hat furchtbar geweint. Ja, der böse, unselige Krieg, wäre er doch schon mal siegreich zu Ende geführt worden!» (6.10.44)

Immer weniger gelingt es Marion, die Realität des Krieges von sich fernzuhalten. Die Soldaten der gegenüberliegenden Kaserne scheinen mit dem Krieg noch wenig zu tun zu haben. Wenn die Mädchen dort Liederabende veranstalten, dann sind sie stolz, «anderen eine Freude zu bereiten und in ihre lachenden und strahlenden Gesichter sehen zu können». (4.6.44) Wenn aber dieselben Soldaten dann von der Front schreiben, Liebesgedichte oder Treueforderungen an sie richten, wenn die abstrakte Feldpostnummer des «unbekannten Soldaten» einen Namen, ein Gesicht bekommt und Ängste und Hoffnungen kundtut, dann mag Marion nicht mehr antworten, hält sich für zu jung, findet, der Briefschreiber bilde sich zuviel ein, bricht sie die Kontakte zu Karl, Gerd, Georg, Josel ab. Wenn irgend möglich, will sie sich den Krieg emotional vom Leibe halten, wenigstens gegenüber den fremden Soldaten.

Schlimm genug sind die häufigen Bombenangriffe auf Essen. Am Ende einer entsprechenden Zeitungsnotiz, die Marion in ihr Tagebuch eingeklebt hat, heißt es lapidar: «Die Bevölkerung, besonders in Essen, hatte Verluste.» Am 6. und

24. Oktober erwähnt Marion schwere Bombenabwürfe auf Essen, erst am 12. November kommt der beruhigende Brief der Eltern. Nach dessen Absendung sind aber weitere Angriffe erfolgt – die Sorge setzt sich also fort. Auch das KLV-Lager erlebt jetzt Luftangriffe. Am Anfang werden die noch burschikos als Unterrichtsunterbrechung begrüßt:

> «Ich mache mein Testament..., aber nicht in Sauers Stunde, sondern beim Schuppus. Er hat nämlich Zensuren geschrieben. Ruth L. war gerade dran, vielmehr wollte anfangen, da gellte für uns der erlösende Ruf durchs Haus. Luftgefahr 15, alle in den Park! Ach, war es herrlich, als wir das hörten. Wir atmeten alle erleichtert auf und verließen so schnell wie möglich die Stätte unserer Angstqualen... Oh, hoffentlich dauert der Alarm noch stundenlang!» (8. 7. 44)

Zwei Wochen später liegen die Mädchen wieder im Park, «unter freiem Himmel, den Kopf fest auf die Erde gepreßt, und lauschten in das Geboller und Gebrumme hinein, ja, es war wirklich nicht schön. Ich lag mit Wilma zusammen, und sie hielt meine Hand.» (23. 7. 44)

Die größte Angst, die Marion im Krieg schreibend zu bewältigen versucht, hat sie um Kalla, den Bruder. Eine leise Sorge erwähnt sie zuerst am 13. 5. 44, beim ersten Eintrag in ihr viertes KLV-Tagebuch. In der Geschichtsstunde erzählt die Lehrerin,

> «was in der Welt geschieht... Also in Kürze wird der Engländer, Amerikaner und deren Verbündete versuchen, an der Küste zu landen... Als wir das hörten, wurde uns ganz anders, nur nicht wohl. Wie wird das wohl enden? Wir hoffen ja das Allerbeste!... Ich mußte sofort an Kalla denken. Er liegt ja in Nordfrankreich und muß nun bald – die Feinde wollen ja besonders das Industriegebiet erobern, unsere so heiß geliebte Heimat – kämpfen, damit die Feinde nicht in unser Vaterland einfallen können.»

Am 6. 6. ist die Ankündigung der Lehrerin wahr geworden. «Was wird Kalla wohl jetzt machen? Ob er schon mitkämpft? Wie wird Mutter jetzt in Sorge um ihn sein. Der lb. Gott wird ihn schon beschützen. Hoffentlich bekomme ich bald Post von ihm» – dazu ein Zeitungsausschnitt über die Landung der Alliierten, auf der nächsten Seite eine Karte und der Wehrmachtsbericht zu Italien. Marion beginnt zu spüren, daß der Krieg vielleicht verloren wird. Ihre Traurigkeit bleibt aber noch diffus. «Mir war eben so komisch zumute. Das Weinen stak mir in der Kehle. Was war das? Jetzt ist es wieder so einigermaßen weg.» (7. 6. 44)

> «8. 6. Seit dem Beginn der Invasion habe ich keine ruhige Minute mehr. Immer muß ich an Kalla denken. Und wenn ich den Wehrmachtsbericht höre, immer schwebt mir Kallas Bild vor Augen...»

In den nächsten Tagen erwähnt sie immer wieder den Wunsch zu weinen, kann sich ein Leben ohne den Bruder nicht vorstellen. Sie schreibt ihm täglich, erhält aber erst Ende des Monats Post von ihm. Erleichtert trägt sie seinen flotten und optimistischen Brief, in dem er sich mehr über sein kaputtes Radio als über seine leichte Verletzung ärgert, in ihr Tagebuch ein. Doch zehn Tage später beginnt die Sorge aufgrund des Wehrmachtsberichts von neuem. Ihren Namenstag am

13. Juli nimmt Marion zum Anlaß, sich einen neuen Namen zuzulegen. Carla will sie ab jetzt heißen, für die Freundinnen Calla oder auch Kalla. Vier Monate wartet Kalla, das KLV-Mädchen, auf Post von Kalla, dem Soldaten. Ihre Kommentare in dieser Zeit werden immer verzweifelter und banger. Sie habe doch nur einen Bruder, sie ist «todtraurig», ihr ist «furchtbar bang». Sie läßt sich in Kallas Jacke fotografieren, beklagt «diese schreckliche Ungewißheit». Zuletzt: «Mein Gott, ich halte es nicht mehr aus!!!» Endlich, am 4. Dezember: *«Kalla lebt!»* Der Brief der Mutter wird abgeschrieben, Kallas Adresse im englischen Kriegsgefangenenlager eingeklebt, «damit ich sie ja nicht verliere». Angesichts der wachsenden Gefahr für sich selbst, der Sorge um die Eltern und der Angst um Kalla muß Marion / Calla versuchen, sich den Krieg, sein kommendes Ende und seinen Sinn neu zu erklären. Marion gerät in der Zeit der KLV in eine immer stärkere Sinnkrise, in der sie nach den verschiedensten Angeboten einer geistigen und politischen Orientierung greift und an deren widersprüchlicher Mischung sie bis zum Schluß festhält.

Marions erste Verunsicherung entstand schon durch die Trennung vom katholischen Milieu des Ruhrgebiets. Den Verzicht auf den sonntäglichen Kirchgang, die regelmäßige Beichte und Kommunion konnte sie nur schwer aushalten. Jeder der seltenen Gelegenheiten zum Besuch der Messe notiert sie erfreut. Wird gleichzeitig ein Film gezeigt, bedauert sie, daß die Klassenkameradinnen lieber ins Kino gehen. Ihrer Freundin Wilma verspricht sie, an einen Soldaten zu schreiben, wenn diese sie in die Messe begleitet. Sie leidet unter den Versuchen der Lagerleitung, die christlichen Feiertage zu «entheiligen»:

> «Nun sind die schönen Ostertage schon vorbei. Leider! Es war mir nur kein bißchen österlich zumute. Am 2. Ostertage durften wir von mittags an Zivil anziehen, sonst immer Bundestracht (= BDM-Uniform, D. W.). Und darin habe ich mich nicht festtäglich gefühlt. Am 2. Ostertag war ich mit Anneliese beichten und kommunizieren. Das war eigentlich das Schönste vom ganzen Osterfeste.» (12. 4. 44)

Die Sonnenwendfeier beim sommerlichen Elternbesuch war ihr noch ein Erlebnis, das ihr «ganz gut gefallen» hat, aber im Zusammenhang mit Weihnachten findet sie dieses Ritual ebenso unpassend wie die lockerere Variante der Areligiosität:

> «Leider war keiner von uns in rechter Weihnachtsstimmung. Ja, stellt Euch vor: Wir haben Schlager gesungen und Hobby und Flocky haben Zwing (Swing, D. W.) getanzt. Es ist ja wirklich traurig, aber was macht man daran, wenn keine festliche Stimmung aufkommen will? ... Wer macht aber auch am Heiligabend eine Sonnwendfeier ... Am Freitag hatten wir heilige Messe. Da habe ich mich besonders gefreut, als Hobby und Mima auch zur heiligen Kommunion gingen. Hobby war überglücklich und hat doch eingesehen, daß dies das Schönste auf der Welt ist.» (27. 12. 44)

Gegen Kriegsende appelliert Marion immer häufiger an Gott – daß er die Eltern, den Bruder beschützen möge, daß alles geschehen solle, «wie Gott es will», daß Gott ihr einziger Trost sei: «Was ist das Leben ohne ihn? Nichts. –» (3. 2. 45)

Marions Gott stammte noch aus der Vorkriegszeit und sollte im Frieden noch gebraucht werden. Im Krieg selbst konnte er zwar beschützen und trösten, aber erklären konnte er den Krieg nicht, konnte ihm keinen Sinn geben, zu seiner Bewältigung nichts beitragen. Daß Marion vom Krieg zunächst weitgehend verschont bleibt, löst eher Unsicherheit und Scham aus:

«Uns geht es eigentlich noch viel zu gut. Wir merken ja gar nichts vom Krieg, der um uns tobt und für Jahrhunderte entscheidet. Ich bedaure nur sehr, nicht mithelfen zu können. Wenn wir nächstes Jahr nach Hause kommen, werden unsere Kameradinnen sicher mit Stolz ihre Erlebnisse berichten, und wir müssen dazu schweigen und sie bewundern, was sie gemacht haben. Aber trotzdem tragen auch wir etwas zum Siege bei, wenn wir hier friedlich leben. Wir sammeln hier ja die Kraft, um nächstes Jahr frisch an die Arbeit, die in der Heimat auf uns wartet, zu gehen...» (13.5.44)

Noch nimmt Marion den Krieg als Abenteuer, das ihr verweigert wird, aber während sie auf Post von Kalla wartet, beschwört sie noch eine Stärke, über die sie gar nicht verfügt:

«Man muß sich sagen, Du bist nicht allein, auch andere haben ihre Lieben dabei. Du mußt tapfer sein. Dich nicht hängenlassen!... Es geht ja um unsere geliebte Heimat, an der wir mit jeder Faser unseres Herzens hängen. Ja, in der Fremde lernt man die Heimat schätzen und lieben, wenn es auch nur noch Trümmer sind.» (8.6.44)

Feierliche Musik macht sie traurig: «Mit Gewalt habe ich die Tränen zurückgedrängt», äußert sie nach einem Konzert (9.6.44), aber die Reden von Politikern verformen die starken Gefühle in Entschlußkraft, von Goebbels ist sie «ganz weg» (27.7.44), und auf Himmlers Rede reagiert sie zunächst mit Tränen, dann aber mit Willensstärke: «Wir müssen hart und stark bleiben.» (19.10.44) Jedes Angebot der Nationalsozialisten, auch politisch aktiv zu werden, nimmt Marion wahr, so bei einer Feierstunde in Pardubitz anläßlich des Attentats, «welches vor 24 Stunden auf den Führer verübt wurde... Es war wirklich sehr schön, zum Schluß sangen wir das Nationallied... Dann marschierten wir wieder zum Bahnhof. Wir waren hundemüde.» (22.7.44) Die Erschöpfung, die eigene Gefährdung durch Luftangriffe lassen bei Marion das Gefühl aufkommen, durch das Mitleiden und Miterleben im Krieg auch an seiner Bewältigung teilzuhaben. «Der Krieg fordert mehr von uns, als daß wir uns in der KLV rumdrücken und ein schönes Leben führen... Damit können wir den Krieg nicht gewinnen... Jeder muß mithelfen... Nur dann ist der Sieg unser!» (24.8.44) Schon in Sorge um Kalla, berichtet sie von einem

«tollen Geländespiel: Ach, war das eine Wonne! Auf Kratzen und Schrammer wurde nicht im geringsten geachtet. Wirklich, als ich so durch den Wald streifte, hatte ich den Wunsch, auch einmal ein Junge zu sein und mitkämpfen zu dürfen! Wie gern würde ich einmal als Soldat dabeisein...» (1.10.44)

Neben der Bewährung soll die Erklärung helfen. Auf dem Höhepunkt ihrer Angst um den Bruder, eine Woche, bevor sie die Nachricht von seiner Gefangenschaft erhält, schreibt Marion an die Eltern:

«Ihr dürft bloß nicht verzweifeln und den Mut verlieren. Was würden unsere tapferen Soldaten denn sagen, wenn die Heimatfront zusammenbrechen würde? Es darf keinesfalls wie 1918 werden. Ihr wißt doch, wie da die Feinde unser Land besetzten. Ihr habt es doch alle selbst erlebt, als die Inflation in Deutschland wütete und der Jude der Herr des Landes war... Ihr müßt doch auch immer bedenken, daß auch der Engländer und Russe schon so lange Krieg geführt und daß auch seine Ressourcen einmal erschöpft sind... Es sollte hier mal einer verlauten lassen, daß wir den Krieg nicht gewinnen würden! Ich glaube, das wagt auch keiner; denn wir sind alle so von unserem Sieg überzeugt.»

Sich selbst und den Eltern spielt Marion die Erwachsene, die Verständige, die Starke vor. Aber am Ende bricht mit den Fronten auch ihre zur Schau getragene Siegesgewißheit zusammen. Sie verliert die Sicherheit der optimistischen Sprache und trägt, in Druckschrift, einen Schulbuchtext ins Tagebuch ein – letzter Versuch, zumindest sprachlich an die Blitzkriegbeschreibung ihres Erinnerungsbuches anzuknüpfen:

«Seit dem Sommer 1941 müssen wir nun auch gegen Sowjetrußland kämpfen, das wider alle Verträge in Deutschland einzubrechen drohte... Zwei Welten stehen einander gegenüber. Hier die Welt der jungen, aufstrebenden Staaten, dort die Welt der alten, niedergehenden Staaten und des Bolschewismus...» (17. 1. 45)

Die eigene Sprache bricht später durch, in zielloser, kindlicher Wut:

«Das schöne Breslau. Der böse Krieg zerstört aber auch alles. Ja, der elende Krieg! Unser Führer wollte alles schön friedlich und ohne Verfeindung mit unsern Nachbarvölkern regeln, aber die Biester von Juden...! Oh, diese unseligen Geschöpfe! Warum muß es die überhaupt auf der Welt geben? Ja, warum? Das weiß der lb. Gott einzig und allein. –» (29. 1. 45)

## 4. «Die Küsten der Wirklichkeit» oder: «Carla Lubien, die schönste Frau Europas»

Ende 1944 begann Marion/Carla, über die Zukunft nachzudenken. Sie tat das ganz konventionell: Im Frühjahr würde sie mit der sogenannten «mittleren Reife» aus der Schule entlassen werden. Sie mußte nun Berufsentscheidungen treffen, dachte daran, daß sie heiraten und Kinder haben wollte. Wie sollte sie aber den Krieg in ihre Zukunftspläne integrieren?

«In vier Monaten werden wir aus der schützenden Hülle des Lagers herausgerissen, und das ernste und wirkliche Leben tritt an uns heran. Dann werden wir wohl erst... begreifen, wofür und warum wir eigentlich leben. Hoffentlich ist dann der Krieg nicht mehr ganz so furchtbar und bös. Aber alles, wie Gott es will!» (3. 10. 44)

Angesichts einer desillusionierenden Berufsberatung, die Ende Dezember im Lager stattfindet, wird Marion zugleich heldenmütig und bescheiden: «Hinein ins bunte, kriegsheiße Leben» werde es nach der Schule gehen, «die Berufsausbildungen sind ja vorläufig mit ganz wenigen Ausnahmen gesperrt... Kriegsdienst geht vor!!!» (21.12.44) Wenn sie in Tagträumen über die Haarfarbe ihres Zukünftigen, ihren Kunstgewerbeladen oder ihre Schriftstellerinnenkarriere nachdenkt, setzt sie gegen solche «Hirngespinste» schnell die Bereitschaft, das «ernste und wirkliche Leben» an sich herantreten zu lassen (30.12.44). Einen Monat später verstärken sich das nahe Kriegsende und das nahe Schulende gegenseitig und lösen bei Marion Panik aus:

«Fast alle schreiben augenblicklich ihren Lebenslauf. Und ich verzweifle bald! Was soll ich nur machen? Ich weiß nicht, wo ich in die Lehre gehen soll... In mir ist es wie ein brausender Orkan. Er reißt mich mit sich fort. Ach, ich bin verrückt! Ich sehne mich nach etwas und weiß nicht, was es ist!!! Ich glaube, mir fehlt eine ordentliche Tracht Prügel! –» (3.2.45)

Einige Tage vor diesem Eintrag hat Marion / Carla noch einmal ein Erinnerungsbuch angelegt. Darin tragen sich die Freundinnen aus der KLV mit ihren Erinnerungen und Zukunftsträumen ein. Marion gibt in der Einleitung den Grundgedanken des Buches vor: «Leise versinkt unser Kinderland, und vor uns erheben sich die Küsten der Wirklichkeit. –» Weggeschoben werden trotzdem die Ängste und Gefahren, die Hilflosigkeit angesichts einer unklaren Zukunft. In dieses Buch schreibt Hobby, zuletzt Marions beste Freundin, wie die beiden ihr Wiedersehen als Erwachsene phantasiert haben:

«Carla wird eines Tages einen pompösen Modesalon eröffnen. Die große Drehtür wird eines Tages schwungvoll gedreht, und herein spaziert eine Dame..., stolziert auf die Empfangsdame zu und sagt: Ich möchte gern die Inhaberin des Modesalons sprechen!... Eine Glasschiebetür wird geöffnet, Samtportieren werden auseinanderrauschen, und vor mir erscheint eine in einem Sessel sitzende, mit einem Hausanzug aus reiner Seide bekleidete mondäne Dame... Wie ein Gebilde aus Himmelshöhen sitzt vor mir Europas schönste Frau Carla Lubien.»

## 5. «Sag, wie führen Deutschlands Frauen dies zu Ende?» oder: «Amis mit rotem, ja knallrotem Schal»

Zwei Wochen später ist Marion zu Hause bei ihrer Familie. Am 14.2.45 heißt es wohlformuliert im Tagebuch: «Daheim. Von ferne hört man das unheimliche Dröhnen der nahen Front.» Über den ersten Vollalarm und Bombenangriff schreibt sie seltsam kühl und unpathetisch:

«Mir war es, als wenn mein Trommelfell platzen würde. Doch war ich innerlich sehr ruhig und gefaßt. Ich hatte das Gefühl, als wenn uns nichts passieren würde. Essen und auch unsere Gegend – Altenessen – hat ganz anständig was abgekriegt.» (23.2.45)

Ihre Energie aus der KLV reicht sogar noch für den zeitweiligen Glauben an den Endsieg. Eine letzte Goebbels-Rede bringt sie noch einmal in Schwung und zu einem Appell für «Pflicht und Schuldigkeit, dem deutschen Soldaten an der Front gegenüber, der mit fanatischer Entschlossenheit unser geliebtes Vaterland verteidigt...» Sie kritisiert die Skeptischen, aber ihr Realitätssinn und ihr Verständnis sind schon gewachsen: «Die unendlich vielen Luftangriffe haben sie mürbe gemacht. Sie möchten am liebsten Schluß haben, damit das Elend ein Ende nehme.» Marion aber will noch nicht «schlappmachen» und überhöht ihre Entschlossenheit mit einer «deutschen Antwort»:

«...
Wer schwingt diesmal Deine Sensen?
Frauen werden mähen.
Wer geht hinter Deinen Eggen? Frauen werden säen.
...
Sag, wie führen Deine Frauen dies zu Ende?
Deutschland, schöpfen Deine Frauen Wasser mit dem Siebe?
Deutschland, haben Deine Frauen hundert Hände? –
Haben zwei, wie Eure Frauen, zwei! und ihre Liebe.»
(1.3.45)

Marion stilisiert sich ganz als erwachsene Frau. Aber anders als im Kindermärchen, wo «das hilfreiche Mädchen» zum Dank für seine Hilfsbereitschaft und Tüchtigkeit mit Schloß und Königssohn bedacht wird, stellt sich die Belohnung in der Realität nicht ein. Doch hinter den Kulissen ihrer Selbstinszenierung als sich bewährende, tapfere Frau nimmt Marion schon ein anderes Thema auf. Mitten im Bombenkrieg genießt sie das wilde Geburtstagsfest bei einer Freundin mit 20 Gästen, darunter drei männlichen. «Es war herrlich! Trotz des Krieges! Vom Ari-Schießen haben wir nichts gehört und gesehen, und alle Leute klagen, daß es ganz furchtbar gewesen sei.» (19.3.45) Wenn Marion im Bunker schreibt, kommt die Angst aber unverstellt aufs Papier: die Dichte der Menschenmenge, der bedrohliche Lärm der Bombeneinschläge. Nichts ist mehr übrig von der Unbekümmertheit, mit der sie vom «Bunkerchen» sprach, wenn sie nicht drin saß, oder «Alarm abbestellte», wenn sie schreiben wollte. Nach einem letzten «O der grausame Feind! Die arme Zivilbevölkerung! Alles, wie Gott es will!» verschwindet auch das Pathos. Die Eintragung des Tages endet: «Good night, sleep very well, my darling! Die Einschläge der Front kommen immer näher heran.» Marion bereitet sich auch sprachlich auf den kommenden Feind und Frieden vor. Kühl registriert sie, wo der Feind steht. Noch einmal äußert sie Hoffnung auf Gott und den Führer, Warnungen vor dem «Tommy» an ihre Mitmenschen. Die aber «entpuppen» sich am Ende, wie sie kurz andeutet, während die letzten deutschen Soldaten verschwinden.

Am 7. April kommt er dann, der Feind. «Ich habe gefragt, ob sie Engländer oder Amerikaner wären, worauf sie mir American antworteten.» Sie benehmen sich «sehr anständig» und lassen sich «sofort gemütlich nieder». Marion fragt: «Sind es nun unsere Befreier oder unsere Unterdrücker?» Die Frage bleibt zunächst unbeantwortet. Zwischen Besetzung und Kapitulation setzte sich der Alltag zunächst fort, erleichtert durch das Ende der Bombendrohung. «Der böse Feind» war schon lange keine eindeutige Figur mehr für Marion gewesen: einerseits der Tommy, der die Bomben warf, aber auch der Gentleman, in dessen

Gefangenschaft Kalla den Krieg überlebte, das europäische Nachbarvolk, dessen Sprache und Weihnachtsbräuche Unterrichtsstoff der letzten Klasse gewesen waren. Und nun erst die Amerikaner: «Ja, in diesen Tagen haben wir allerhand zu sehen bekommen. Sogar Amis mit 'nem Spazierstöckchen und 'nem roten, ja knallroten Schal.» (11.4.45) Die Lässigkeit der Besatzer knüpfte an die Kaltschnäuzigkeit der Besetzten an. Was bisher die Angst vorm Tod überspielt hatte, half nun gegen die Schande der Niederlage. Unmittelbar nach der unspektakulären Besetzung wendet sich Marion praktischen Problemen zu:

> «Ich mache viel Handarbeit. Alles aus alter Wolle. Augenblicklich stricke ich an einem Jäckchen. Das Hinterteil besteht aus dunkelblauem Stoff – Papas Hose –, und die beiden Vorderteile und Ärmel arbeite ich aus bunter Wolle, aber hauptsächlich weiß.»

Ende Juni nahm Marion ihr Tagebuch wieder zur Hand. Aus dieser Zeit stammen wohl auch die ironischen Kommentare, die sie vereinzelt hinter die pathetischsten Textstellen geschrieben hat. Am 1. September 1945 (!), Pfingsten 46 und im September desselben Jahres berichtet sie knapp über die äußeren Lebensumstände. Im März 47 nimmt sie sich vor:

> «Werde jetzt die Gedichte oder auch Sätze, die mir gefallen und nach denen ich mich richten will, aufschreiben. Ich will mich selbst erziehen! Und zwar zu einem Menschen, der vor nichts Angst hat, vor keiner Arbeit und vor keinem Teufel.» (23.3.47)

Die damals 18jährige hat ihren Schreibvorsatz wahrgemacht und ein Buch mit religiösen und ethischen, eigenen und fremden Gedanken angelegt. Nach der Enttäuschung ihrer kindlichen Begeisterung für den Führer und den Nationalsozialismus und ihrem Entschluß, sich von nun an selbst zu erziehen, hat sie zur Religiosität, mit der sie als Kind aufgewachsen war, zurückgefunden. 1950 hat sie geheiratet, vier Kinder in die Welt gesetzt und bis heute ein anstrengendes Leben geführt. Als erwachsene Frau hat sie wieder Tagebuch geschrieben, aber nie wieder so regelmäßig wie in der Zeit, als sie als 14jährige begann, sich durch den Krieg zu schreiben.

## 6. Festhalten und Ausdrücken – über Gefühle und Sprache

Indem Marion Lubien zwischen 1942 und 1945 ihre Erlebnisse sprachlich festhielt, strukturierte sie ihre emotionalen und intellektuellen Erfahrungen. Sie versuchte das vor dem Hintergrund eines Krieges und eines Systems, die mehr und mehr Widersprüchliches und Beängstigendes bereithielten. Und sie tat das in einer Sprache, in der sich Versatzstücke aus nationalsozialistischer Propaganda, Trivialliteratur und mütterlichen Redensarten mischen mit jugendlicher Schnoddrigkeit und unkontrollierten sprachlichen Ausbrüchen. Die klare Unterscheidung von «geliehener» und «authentischer» Sprache, ihre Zuordnung zu «echten» und «falschen« Gefühlen erweisen sich als schwierig. Es verwundert nicht, daß Marion, als sie mit 13 Jahren ihr Erinnerungsbuch beginnt, den einzigen Schreibstil verwendet, der ihr damals bekannt war: den Stil des kindlichen Schulaufsatzes. Auch daß sie über den Krieg zunächst im Wehrmachtsberichtsstil schreibt, liegt nahe angesichts der Tatsache, daß sie zu diesem Zeitpunkt noch wenig Erfahrung mit dem wirklichen Krieg hat.

Da Marion sich als frühe und zukünftige Literatin versteht, sucht sie immer wieder nach dem, was sie für den Stil der Dichtung hält und an dem sie sich bis zum Plagiat orientiert:

«Möchte etwas aus dem Buch Hans Hartwig hier hereinschreiben: – Sie war noch nicht 17 Jahre alt, eben erst hervorgetreten aus dem Märchenland der Kindheit, wo nichts unmöglich scheint. Aus jenem Traumland, wo die Menschen Halbgötter sind oder Dämonen. Wo der Königssohn kommt oder die holden Feen. In dieser Zeit versinkt leise das Elfenland hinter uns, und vor uns steigen die Küsten der Wirklichkeit empor. –» (19. 1. 45)[5]

Irritation entsteht da, wo sich Distanz der Sprache und Nähe der Erfahrung mischen, wo «echte Gefühle» in «gefälschter Sprache» ausgedrückt werden. Wo in Angst und Hilflosigkeit von «der schützenden Hülle des Lagers», von der «geliebten Heimat, an der wir mit jeder Faser unseres Herzens hängen» gesprochen wird, vom «Krieg, der ja bald siegreich entschieden sein wird», aber auch von «Gott, der uns beschützen möge». Die Formelhaftigkeit dieser Ausdrücke, die Regelmäßigkeit und Sicherheit, mit der die einzelnen Wörter aufeinanderfolgen, hatten vielleicht etwas Verläßliches und Tröstliches, strukturierten die Verwirrung und Orientierungslosigkeit, die Trauer und die Verzweiflung. Wo die wirklichen Gefühle durch Aufschreiben keine unvergängliche Realität erhalten durften, wurde als Ersatz- und Decksprache auf die formelhaften nationalsozialistischen oder auch religiösen Sprachmuster zurückgegriffen – das schuf Trost und Ordnung, kurzfristig auch im verstörten Innern. Manches bleibt dennoch fremd und unverbunden. Am 19. 5. 1944 notierte Marion in der Schule:

«Augenblicklich haben wir bei Pfläumchen Geschichte. Ist wirklich prima! Ich penn gleich ein. Die Verfassung in Weimar 11. 7. 1919. Grundsätzlich war der Satz: Die Staatsgewalt geht vom Volke aus... Der Reichstag gewählt von allen deutschen Frauen und Männern über 20 Jahre durch die geheime unmittelbare und gleiche Wahl... Die Reichsverfassung wurde von einem Juden entworfen. Sie hatten großen Einfluß im Reichstag, Ministerium, in der Presse, in der Industrie, im Handel und in den geldbringenden Berufen (...) Die Freiheit der öffentlichen Meinung. Zu nicht gesetzwidrigen Zwecken. Ohne Waffen durfte sich jeder versammeln, reden, schreiben, drucken lassen, was er wollte. Es herrschte absolute Religions- und Glaubensfreiheit.»

Warum trägt Marion das in ihr Tagebuch ein? Was bedeuten ihr, die 1933 fünf Jahre alt war, die Bürgerrechte der Weimarer Verfassung? Was denkt sie darüber, daß sie «den Juden» die absolute Religions- und Glaubensfreiheit verdanken würde, wenn diese Verfassung noch Gültigkeit hätte? Fragen, die Marion weder stellt noch beantwortet. Die bürgerlichen Grundrechte verdienen aber offensichtlich wie für ein späteres Nachdenken festgehalten zu werden.

So ist das Schreiben in «fremder» Sprache als Phänomen schriftlicher Erfahrungsquellen nicht nur des Nationalsozialismus in diesem Falle weder Zeichen für die Übernahme der Weltanschauung, aus der diese Sprache entliehen wurde, noch Unfähigkeit zur authentischen Sprache generell, sondern der Versuch, sich über das äußere und innere Chaos zumindest sprachlich zu retten, die noch nicht strukturierbare Erfahrung in vorhandene Sprachformeln zu überführen, um zumindest einen vorläufigen Ausdruck festzuhalten.

Dennoch bleibt Marion Lubiens Tagebuch ein initierendes Dokument, nicht zuletzt für die Autorin selbst.

## Anmerkungen

1 Es handelt sich um die überarbeitete und erweiterte Fassung eines Textes, der unter demselben Titel 1987 erschien in Wilfried Breyvogel/Heinz-Hermann Krüger (Hg): Land der Hoffnung – Land der Krise. Jugendkulturen im Ruhrgebiet 1900–1987, Berlin/Bonn.

2 Die folgenden Ausführungen stützen sich auf Gerhard Dabel (Hg): KLV – Die erweiterte Kinderlandverschickung. KLV-Lager 1940–1945, Freiburg i. B. 1981. Der Herausgeber war Mitarbeiter der Reichsdienststelle KLV, zuletzt als ihr Leiter, zuvor im Referat «Ausrichtung und Führung». Das Buch enthält zahlreiche Dokumente, Erinnerungen von Lehrern, Führern und Schülern und dazu Darstellungen des Herausgebers, die Zeugnis seiner fast ungebrochenen positiven Wertung der damaligen Zeit, insbesondere aber der KLV geben. Als Information über die äußere Organisation und wegen der Deutlichkeit der politischen Position aber trotzdem interessant. Claus Larass: Der Zug der Kinder, München 1983, eine populäre, etwas kritischere Darstellung, die sich im Bereich des Faktischen aber wesentlich auf Dabel stützt. Hinzu kommen vereinzelte Erinnerungen von KLV-Lehrern, z. B. Alfred Ehrentreich: Dresdner Elegie. Schule im Krieg: Die KLV im 3. Reich, Brackwede 1985. Hinzu kommen eine Reihe kleinerer Broschüren aus meist rechtsradikalen Verlagen. Die Standardwerke zur Geschichte der Jugend im NS enthalten aber entsprechende Informationen und Einschätzungen. Als publizierte Quelle über die Erwachsenenerfahrung mit der KLV dienten die von Heinz Boberach herausgegebenen: Meldungen aus dem Reich. Die geheimen Lageberichte des Sicherheitsdienstes der SS 1938 bis 1945, Herrsching 1984, darin zur KLV Bd. 5, S. 1622 f., Bd. 6, S. 1856 ff., Bd. 15, S. 5827 ff., S. 5917 ff. und Bd. 16, S. 6270 ff., S. 6315 ff.

3 Siehe dazu Verwaltungsbericht der Stadt Essen 1945–1949, Chronik der Stadt Essen 1941–1945 (beides nach 1945 erstellt) und Akten des Schulamtes 40/3093, 3095, 3119 a, 3798, 3827, alles Stadtarchiv Essen.

4 Es handelt sich um ein Pseudonym.

5 Das zitierte Stück ist übrigens ebenfalls ein Plagiat – Vorlage ist ein Text aus dem Roman «Shirley» von Charlotte Brontë. «Zu Beginn des 7. Kapitels heißt es dort: «Elf-Land lies behind us, the Shores of Reality rise in front.»

# Bombensensation

Pärchen mit zerplatzter Granate
Privatfoto

Odenkirchen bei Moers.
Feuerwerker des Sprengkommandos
Kalkum mit der Dorfjugend
Privatfoto

# Bomber-Blicke: Das schöne Inferno

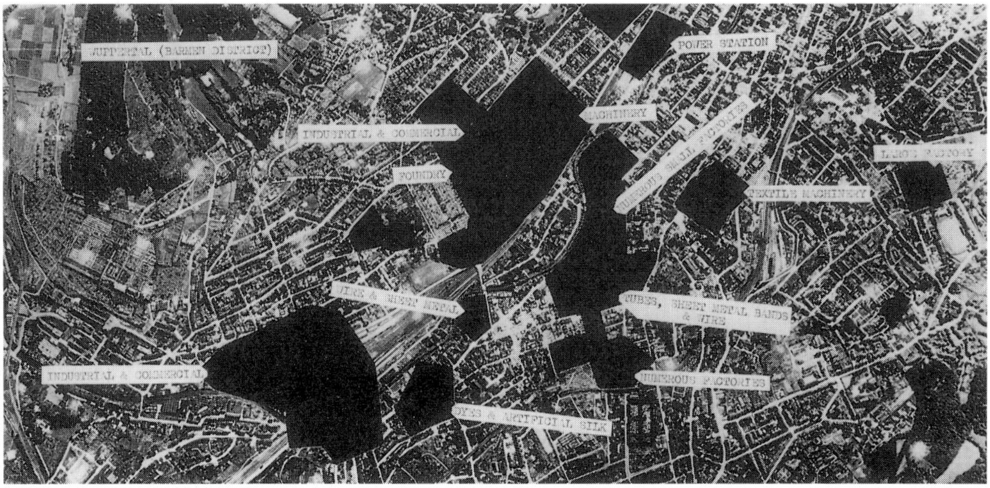


Zielfoto für britische Bomber
über Wuppertal
Foto der Royal Air Force

«Christbäume» über Wuppertal.
Beim Angriff vom 29./30. Mai 1943
starben hier ca. 3400 Menschen
Foto der Royal Air Force

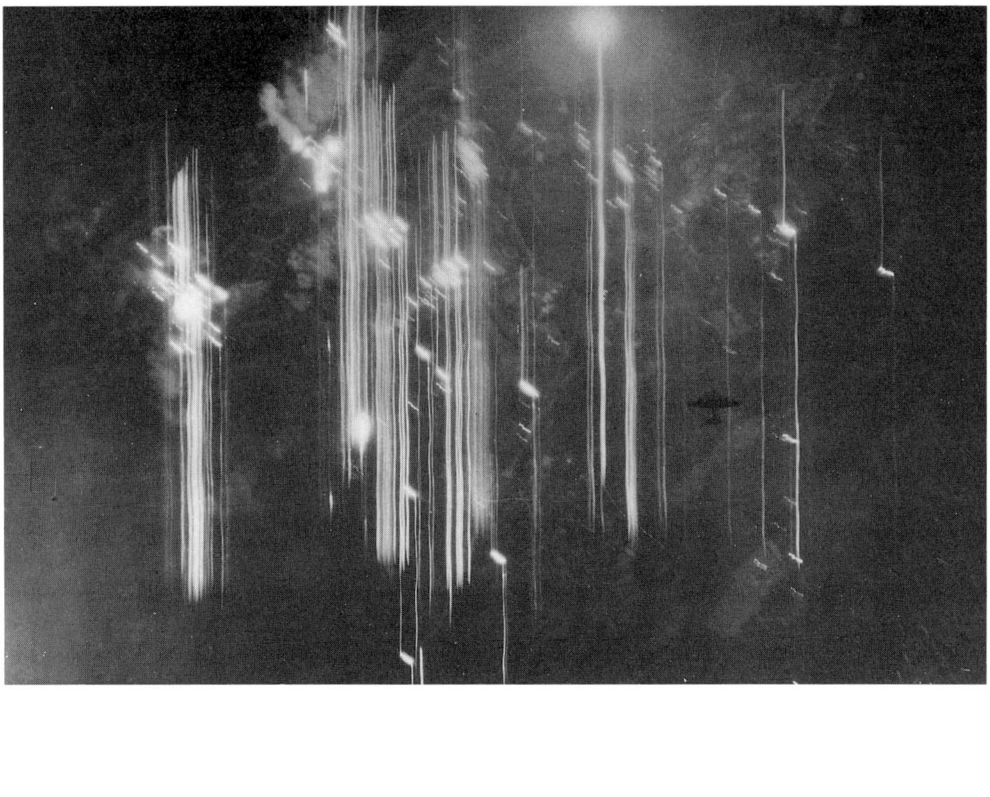

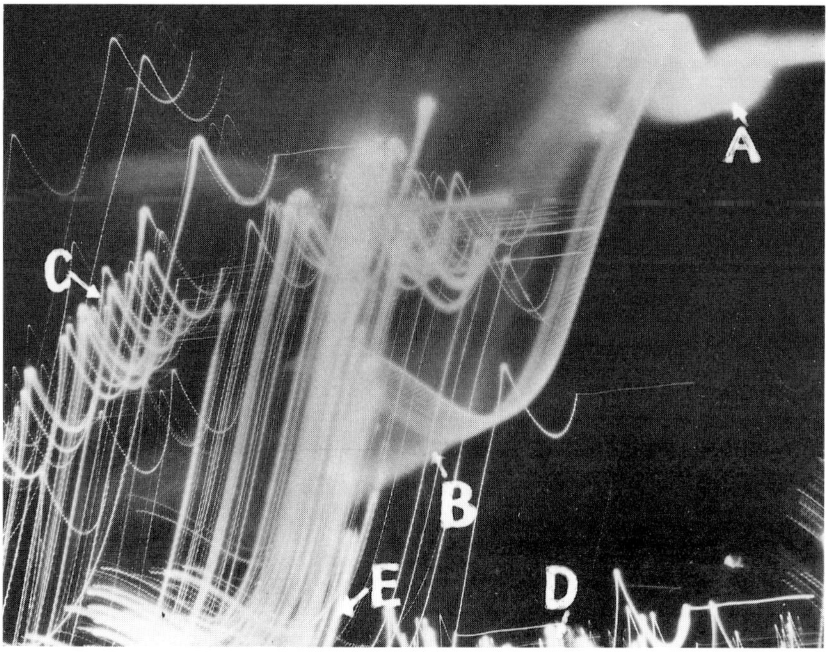


Lichtmuster über Dortmund. Ca. 6000 Menschen starben während des Krieges bei Bombenangriffen auf Dortmund
Foto der Royal Air Force

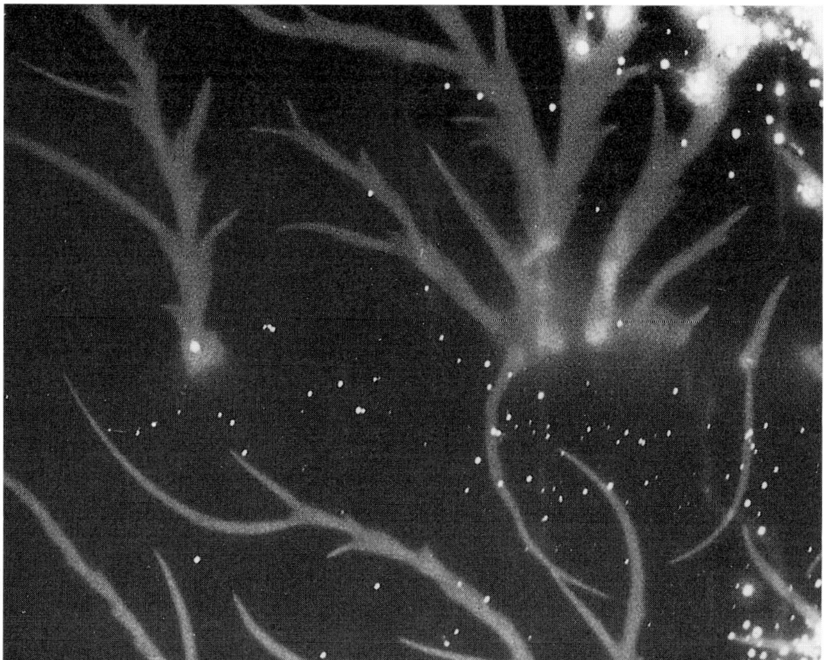

Kondensationserscheinungen über dem brennenden Dresden. Zahl der Toten: 35 000 bis 100 000; die genaue Zahl ist nicht bekannt
Foto der Royal Air Force

Norbert Krüger

# Die Bombenangriffe auf das Ruhrgebiet im Frühjahr 1943

Die britische Luftkriegführung gegen Deutschland im Zweiten Weltkrieg ist nur zu verstehen, wenn man die Erfahrungen der britischen Armee im Ersten Weltkrieg berücksichtigt. Britische Divisionen hatten beispielsweise bei der Eröffnung der Schlacht an der Somme am 1. Juli 1916 in wenigen Stunden 60 000 Tote und Verwundete verloren, ohne einen nennenswerten Erfolg errungen zu haben. Nach insgesamt 140 Schlachttagen hatten die Franzosen fast 200 000, die Engländer über 400 000 und die Deutschen über 500 000 Tote und Verwundete zu beklagen. Denken und Handeln des britischen Volkes wurden durch die Somme-Schlacht entscheidend geprägt. Die Erkenntnis, daß Krieg die Jugend eines Volkes auslöschen kann – an der Somme verblutete nämlich die Freiwilligen-Armee –, hatte Folgen. Die Überlebenden – auch junge Offiziere, die 20 Jahre später in hohen Kommandostellen saßen – suchten, wenn sie nun schon in militärischem Denken befangen blieben, nach Methoden und Mitteln, in einem zukünftigen Krieg derartige Massenschlachten zu vermeiden. Giftgas und Panzer, schließlich Flugzeug und Bombe, das schien – in Massen eingesetzt – einen Ausweg zu versprechen. Zeppeline und Flugzeuge hatten nämlich im Ersten Weltkrieg mit wenigen Bomben in England Angst und Panik verbreitet. Über 1400 Menschen waren getötet, 3400 verwundet worden. Auch in Deutschland hatte es 746 Luftkriegstote gegeben. Aus diesen Anfängen des Luftkrieges errechneten Theoretiker Chancen, einen zukünftigen Krieg durch Panik in der Zivilbevölkerung abzukürzen.

Als während des Zweiten Weltkrieges der amerikanische General Marshall in England immer wieder zur Invasion des Kontinents drängte, entgegnete Lord Cherwell, einer der Berater Churchills: «Es hat keinen Zweck – Sie reden gegen die Verluste an der Somme an.» [1] Auch Sir Arthur Harris, Chef des Bomberkommandos der Royal Air Force, war überzeugt, daß der Bombenkrieg «die Blüte der Jugend dieses Landes und unserer Verbündeten davor bewahrte, auf dem Schlachtfeld niedergemäht zu werden, wie es in Flandern im Krieg von 1914 – 1918 war.» [2]

Bomben auf die Zivilbevölkerung – das wurde nie deutlich ausgesprochen oder zugegeben. Es wurde umschrieben, möglicherweise im guten Glauben von Leuten, die an Präzisionsangriffe dachten ... Hugh Trenchard, Chef des Air Staff, hatte seine Untergebenen 1928 folgendermaßen belehrt: «Es ist die

Aufgabe der Luftstreitkräfte, die Widerstandskraft des Feindes durch Angriffe auf Ziele zu zerbrechen, durch deren Zerstörung diese Absicht am ehesten erreicht wird.» Wahllose Bombardierung lehnte er ab, doch sollten Luftangriffe «die Munitionsarbeiter, Männer und Frauen, so weit... terrorisieren, daß sie nicht mehr zur Arbeit gehen..., weil sie einen Luftangriff auf die Fabrik fürchten.» [3]

In vielen Ländern blieb es zwischen den Weltkriegen nicht nur bei der Planung. In Abessinien, Spanien und Fernost wurden bereits Tausende Zivilisten durch Bomben umgebracht. In Mittel- und Westeuropa wurde indessen die Bevölkerung organisatorisch erfaßt und geschult, mit Luftschutz vertraut gemacht. Rotes Kreuz, Technische Nothilfe und Feuerwehr wurden – zunächst nur auf dem Papier – ergänzt und erweitert. Sogar Entgiftungseinheiten wurden aufgestellt, ein Zeichen, daß man selbstverständlich mit dem Abwurf von Giftgasbomben rechnete.

Nach dem deutschen Angriff auf Polen trat am 1. September 1939 der Ernstfall ein. In sogenannten Blitzfeldzügen wurde der deutsche Machtbereich ausgedehnt, wobei die Luftwaffe taktisch – zur Unterstützung des Heeres – eingesetzt wurde. Die Zerstörung Warschaus zeigte dabei der Weltöffentlichkeit, was moderne Luftstreitkräfte bewirken konnten. Die zunächst befürchteten Serien von Großangriffen auf die Zivilbevölkerung blieben jedoch aus, möglicherweise auch deswegen, weil für diese Form der Kriegführung noch nicht genug Mittel vorhanden waren. Erst im Mai 1940 – mit dem Beginn des Krieges im Westen – wurde langsam der Weg hin zum Bombenkrieg beschritten. Der durch den schnellen deutschen Vormarsch in Frankreich erzwungene Rückzug der britischen Armee vom Kontinent (Dünkirchen) beschleunigte die Entwicklung, war doch das Bomberkommando der Royal Air Force von diesem Zeitpunkt an das einzige Instrument, mit dem man den Krieg in das feindliche Land tragen konnte. Vom Sommer 1940 bis zum Sommer 1941 war nämlich Großbritannien der einzige unbesiegte Gegner Deutschlands; die Briten trugen die Last dieses Krieges allein, und der Ausgang des Konflikts war bis zum Kriegseintritt der UdSSR und USA ungewisser, als es uns heute aus der Rückschau erscheint.

Churchill hatte bereits am 8. Juli 1940 die Richtung vorgegeben: «Es gibt etwas, das den Gegner zurückzuwerfen und niederzuschlagen vermag, das ist ein alles vernichtender und alles ausrottender Luftkrieg mit ganz schweren Bomben von England aus gegen das deutsche Heimatgebiet. Wir müssen den Feind mit diesem Mittel überwältigen, sonst sehe ich keinen Ausweg.» [4]

Damit war das Ziel klar: Zurückwerfen, Niederschlagen, Überwältigen! Luftkrieg als Ersatz für den herkömmlichen, ungeheuer verlustreichen Landkrieg! Auch die Mittel waren genannt: Vernichten und Ausrotten mit ganz schweren Bomben! Hier ist schon die Angriffsart beschrieben, die in Deutschland zutreffend als Terrorangriff bezeichnet wurde. Allerdings hat Churchill nie die Zuversicht der Luftkriegsstrategen geteilt, die eine Landoffensive zur endgültigen Niederwerfung Deutschlands für überflüssig hielten.[5]

Erleichtert und in den Augen der Öffentlichkeit entschuldbar wurden diese Entscheidungen der britischen Führung durch das Vorgehen der deutschen Luftwaffe, die am 14. Mai Rotterdam bombardiert hatte – 980 Tote – und auf Grund derselben technischen Schwierigkeiten, wie auch die Briten sie hatten, von versuchten Präzisionsangriffen gegen militärische Ziele auf Flächenangriffe auswich und dabei in der Zeit von Ende August 1940 bis Ende Mai 1941 über 43 000 britische Zivilisten tötete.[6]

Heinz Becker aus Essen, damals 31 Jahre alt, berichtete am 15. Juni 1941 seiner Familie von einer Fahrt als Soldat durch Rotterdam: «Stelle Dir nur vor, von einer Stadtfläche wie (Essen-) Borbeck stehen vielleicht noch zehn Häuser, sonst ist alles dem Erdboden gleich. Mit stummem Schweigen durchfuhren wir per Zug, in dem auch Holländer waren, die Gegend und bekamen erst später langsam die Sprache wieder. Hier ist ein Haß gezüchtet worden, der über Generationen anhalten wird.»

Bei der Auswahl ihrer Ziele hatten britische Theoretiker natürlich untersucht, ob und wo Engpässe in der deutschen Industrie vorhanden waren. Doch die Zerstörung oder auch nur Störung dieser Industrieziele – Fabriken, Kraftwerke – wie auch des alles verknüpfenden Verkehrsnetzes hing entscheidend von den Fähigkeiten des Bomberkommandos ab. Bis Ende 1942 waren sie nicht besonders groß. Zerstörungen unterschiedlichen Ausmaßes in Industrie- und Hafenstädten und Störungen im Verkehrs- und Versorgungssystem waren angerichtet worden, doch war man weit entfernt von Churchills Ziel «Zurückwerfen, Niederschlagen, Überwältigen».

Dennoch hatten die Zerstörungen Folgen. Die britische Bevölkerung gewann Mut, sie konnte zurückschlagen. Umgekehrt erkannte die deutsche Bevölkerung – wenn auch langsam –, daß der Krieg die Heimatstadt erreichen konnte. Erste Zweifel an Deutschlands Überlegenheit wurden wach, und der Widerstandswille in den besetzten Ländern wurde gestärkt. Weil zahlreiche Produktionsstunden durch Alarme ausfielen und die Stimmung in der Bevölkerung gereizt wurde, mußten die Abwehrkräfte – Flakbatterien, Jagdstaffeln usw. – im sogenannten Heimatkriegsgebiet verstärkt werden. Das kostete Personal und Material, das nicht der Front zugeführt werden konnte.

So gesehen hatte der britische Luftkrieg bis Ende 1942 Erfolge aufzuweisen. Noch scheute man sich auf britischer Seite vor der Öffentlichkeit zuzugeben, daß die Bombenangriffe unpräzise erfolgten. Offiziell wurden Transportsystem und Schwerindustrie angegriffen, obwohl in der Direktive an das Bomberkommando vom 4. Februar 1942 eindeutig das «Hauptgewicht auf die moralische Zerstörung der feindlichen Zivilbevölkerung» gelegt wurde.[7] Wegen hoher Verluste hatte man jedoch die Tagesangriffe einstellen müssen, und eine Auswertung der Nachtfotos ergab, daß im Ruhrgebiet nur sieben Prozent der abgeworfenen Bomben in einem Umkreis von acht Kilometern um das Ziel gefallen waren. Die anderen lagen noch weiter entfernt! Mit diesem Verfahren war kein Punktziel zu treffen, und im britischen Unterhaus wurde im Februar 1942 zugegeben: «Wir wissen, daß die meisten Bomben, die wir abwerfen, nichts von Bedeutung treffen!»[8] Auch Churchill schrieb am 13. März 1942 dem Chief of the Air Staff, daß die Bombenangriffe bislang nicht entscheidend waren, doch Bombardierungen seien «better than doing nothing».

In dieser Situation konnten sich die Anhänger des «moral bombing» endgültig durchsetzen. Der Widerstands- und Durchhaltewille der Bevölkerung sollte gebrochen werden. Mittel dazu sollte die Zerstörung der Großstädte sein, die nahezu jede Besatzung eines Bombers finden konnte. Viele Angriffe des Jahres 1942 – Lübeck, Rostock, Köln – müssen unter diesem Aspekt betrachtet werden. Sie zeigten bereits, daß trotz großer Zerstörung der Widerstandswille nicht gebrochen werden konnte. Im Gegenteil: Gesteuert von einer geschickten Propaganda, wuchs der Haß auf die britischen *Mordbrenner, Luftgangster* oder *Luftpiraten*, wie man damals formulierte in einem Land, in dem Züge nach Auschwitz, Riga oder Theresienstadt beinahe fahrplanmäßig fuhren.

Mit diesen Flächenangriffen konnte nebenher ein anderes Ziel erreicht werden: Reduzierung der deutschen Produktion – zumindest für kurze Zeit nach den Angriffen. Die Zerstörung der Innenstädte oder Stadtteile traf Werkstätten und Fabriken, unterbrach Versorgungsleitungen und das Verkehrsnetz, vernichtete Rohstoffe und Fertigwaren, störte die Versorgung der Arbeitskräfte und zwang Tausende von Arbeitern, vorübergehend ihre Energie in Aufräumungs- und Instandsetzungsarbeiten zu stecken. Erreicht wurde auf jeden Fall, daß die Industrie ihre volle Produktionshöhe nicht halten konnte.

Nach der Zerstörung Lübecks und Rostocks hatte der britische Informationsminister noch betont, daß «keine Anweisung ergangen (sei), vor allem Wohnhäuser und nicht Rüstungsfabriken zu bombardieren. Aber», fuhr er dann geschickt fort, «bei Nachtangriffen ist es unmöglich, zwischen den Fabriken und den Wohnhäusern in ihrer Umgebung einen Unterschied zu machen.»[9] Auch ein Jahr später, am 31. März 1943, beruhigte der zuständige Minister Abgeordnete im Unterhaus mit dem Hinweis, daß die Ziele des Bomberkommandos immer militärisch seien, daß aber bei Nachtangriffen auf Militärziele das umliegende Gebiet notgedrungen mit einbezogen werde.[10] Harris, der Chef des Bomberkommandos, hatte jedoch bei Dienstantritt eine Anweisung von Marschall Portal vorgefunden, in der eindeutig als Zielpunkte bebaute Gebiete und keinesfalls Fabriken herausgestellt wurden. Das setzte er konsequent um und konnte nach dem Krieg in seinen Memoiren mit vollem Recht schreiben, daß mit Ausnahme von Essen während der Schlacht um die Ruhr niemals eine Fabrik das direkte Ziel eines Angriffs gewesen sei.

Bis zum Kriegsende behielt das britische Bomberkommando diese Art der Luftkriegführung in etwa bei. Die Schwerpunkte wechselten. Der Schlacht um die Ruhr – März bis Juli 1943 – folgte die Angriffsserie auf Hamburg. Mit kleinen Unterbrechungen schloß sich bis Kriegsende der Kampf um Berlin an. Daneben liefen Angriffe auf Städte mit Flugzeug- oder Kugellagerwerken. Entscheidend waren jedoch die Angriffe, die in Abstimmung mit den Amerikanern ab Mai 1944 gegen Hydrierwerke und das Verkehrssystem gerichtet wurden. Diese Angriffe verkürzten den Krieg.

Als am 10. Mai 1940 deutsche Truppen in breiter Front im Westen vorrückten, beriet das britische Kriegskabinett während des ganzen Tages, ob man mit Luftangriffen auf das Ruhrgebiet beginnen müsse. Der Entschluß fiel am folgenden Tag mit der Einschränkung, daß nur militärische Ziele bombardiert werden sollten.[11] In der Nacht zum 12. Mai fielen die ersten Bomben auf Mönchengladbach, und in der Nacht zum 16. Mai begannen die Angriffe auf das Ruhrgebiet.[12]

In den folgenden Monaten sollten Alarme und Bombenabwürfe im Ruhrgebiet Alltag werden. Vorbei waren die Nächte, in denen es nur Flugblätter vom Himmel regnete. Carola Reissner, Jg. 1898, hatte am 4. September 1939 von Essen aus ihre Verwandten informiert: «Die versuchen anscheinend, die Bevölkerung aufzuhetzen, das sind so jüdische Manöver offenbar.» Und eine Woche später: «Natürlich waren englische Flieger hier – im Vorort haben sie Flugblätter gefunden. Sie wollen das Volk gegen den Führer aufwiegeln darin.» – Ein Jahr später klangen die Briefe bereits etwas anders: «Die Flieger kommen abends um 9 Uhr. Dann liegt man um 11 Uhr nach der Entwarnung kaum zu Bett, geht das Sirenengeheul wieder los, und nachts um 4 Uhr weckt einen das Geballer und Fliegergebrumm wieder aus dem schönsten Schlaf. Na, mich hat der Keller noch nicht gesehen, dafür ist's viel zu gemütlich auf der Couch abends mit einem schönen Buch. Und nachts ist das Bett so schön warm. Wir waren ja schon manchmal nah daran, hinunterzugehen, aber wen es treffen soll, den trifft's auch dort. Es hat diverse Tote gegeben während meines Fortseins, und es war auch Großfeuer bei Krupp. Achtzehn gebündelte Brandbomben legten die Modellhalle in Schutt und Asche. Der Himmel sei ganz hell gewesen, aber die Löschmannschaften sind auf dem Posten. Natürlich darf das Radio so etwas nicht sagen, sonst wüßten die Tommys ja Bescheid, wo sie weiter ihre Bomben hinzuschmeißen haben» (Brief vom 30. 10. 1940).

Zwei Wochen später berichtete Carola Reissner von einem anderen Angriff: «Eben lügt das Radio gerade wieder, daß es nur Verletzte gegeben habe – es waren aber fünf Tote und sieben Schwerverletzte in einem Haus in der Altendorfer Straße … Um auf das Lügen der Zeitung und im Radio zurückzukommen: Schließlich hat es ja seine strategische Bedeutung, daß sie nichts von den Krupp-Beschädigungen sagen und von den beiden Zechen, bei denen es auch Tote gegeben hat. Die Auslandskommission, die hier war, hat die abgebrannte Halle auch nicht gezeigt bekommen und konnte sich von der Unversehrtheit aller Betriebe überzeugen. Wesentliches ist ja tatsächlich nicht geschehen, denn es ist noch kein Betrieb so getroffen worden, daß er die Arbeit hätte einstellen müssen, und auf ein paar Tote mehr oder weniger kommt's im Kriege ja nicht an.» Im Januar 1941 erwähnte sie nebenher, daß in Essen drei Baubataillone öffentliche und private Luftschutzkeller ausbauten. Offensichtlich wollte niemand zu den «paar Toten» gehören.

Ein Jahr später hatte sich Carola Reissners Einstellung etwas gewandelt. «Churchill ist eben zu unserem Glück dumm. Wenn der 14 Tage lang dasselbe machte, könnte er vielleicht erreichen, daß nicht mehr viel Ordnung in den Städten wäre. So geht alles zwei Tage später wieder den gewohnten Gang. Natürlich reißt der Strom der Gaffer nicht ab so schnell, aber man geht doch wieder ruhig an seine Arbeit. Der Schutt auf den Straßen wird von den Gefangenen weggeräumt. Nur die Betroffenen haben es eben schwer, das sind auch Kriegsopfer.» (Brief vom 14.3.1942).

Am selben Tag schrieb Willi S., der mit Erfrierungen im Lazarett lag, seinen Eltern in Essen: «Wenn Ihr, liebe Eltern, bei einer solchen Sache zu Schaden kommen würdet, hätte ich keinen anderen Wunsch, als wieder an die Front zu kommen. Ich glaube, ich würde dann zum rücksichtslosen Mörder. Aber was würde das auch wieder nützen? Es ist eben Krieg, und sie werden bestimmt nicht das letzte Mal gekommen sein. Es heißt eben: Durchhalten, koste es, was es wolle. Hoffentlich bringen wir das gewaltige Ringen bald zum siegreichen Abschluß. Leider sind hierfür noch keine Anzeichen vorhanden.»

Aloys S. gehörte damals zur Luftschutzpolizei in Duisburg. Den früheren Arbeitskollegen schrieb er am 16. September von vielen Einsätzen. «Lange wird es ja wohl nicht mehr dauern, bis die Generalabrechnung folgt, na, dann möchte ich nicht in England wohnen.» Und Unteroffizier Schneider, damals in den Niederlanden, versuchte seine Braut zu trösten: «Ich bin aber der Überzeugung, daß unsere Luftwaffe demnächst zu einem Gegenschlag ausholen wird.» (Brief vom 15.3.1942). Sie tat es nicht, konnte es mit den damaligen Mitteln auch nicht mehr. Doch der Wunsch nach Vergeltung wurde stärker, und die Propaganda verstand es jahrelang, den unmittelbar bevorstehenden Einsatz dieser Vergeltung anzudeuten. Auch das trug dazu bei, den ab 1943 härter werdenden Luftkrieg hinzunehmen. Umgekehrt zwang der Vergeltungsgedanke die Führung, in die Entwicklung und Produktion der V-Waffen Rohstoffe, Arbeitskräfte und Maschinenkapazität zu stecken, die für andere Zwecke ausfielen.

Die Luftangriffe belasteten zunehmend die Soldaten, die ihre Familien in der Heimat gefährdet wußten. Wenn im Wehrmachtsbericht von Bombenabwürfen auf deutsche Städte die Rede war, wartete man fieberhaft auf ein Lebenszeichen aus der Heimat. «Ich mache mir seit Dienstag einige Sorgen, denn es ist mir hier nicht unbekannt geblieben, daß Essen in der Nacht von Sonntag auf Montag von Fliegern stark angegriffen worden ist. Heute erhielt ich die Dienstagsausgabe der National-Zeitung und konnte mir somit ein ungefähres Bild des angerichteten Schadens machen. Ich war sichtlich erleichtert über die Feststellung, daß das Hauptangriffsziel im Süden der Stadt lag», schrieb Unteroffizier Schneider am 12. März 1943. Auch am 18. April bezog er sich auf die Zeitung. «Ich... las darin die Todesanzeige mit über 40 Opfern.» Wiederholt mahnte er seine Braut, bei Alarm den Keller aufzusuchen.

In den Briefen spiegeln sich die Gefühle und Überzeugungen der Absender. Allerdings verhielt sich mancher Schreiber vorsichtig. Willi S. hätte sich mit seinem Brief vom 17. Januar 1943 Ärger zuziehen können. «Wir wollen nur immer wieder hoffen, daß der Wahnsinn bald ein Ende nimmt.» Frau Becker, die ihren Sohn in vielen Briefen über Judendeportationen und Verfolgung informiert hatte, schrieb am 28. 8. 1942: «Alfreds letzter Brief war geöffnet worden! Es stand aber nichts Verfängliches drin. Man muß vorsichtig sein!»

Vorsicht war angebracht gegenüber Zensur, Spitzeln und Bomben. Die Kriegslage im Winter 1942/43 war ernst. Stalingrad im Osten, Rückzug in Nordafrika, Verschärfung des Luftkrieges... unübersehbare Warnzeichen für aufmerksame Beobachter! Doch das Vertrauen einer breiten Masse war unerschüttert. Ulrich Schmidt, damals achtzehnjähriger Soldat in Frankreich, schrieb am 2. März der Mutter: «Ich glaube doch, daß in diesem Sommer im Osten anständig was los sein wird. Nicht noch einmal wird der Führer es soweit kommen lassen wie in diesem Winter! Aber damit muß ich auch meine Hoffnung aufgeben, daß wir in diesem Sommer im Osten fertig werden. Mit einigen Überraschungen rechne ich ja immerhin, aber der Koloß hat sich doch mächtiger gezeigt, als wir ahnten!»

Zu diesem Zeitpunkt war das Bomberkommando der Royal Air Force personell und materiell gerüstet, eine mehrere Monate dauernde Angriffsserie auf das Ruhrgebiet durchzuführen. Ein neues Fernführungsverfahren – «Oboe» genannt – sollte eine exakte Markierung der Zielpunkte ermöglichen. Über Essen hatte man im Januar mit einzelnen Bombenabwürfen auf Krupp experimentiert.

Im März wollte man zuschlagen, denn die Beschlüsse der Casablanca-Konferenz hatten die letzten moralischen Hemmungen beseitigt. «Es ging darum», wie Harris formulierte, «die wichtigsten Städte im Ruhrgebiet zu zerstören.» [13]

Die Bevölkerung im Ruhrgebiet war an Bombenangriffe gewöhnt. Vom Mai 1940 an hatte das Bomberkommando beispielsweise Essen – wie man glaubte – 132 mal angegriffen. Eine ungenaue deutsche Tabelle zeigt nur 74 dieser Angriffe, die anderen müssen Nachbarstädte oder offenes Land getroffen haben. Umgekehrt wurde Essen in 34 Nächten bombardiert, ohne auf der Zielliste zu stehen.

In 34 Monaten Luftkrieg war Essen von etwa 1000 Spreng- und 150 000 Brandbomben getroffen worden. Rund 500 Häuser waren zerstört, 1000 schwer beschädigt, 600 Menschen getötet worden. In den fünf folgenden Monaten fielen über 4500 Sprengbomben und 500 000 Brandbomben, durch die

1600 Menschen getötet, 8700 Häuser zerstört und weitere 4700 schwer beschädigt wurden. Für Bochum lauten die Zahlen: 900 Sprengbomben, 20 000 Brandbomben, 140 Tote, 55 zerstörte und 140 schwer beschädigte Häuser bis zum April 1943. In den drei Monaten bis zum Juli kamen hinzu: 1800 Sprengbomben, 125 000 Brandbomben, 858 Tote, 1500 zerstörte und 1800 schwer beschädigte Häuser. In Duisburg waren 1942 542 Menschen umgekommen. Die Zahlen sind ungenau; sie geben nur Richtwerte. Deutlich wird auf jeden Fall, daß die Angriffsserie von März bis Juli Ruhrgebietsstädte traf, die bereits Lücken in der Bebauung durch Bombenschäden aufwiesen und eine luftkriegserfahrene Bevölkerung besaßen.

Ab 18.30 Uhr starteten am 5. März in England 442 Bomber zum Angriff auf Essen. Beladen waren sie mit 1200 t Spreng- und Brandbomben. Hochöfen und Stadtgebiet waren den Besatzungen als Ziel bekanntgegeben. Bei allen Angriffen auf Essen findet man in den Ziellisten die Bezeichnung: Bahnanlagen, Hochöfen, Fabrikanlagen, Flugplatz, Flakstellung und Stadtgebiet. Zutreffend war immer Stadtgebiet. Markiert wurde durch Leuchttrauben – «Christbäume» – der südliche Bereich der Krupp-Anlagen. Alle Besatzungen sollten ihre Bombenladung genau auf diese Markierung werfen. Fachleute rechneten mit ungenauer Markierung und einem hohen Prozentsatz an Fehlwürfen, aber sie wußten auch, daß jeder Fehlwurf das Wohngebiet treffen würde.

Der Bombenstrom überflog die holländische Küste bei Egmont, nahm Kurs auf Dorsten und schwenkte dann auf Essen. Während im Vorfeld des Ruhrgebietes Nachtjäger versuchten, einzelne Bomber abzuschießen, stieß der Bomberstrom von Dorsten an auf Flakabwehr, die von Funkmeßgeräten und Scheinwerfern unterstützt wurde. Zu den Bedienungsmannschaften – ältere Soldaten und russische Hilfswillige – gehörten seit dem 15. Februar die 15- und 16jährigen Schüler der mittleren und höheren Schulen als Luftwaffenhelfer.

Am Nachmittag hatte Rolf Dieter Koch in seiner Stellung in Stoppenberg noch Unterricht über «Benehmen in der Öffentlichkeit» gehabt. Von der Angriffsnacht notierte er kurz, kaum verständlich für uns: «Starke Einflüge. Erster Einsatz am Plantisch. Spreng- und Brandbomben in der Stellung. Umwertung kaputt, unsere Baracke abgebrannt. Löschen. Schlafen.» Willi Bömer hatte noch einige Tage vorher begeistert geschrieben: «Ich habe jetzt einen Stahlhelm und darf auch draußen stehen.» An diesem Abend kam er mit drei anderen Schülern in der Stellung der 3./462 in Vogelheim durch Volltreffer ums Leben.

«In das Schießen der Flak», schrieb Frau S. in Huttrop, «donnern die ersten Bombenaufschläge ganz in der Nähe. Und dann hält es sich dran, eine Bombe nach der anderen ... Bis in den Keller bebt alles. Wenn man hoffte, es wäre bald ruhiger, kam wieder eine neue Welle. Wir haben gebetet und geweint.»

Ein Arzt in Essen-West hat die Situation in einem Luftschutzkeller beschrieben: «Man hörte jetzt die zahlreichen Bomben sehr deutlich pfeifen, und das

Gefühl der Unsicherheit und Erwartungsspannung wuchs. Ich kauerte mich leicht, wenn eine neue Bombe rauschte, und horchte jedesmal gespannt auf die Detonation. Plötzlich explodierte eine Luftmine in etwa 200 m Entfernung. Es gab einen ungeheuren Luftdruck, Fenster und Türen im Keller flogen auf, der Keller war voll Staub, das Haus bebte, und man hörte Scheiben klirren. Von da ab war meine Frau, die bis dahin immer ganz ruhig und besonnen gewesen war, außerordentlich ängstlich, hatte absolute Todesangst. Sie starrte verängstigt vor sich hin, reagierte gar nicht auf beruhigenden Zuspruch meinerseits und stieß hastig bei jeder neu fallenden Bombe ein kurzes Stoßgebet aus. Wir saßen gemeinsam auf einer Gartenliege, drängten uns zusammen. Ich hatte meine Frau umfaßt und merkte, daß sie ganz intensiv und unentwegt bebte. Dieses Beben beeindruckte mich stark und übertrug sich auf mich. Auch ich fing jetzt an zu zittern, besonders in den Beinen.» [14]

Während des Angriffs sollten Entstehungsbrände gelöscht werden, bevor sie weiter um sich griffen. Verständlich, daß viele Hausbewohner in den Kellern blieben. Doch bei Angriffsende waren Löschversuche meist erfolglos. Die aus Nachbarstädten verstärkte Feuerwehr konnte in der Regel nur Schadensstellen eingrenzen. Ihre Hauptaufgabe blieb die Rettung von Menschen. Emil Leiermann, damals bei der Feuerwehr, erinnerte sich 1982 in einem Gespräch, daß er von seinem Vorgesetzten einen Einsatzbefehl verlangte. Hauptmann Haenel machte eine müde Handbewegung: «An der Steeler Straße!» – «Welche Hausnummer?» – «Sucht euch ein Feuer aus!»

Frau A., damals in Rüttenscheid, schrieb ihrem Bruder noch in der Nacht ein Lebenszeichen: «In der Stadt soll das Rathaus, Cramer und Meermann, Woolworth brennen, das Gemarkino und sonst weiß ich nichts. Aber es wird viel, viel, viel mehr sein. Die armen, armen Menschen! Jetzt um 0.30 Uhr hört man immer noch Detonationen und ein furchtbares Brodeln. Unsere Mitbewohner sahen vom Speicher aus die brennenden Häuser. Wie soll das alles weitergehen? Was steht uns alles noch bevor?»

Als Frau S. aus dem Keller kam, fand sie ihre Wohnung beschädigt vor. Andere konnten nur ihr Leben retten. Etwa 50 000 Einwohner waren obdachlos, 3000 Häuser zerstört, 200 schwer beschädigt. Unter den 479 Toten waren auch 52 Ausländer.

Unter der Sammelbezeichnung «Ausländer» waren Kriegsgefangene und Zivilarbeiter aus Frankreich und der UdSSR zusammengefaßt, sicherlich auch aus anderen Ländern. Die Luftangriffe der Verbündeten mußten sie bestenfalls in Splittergräben über sich ergehen lassen, da sie die Luftschutzbunker – die im übrigen auch für die Zivilbevölkerung nicht ausreichten – nicht aufsuchen durften. Bei 21 Luftangriffen mit zusammen 4149 Toten starben 655 Ausländer.[15]

An diesem 5. März, als in Essen 479 Tote beklagt wurden, hatte der Reichskommissar Koch in Kiew zur Behandlung der Zivilbevölkerung in der Ukraine ausgeführt: «Wir sind das Herrenvolk und müssen hart, aber gerecht regieren... Ich werde das Letzte aus diesem Land herausholen... Ich bin nicht gekommen, um Segen zu spenden, ich bin gekommen, um dem Führer zu helfen. Die Bevölkerung muß arbeiten, arbeiten und nochmals arbeiten.» [16]

Am selben Tag traf aus Berlin ein Transport mit Juden in Auschwitz ein. Von den 1128 Menschen wurden noch in der Nacht 151 Männer und 492 Frauen und Kinder umgebracht. Von den 1405 Juden eines Transportes aus Breslau starben zur selben Zeit 125 Männer und 684 Frauen und Kinder.[17]

Noch in der Nacht mußten in Essen 20000 Einwohner kurzfristig ihre Wohnung räumen, da 118 Blindgänger und Langzeitzünder im Boden steckten. Das Sprengkommando aus Kalkum wurde alarmiert. Heinrich Weinand, als aktiver Regimegegner zu Zuchthaus verurteilt und einer drohenden Überstellung ins KZ durch «freiwillige» Meldung zum Bombenräumen entgangen, konnte damals einige Notizen über den Einsatz in Essen anfertigen: «5.00 Uhr Wecken. 6.30 Uhr Abfahrt. Rauhreif begleitet uns auf der Fahrt. Die ersten Häuser Essens sind sichtbar. Noch nichts zu sehen. Mitten in der Stadt, was sehen wir? ‹Wir siegen›, vollkommen ausgebrannte Häuserviertel; ... Wir sind an Ort und Stelle. Es heißt Totaleinsatz. Es ist eine Hecke; mehrere Bomben liegen dort. (Wir holen) unser Gerät zusammen, fertig, los! Man (schaut) sich gegenseitig an, und kühlen Herzens geht's ans Werk, denn wir sind keine Neulinge mehr. Gerade sind wir fertig und gehen mit der Bombe, die wir am Strick hinter uns herziehen, zum Wagen: ein Knall. Stumm schaut man sich an, im anschließenden Raum ist eine detoniert. Aufsitzen, zur nächsten Stelle. Im Luftschutzkeller liegt eine. Noch keiner war hier. Wir hinein: eine Frau und ein Mann getötet, stark zerrissen. Bombe kann nicht geholt werden, da Langzeitzünder.» [18]

Carola Reissner faßte am 7. März ihren Eindruck zusammen: «Essen ist in 40 Minuten eine Kleinstadt geworden!» Und sie schloß den Brief: «Das Wiederkommen haben sie nicht mehr nötig.»

Frau A. schrieb am 30. März: «Es ist der schlimmste Angriff gewesen, der je über Deutschland war. Gleich in der Nacht wurden Plakate aufgehängt, daß keiner Essen und Kettwig verlassen durfte. Doch bald wurde man anderer Meinung und war froh, wenn viele Frauen und Kinder sich verschicken ließen.»

Während Bomben entschärft, Straßen geräumt, Fenster und Dächer notdürftig abgedeckt wurden und sich das Leben in der Stadt langsam wieder normalisierte, griff das Bomberkommando andere Städte an: Nürnberg, München und Stuttgart. In der Nacht zum 13. März war wieder Essen an der Reihe. Es folgten Duisburg, Berlin, Bochum, wieder Berlin, wieder Essen usw. Das Ruhrgebiet trafen 31 Großangriffe. Dabei wurden 18000 Menschen getötet und über 45000 Häuser zerstört.

In der Nacht vom 16. auf den 17. Mai 1943 zerstörten britische Bomber den Staudamm der Möhnetalsperre. In den Wassermassen ertranken 1100–1200 Menschen, die Mehrzahl von ihnen «Fremdarbeiter» und sowjetische Kriegsgefangene. Das strategische Ziel, durch die Unterbrechung der Wasserversorgung die Rüstungsproduktion im Ruhrgebiet dauerhaft lahmzulegen, wurde trotz der erheblichen kurzfristigen Beeinträchtigungen nicht erreicht, da die gleichzeitig bombardierte Sorpetalsperre unbeschädigt blieb.[19]

Um die Verluste bei den Angriffen auf das Ruhrgebiet möglichst niedrig zu halten, hatte sich das Bomberkommando einiges einfallen lassen. «Um den Feind zu zwingen, seine Verteidigungsmittel verstreut zu halten, hauen wir gelegentlich eine Stadt wie Wuppertal zusammen», schrieb Harris am 16. Juni 1943. «Ich zweifle nicht daran, daß das Ergebnis dieses Angriffs darin bestanden hat, Solingen, Remscheid, Hagen und ähnlich zweitklassige Ziele nach Schutz schreien zu lassen, denn bei Wuppertal gab es praktisch keine Verteidigung.» Über 3400 Menschen mußten am Abend des 30. Mai sterben, damit 18 schwere und zwei leichte Flakbatterien für einige Tage aus dem Ruhrgebiet abgezogen wurden.[20]

Mit einem Angriff auf Essen in der Nacht zum 26. Juli war die Schlacht um die Ruhr vorläufig beendet. Hilde X., damals 41 Jahre alt, schilderte am 29. August diesen Angriff: «Kurz vor 12 Uhr kam Fliegeralarm. Meinen Trainingsanzug und Kittelschürze hatte ich an, hatte mich so aufs Bett gelegt, um schnell fertig zu sein. Ich zog noch meinen Lodenmantel an, nahm meine Handtasche und ging hinunter... Dann gingen wir auch bald zur Eisenbahndirektion. Wir gingen in den letzten Raum, in dem wir die letzten Male immer gewesen waren... Dazwischen fünf schwere Bomben auf die Eisenbahndirektion. Bei jedem Treffer dachte man, in welcher Ecke geht es nun los? Und nun auf einmal wieder ein furchtbarer Knall und die Erschütterung hinterher, da entstand eine Panik. Die Leute liefen hin und her, Kinder schrien und Erwachsene auch, und nun ging es los, hinunter in den Tiefkeller hieß es, los durch den Durchbruch.» Der Angriff war noch nicht beendet, daher drängten alle wieder zurück in den Keller. Über Trümmer in einem eingestürzten Teil des Kellers kletterte Frau X. mit ihren Kindern ins Freie. «Ich wollte zu unserem Haus. Ringsum brannte es, und der Funkenregen war dermaßen stark und dazu starke Hitze und Wind, daß ein Durchkommen nicht möglich war. Zurück über die Kruppstraße, Friedrichstraße. Ignatiushaus und die kleinen Häuser brannten lichterloh, die ganze Kaupenstraße herunter war alles eingestürzt.» Ihr Haus war zerstört.

Die Erleichterung nach einem Angriff wird in einem anderen Bericht erwähnt. «Nachdem ich noch geholfen hatte zu löschen, ging ich durch das Gelände, sah mir mit meiner Frau zusammen die brennende Stadt an, und es wurde uns klar, in welcher großen Gefahr wir tatsächlich gestanden hatten. Als Reaktion auf das Erlebte trat ein ausgesprochenes Glücksgefühl bei mir und meiner Frau auf. Wir waren ausgelassen lustig, machten uns Kaffee, scherzten; ich zimmerte eifrig, damit wir wenigstens ohne Durchzug schlafen konnten. Wir haben dann tief und fest geschlafen.» Aber auch Resignation machte sich nach den Bombenangriffen breit. «Der Saalbau ist ganz ausgebrannt. Sonst alles aufzuzählen ist ja sinnlos, es ist ja immer dieselbe Scheiße», schrieb ein 16jähriger Luftwaffenhelfer am 26. Juli 1943.

Die britische Luftoffensive gegen das Ruhrgebiet bewirkte nicht durch einzelne Angriffe, sondern durch die Serie der Bombardierungen Einbrüche in der Rüstungsproduktion. Hier traten Probleme auf, die man auf deutscher Seite durch Verlagerungen, Maschinenverteilung und Dezentralisierung auffangen zu können hoffte. Einzelheiten können den Tagebüchern der Rüstungskommandos und -inspektionen entnommen werden. An die geforderte und durch die militärische Lage notwendig gewordene Produktionssteigerung glaubte auch Rüstungsminister Speer am 29. Juli 1943 nicht mehr: «Gelingt es uns, die Fliegerangriffe einzudämmen, dann können wir überhaupt an eine Produktionssteigerung denken. Wenn dagegen die Fliegerangriffe in dem jetzigen Ausmaß weitergehen wie bisher, dann sind wir sowieso nach zwölf Wochen einer Menge Fragen enthoben.»[21]

Da Ende Juli die Alliierten den Angriffsschwerpunkt auf Hamburg, dann auf Berlin verlagerten, konnte sich das Ruhrgebiet erholen. Die Rüstungsproduktion konnte auf vielen Sektoren die alte Höhe wiedererlangen.[22]

## Anmerkungen

1 John Keegan, Die Schlacht, dtv-Taschenbuch, München 1981, S. 334.
2 Max Hastings, Bomber Command, London 1979, S. 11.
3 Webster/Frankland, The Strategic Air Offensive against Germany 1939–1945, Bd. IV, London 1961, S. 72 ff.
4 Zitat bei Otto Wien, Gedanken über den strategischen Luftkrieg, Allgemeine Schweizerische Militärzeitung, Jg. 1955, S. 196.
5 Max Hastings, S. 139.
6 Alfred Price, Blitz über England, Stuttgart 1978, S. 168.
7 David Irving, Von Guernica bis Vietnam, München 1982, S. 79.
8 J. M. Spaight, Air Power and War Rights, 3. Aufl. London 1947, S. 264.
9 Zitiert bei David Irving, Ich klage an, Epoca, Jg. 1, Nr. 6, 1963, S. 68.
10 Max Hastings, S. 170 f.
11 Gute Einzelinformationen dazu bei Werner Baumeister, Castrop-Rauxel im Luftkrieg 1939–1945, Castrop-Rauxel 1988, S. 34 ff..
12 Merkwürdigerweise wurde Essen bereits am Abend des 10. Mai von drei Sprengbomben getroffen, wie Unterlagen der Feuerwehr und der Werkluftschutzleitung von Krupp zeigen. Hier lag – wenn es sich um ein britisches Flugzeug gehandelt hat – ein klarer Verstoß gegen erteilte Befehle vor.
13 Zitiert bei Anthony Verrier, Bomberoffensive gegen Deutschland 1939–1945, S. 162.
14 Friedrich Panse, Angst und Schreck, Stuttgart 1952, S. 39.
15 Unterlage des Baulenkungsamtes der Stadt Essen vom 6. 3. 1948; IMT Nürnberg, Fall X.
16 IMT, Bd. 27, S. 10 f.
17 N. Blumental, Dokumenty i Materialy, Lodz 1946, S. 110.

18 Ausführliche Darstellung in: Norbert Krüger, «Wenn Sie nicht ins KZ wollen...», Beilage zur Wochenzeitung Das Parlament, B 16/77, 23.4.1977, S. 25–37.

19 S. Norbert Krüger, Die Zerstörung der Staumauern. Angriff auf die Möhne- und Ederstaumauer am 16./17. Mai 1943, in: Wehrforschung 3/1975, S. 84–94.

20 Einzelheiten s. Krüger/Metschies, Warum wurde Wuppertal 1943 angegriffen? Mitteilungen des Stadtarchivs Wuppertal, Heft 2/1983, S. 9–12.

21 Bundesarchiv, Bestand R 3/1715.

22 Der vorliegende Aufsatz ist eine Zusammenfassung und Überarbeitung von Berichten, die ich bereits früher veröffentlicht habe. Ich verweise auf: Der Luftangriff auf Essen am 12./13. März 1943, Münster am Hellweg, 1974, S. 33 ff.; Die März-Luftangriffe auf Essen 1943, in: Essen unter Bomben, Essen 1984, S. 13 ff.; Die Zerstörung des Ruhrgebietes am Beispiel der Märzangriffe auf Essen 1943, in: Aus der Bedrohung zum Handeln, 7. Medizinischer Kongreß zur Verhinderung des Atomkrieges, Berlin 1988, S. 159 ff.

# Bombenkrieg

Essen-Bergeborbeck, Willy van Heekern

Essen, Willy van Heekern

5./6. August 1941
Durch Luftdruck beschädigtes Haus

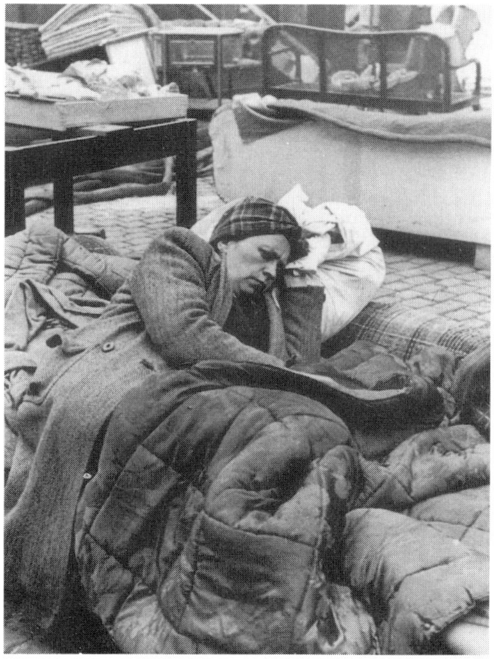

Köln, 1944/45
Am Morgen nach einem Bombenangriff

Willy van Heekern

1943
*Nach der ersten schweren Bombardierung*
Willy van Heekern

Duisburg, 1945
Trümmerbeseitigung durch Häftlinge
Willy van Heekern

KZ-Häftlinge, zum Bergen von Toten nach Bombenangriffen eingesetzt, verladen einen Kindersarg.

Häftlinge, die Blindgänger und Bomben mit Langzeitzündern freilegen. In den gestreiften Hosen KZ-Häftlinge («Zebras»); die übrigen Nichtuniformierten links hatten sich «freiwillig» zum Sprengkommando Kalkum gemeldet, um dem KZ zu entgehen.

Tote nach Bombenangriff

Totensuche nach Bombenangriff

# Zwangsarbeiter

Kiew 1942
Sowjetische Frauen werden zur Arbeit nach Deutschland abtransportiert

Transport sowjetischer Kriegsgefangener nach Deutschland

Smolensk. Transport sowjetischer Kriegsgefangener während der Fahrt nach Deutschland. Unterwegs wurden die Toten ausgeladen, die während der Fahrt an Hunger und Entkräftung gestorben waren. Das Bild stammt aus der Brieftasche eines deutschen Soldaten. Original-Bildunterschrift: *Andenken an Smolensk.* Privatfoto

«Ostarbeiter» aus dem «Russenlager» Fels (Lünen-)Brambauer, Okt. 1942

Sowjetische Zwangsarbeiterin
in Deutschland

Dortmund, April 1945. Sowjetischer
Zwangsarbeiter nach der Befreiung

Dortmund, 1945. Von Amerikanern
befreiter Zwangsarbeiter

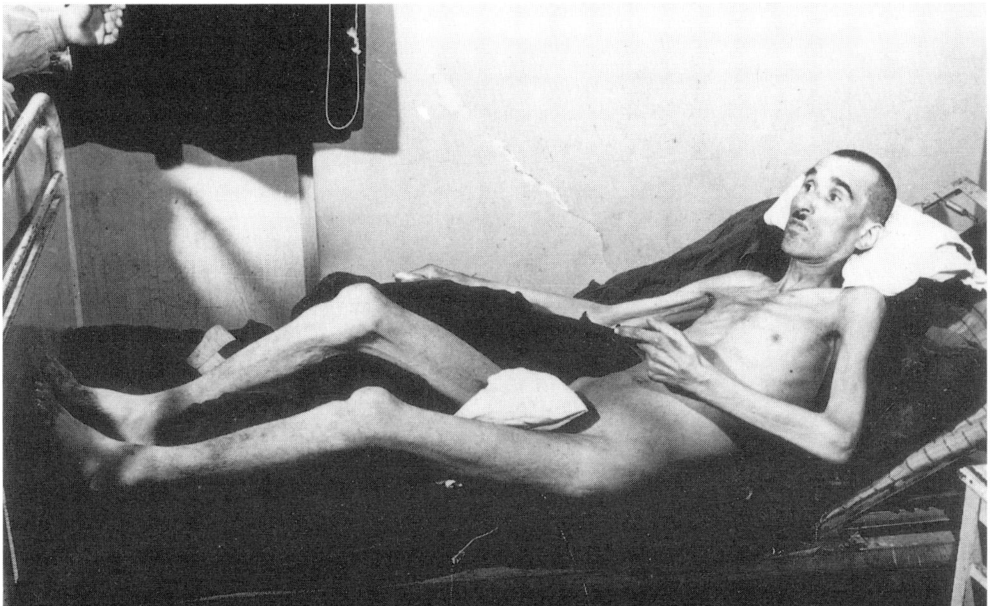

Essen, Herderstraße, Sommer 1944
Lager für 960 sowjetische Kriegsgefangene in unmittelbarer Nähe von Industrieanlagen und einem Wohngebiet. Das Foto wurde vom Balkon eines Wohnhauses aus aufgenommen.
Privatfoto H. Homann

Essen, Herderstraße, 1946
Die Spuren sind beseitigt!
Privatfoto H. Homann

# Liebe Mutter, mir geht es gut oder: Die Wahrheit der Fotografie*

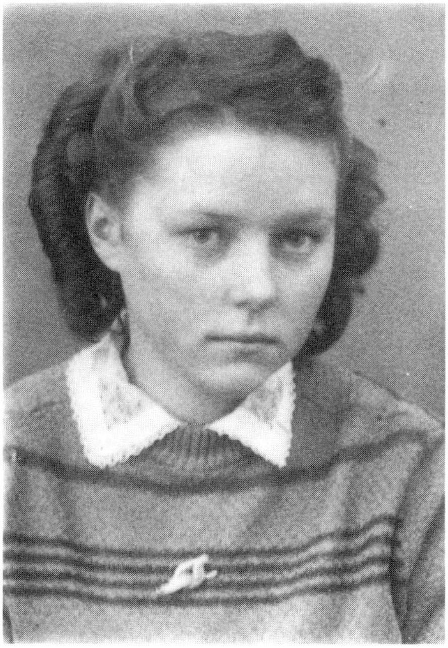

Die sowjetische Zwangsarbeiterin Zinaida Walichowa mußte im Krieg bei den Glaswerken Ruhr in Essen-Karnap arbeiten. Zu ihren hier abgebildeten Fotos, die sie aus Essen an ihre Mutter in Saki auf der Krim schickte, berichtet sie folgendes:

«Das Foto habe ich für meine Mutter machen lassen. Ich trage darauf noch meine eigene Kleidung. Es war das erste Foto, was ich nach Hause geschickt habe. Ich weiß noch genau, daß ich dachte, ich könnte nicht lachen, weil wir Gefangene waren. Es war so schrecklich. Meine Mutter hat das Foto bekommen. Sie schrieb: «Warum guckst Du so traurig? Ich kann Dich nicht sehen, ohne zu weinen.»

Dann habe ich gedacht, mein Gott, lache! Ich habe dann für meine Mutter gelacht. Aber die Zeit war nicht zum Lachen. Man mußte mit allem rechnen. Die Blumen habe ich auf der Wiese im Lager gepflückt. Mit ihnen habe ich das «Ostarbeiter»-Abzeichen verdeckt. Den rechten Arm halte ich hinter dem Körper verborgen. So konnte meine Mutter die Schnittwunden nicht sehen. Die hatte ich von der Arbeit, wo wir ohne Handschuhe Glas schneiden mußten.»**

* Josef Herten, der an einer Dokumentation über Zwangsarbeiter in Essen arbeitet, hat diesen Fall recherchiert und für das Buch zur Verfügung gestellt. Ihm sei an dieser Stelle gedankt.

** Interview von Josef Herten mit Zinaida Sterck-Walichowa am 06. 08. 1986 in Amsterdam.

Uwe Kaminsky

# «... waren ja auch Menschen» – Zwangsarbeiter im Revier

«Sie kamen in Güterwagen nach Essen, in welchen vorher Kartoffeln, Baumaterialien und auch Vieh transportiert worden war, und wurden zur Arbeitsleistung herangezogen. Die Wagen waren vollgestopft mit den Leuten ... Jeder Wagen war so sehr überfüllt, daß es kaum glaublich war, eine solche Anzahl Menschen in einen Wagen hineinstopfen zu können. Mit meinen eigenen Augen habe ich auch sehen können, daß auch Kranke, welche kaum laufen konnten – es handelte sich vielfach um Fußkranke, Verletzte und auch Leute mit innerlichen Krankheiten –, trotzdem zur Arbeitsstelle geführt wurden.» [1]

Dieser Bericht eines Betriebswartes des Bahnhofs Essen-West über die Ankunft von Transporten mit sowjetischen Kriegsgefangenen beleuchtet einen häufig verdrängten Aspekt der Kriegszeit 1939 bis 1945: die massenweise unter Zwang nach Deutschland in die Fabriken und auf die Bauernhöfe deportierten ausländischen Arbeiter.

Von den Ankunftsbahnhöfen marschierten die Kolonnen oft halbverhungerter und unzureichend bekleideter Menschen zu den Barackenlagern bei den Betrieben. In Essen gab es allein mehr als 300 solcher Ausländerlager. Die Vielzahl und flächendeckende Streuung der Lager und Wohnheime über die Stadtgebiete der Industrieregion an der Ruhr ließ die Ausländer in ihrem Lager nebenan zu einem Teil des Alltags der Kriegszeit werden. Der Essener Landgerichtspräsident bemerkte im Frühjahr 1943, «daß beinahe schon das Stadtbild von den ausländischen Arbeitern beherrscht» werde.[2]

Der Alltag des Zweiten Weltkrieges war nicht nur durch Einberufung zum Militär, Evakuierung, Kinderlandverschickung, Luftkrieg oder Versorgungsengpässe bestimmt, sondern auch durch die Anwesenheit von mehr als sieben Millionen Ausländern im damaligen Deutschland. Jeder fünfte Beschäftigte war im August 1944 ein als «Fremdarbeiter» bezeichneter Ausländer, in der Landwirtschaft war es gar jeder zweite und im Bau-, Bergbau- und Metallbereich jeder dritte. Von den 7,6 Millionen ausländischen Arbeitskräften im August 1944 aus nahezu zwanzig europäischen Ländern waren 1,9 Millionen Kriegsgefangene und 5,7 Millionen zivile Arbeitskräfte; 2,8 Millionen stammten aus der Sowjetunion, 1,7 Millionen aus Polen, 1,3 Millionen aus Frankreich und ca. 600 000 aus Italien. Die polnischen und sowjetischen Zivilarbeiter bestanden zur Hälfte aus Frauen, die im Durchschnitt 20 Jahre alt waren.

Die überwiegende Mehrzahl dieser Menschen war nicht freiwillig nach Deutschland gekommen, sondern aufgrund verschiedenster Zwänge, die vom Entzug der wirtschaftlichen Existenzgrundlage bis zur Zwangsrekrutierung mittels Gewalt reichten.

Im Ruhrgebiet, von Recklinghausen bis Hagen und von Duisburg bis Hamm, arbeiteten im Juni 1944 rund 220 000 ausländische Zivilarbeiter, die Hälfte davon aus der Sowjetunion, und 75 000 Kriegsgefangene. Diese besonders seit 1942 in Massen ins Revier geschafften Arbeitskräfte waren überwiegend im Bergbau und in der Metallindustrie beschäftigt. Außer in den Bergbaubezirken, wo die Zahl der Kriegsgefangenen sehr hoch war, besaß das Ruhrgebiet einen leicht unterdurchschnittlichen Ausländeranteil; im Gauarbeitsamtsbezirk Essen betrug er Anfang 1944 z. B. 23,4 %, während in rein agrarischen Regionen, wie in Ostpreußen oder Niedersachsen, jeder zweite Beschäftigte ein Ausländer war. Dies lag an der Konzentration rüstungswichtiger Industrien im Revier, in denen der Anteil der nicht zur Wehrmacht eingezogenen («u. k. gestellten») Deutschen hoch war.

Im Folgenden sollen die Entwicklungen in der Politik gegenüber den Ausländern, die Lebensbedingungen der Zwangsverschleppten sowie das Verhältnis der Deutschen zu ihnen anhand von Beispielen aus dem Ruhrgebiet aufgezeigt werden.[3]

## Die Politik des Ausländereinsatzes

Der «Ausländereinsatz» durch das NS-Regime machte die Fortführung des Krieges noch möglich, als deutsche Arbeitskräfte schon lange nicht mehr zur Verfügung standen. Besonders in der Landwirtschaft verhalf der Einsatz der ausländischen Arbeitskräfte dazu, die Lebensmittelversorgung auf einem Niveau zu belassen, das zumindest eine Akzeptanz der nationalsozialistischen Kriegspolitik förderte und die «Heimatfront» beruhigte. Die naheliegende Vermutung, daß die Nationalsozialisten wie die Wirtschaft einen lange vorbereiteten Plan zur massenhaften Zwangsarbeit seit Kriegsbeginn in die Tat umgesetzt hätten – eine Art «slave-worker-program», wie es einer der vier Hauptanklagepunkte vor dem Nürnberger Hauptkriegsverbrecherprozeß und vieler Nachfolgeprozesse formulierte –, wird durch die neuere Forschung zurückgewiesen. Diese betont vielmehr die Konzeptlosigkeit der nationalsozialistischen Politik gegenüber der massenhaften Hereinholung von Ausländern. Das Spannungsfeld zwischen kriegswirtschaftlicher Ergänzung des Arbeitskräftepotentials und ideologischen Bedenken gegenüber den «Fremdvölkischen», sie bedrohten die «Blutreinheit» des deutschen Volkes und stellten auch «sicherheitspolitische Gefahren» für das Reich dar, bestimmte die nationalsozialistische Ausländerpolitik. Der Einsatz polnischer Zivilarbeiter nach Kriegsbeginn verdeutlicht dies. Außer den ohnehin zur Arbeit herangezogenen Kriegsgefangenen arbeiteten auch polnische Zivilarbeiter in der Landwirtschaft und im Bergbau – auf den Ruhrzechen waren es im Juni 1940 rund 5200 Polen. Das schuf Unruhe bei NS-Ideologen. Ein Vertreter der Deutschen Arbeitsfront (DAF) bemerkte im Sommer 1940, «daß sich hier zwei Probleme gegenüberstünden; das eine sei das völkische und das andere das wirtschaftliche. Es dürfe auf keinen Fall eine zweite Invasion von Ausländern in das Ruhrgebiet zugelassen werden», womit er sich auf die Einwanderung von Polen ins Ruhrgebiet um die Jahrhundertwende bezog. Über «die polnische Volksgruppe im Ruhrgebiet» hatten die Herrenmenschentheoretiker der Nazis ohnehin eine schlechte Meinung. Der Essener Wissenschaftler Eberhard Franke bezeichnete die «wirklichen Charakteranlagen» der Ruhrpolen als einen «Hemmblock für das öffentliche Leben, für die Kultur und die Moral im Revier».[4] Dem Einsatz von Polen stimmten die NS-Behörden nur als «kurzfristiger Notlösung» während der Kriegszeit zu. Der Ersatzbedarf der Kriegswirtschaft an Arbeitskräften führte jedoch zum Ausländereinsatz als einer dauerhaften Institution der Kriegszeit.

Parteistellen und Himmlers Gestapo drängten angesichts dieser Entwicklung auf rigide Bestimmungen, denen die Lebensführung der polnischen Arbeitskräfte zu unterwerfen sei. Geschlossene Unterbringung in Lagern, niedrigere Löhne, Umgangsverbote zwischen Deutschen und Ausländern, Verbot der Benutzung öffentlicher Verkehrsmittel sowie des Besuchs von Gaststätten, Aufenthaltsverbote außerhalb des Arbeitsortes sowie Erlasse über die Kennzeichnungspflicht von Polen durch ein aufgenähtes «P»-Abzeichen waren im Frühjahr 1940 das Ergebnis. Bei Verstößen wurden «sofort geeignete, gegebenenfalls auch die schärfsten staatspolizeilichen Maßnahmen» angedroht: «Wer lässig arbeitet, die Arbeit niederlegt, andere Arbeiter aufhetzt, die Arbeitsstätte eigenmächtig verläßt usw., erhält Zwangsarbeit im Konzentrationslager.»[5] Die schärfste rassistische Diskriminierung der Polen in Deutschland stellte die angedrohte und in vielen Fällen auch vollstreckte Todesstrafe für polnische Männer dar, die sexuellen Kontakt mit deutschen Frauen hatten. Der niedrigere Status der Polen gegenüber den Deutschen und ihre von der NS-Ideologie postulierte rassische Minderwertigkeit bildeten sich darin ab und beschrieben modellhaft das vom NS-Regime in Aussicht genommene Verhältnis von Deutschen zu Ausländern.

Ähnlich restriktiv regelte die Gestapo den Einsatz der «Ostarbeiter» genannten sowjetischen Arbeitskräfte ab 1941/42. Das Scheitern des deutschen Angriffs vor Moskau Ende 1941 und damit der Blitzkriegsstrategie ließ, wenn man den Krieg auch weiterhin ohne die massenhafte Dienstverpflichtung deutscher Frauen fortführen wollte, keine anderen Möglichkeiten als die «Anwerbung» von sowjetischen Arbeitern in großer Zahl, um den Ersatzbedarf bei den Arbeitskräften zu decken.

Als erster Industriezweig richtete der Bergbau sich auf den 1942 massenhaft beginnenden «Russeneinsatz» ein. Andere Industriezweige folgten widerwillig, da die in Aussicht stehenden Arbeitsleistungen der Zwangsdeportierten kaum ein Geschäft versprachen. Die rigiden Regelungen, besonders die unzureichende Ernährung der Ostarbeiter hemmten die Effektivität des Einsatzes zusätzlich. Ein politischer Kurswechsel in der Behandlung der Ostarbeiter erfolgte aber erst nach der Niederlage von Stalingrad Anfang 1943. Angesichts der drohenden Kriegsniederlage stand jetzt die kriegswirtschaftlich gebotene Erhaltung und Steigerung der Leistungsfähigkeit dieser Menschen auf dem Programm, was aber durch eine grundsätzlich weitergeltende rassistisch abgestufte Behandlung beim Lohn und in der Ernährung sowie durch das scharfe Strafsystem konterkariert wurde. Daneben hatte sich eine Praxis der Zwangsarbeit vor Ort eingestellt, die politische Kurswechsel auf den unteren Ebenen überspielte und für die konkreten Lebensverhältnisse der Ausländer entscheidend war.

## Die Lebensverhältnisse der Zwangsarbeiter

Die lokale Praxis wurde am stärksten durch die rassistische Hierarchie bestimmt, die nach vermeintlicher «Volkstumszugehörigkeit» die in Deutschland beschäftigten Ausländer unterschied. Oben standen die Westarbeiter – Franzosen, Holländer, Belgier – welche, sofern sie Zivilarbeiter waren, hinsichtlich Lohn und Ernährung deutschen Arbeitskräften seit 1942 gleichgestellt waren. Kriegsgefangenen dieser Nationen erging es dagegen schlechter, wenn auch für sie ab 1942 schrittweise Lockerungen in den Bewachungsbestimmungen eingeführt wurden. Unter den Westarbeitern rangierten Arbeitskräfte aus mit Deutschland verbündeten oder von ihm abhängigen Ländern Südosteuropas wie Ungarn, Rumänen, Slowenen, Serben, Kroaten und Griechen. Darunter fanden sich die Polen und ganz unten die Arbeitskräfte aus der Sowjetunion, beide als «rassisch minderwertig» diskriminiert. Diese von den offiziellen Stellen durch Erlasse und Regelungen abgesicherte Hierarchie stimmte auch mit der Vorurteilsstruktur in der Bevölkerung überein. Eine Ausnahme bildeten zunächst die Italiener, deren Bevorzugung aus politischen Gründen von der Bevölkerung nicht geteilt wurde. Mit dem «Abfall» Italiens von Deutschland im Sommer 1943 kamen allerdings populäre und staatliche Vorurteilsstrukturen in Übereinstimmung; die italienischen «Militärinternierten» wurden jetzt offiziell äußerst schlecht behandelt.

Neben die erwähnte Unterscheidung nach «Volkstumszugehörigkeit» trat zusätzlich noch diejenige nach Geschlecht. Im Juni 1944 war in Essen und Duisburg jeder vierte ausländische Zivilarbeiter eine Frau, meist eine Ostarbeiterin. Die sowjetischen Zivilarbeiter bestanden zur Hälfte aus Ostarbeiterinnen. Sie waren doppelt diskriminiert, als sowjetische Staatsangehörige und als Frauen. Sie mußten sich oft Nachstellungen deutscher Vorarbeiter, aber auch eigener Landsleute erwehren. Als wichtiger Faktor zur Bestimmung der Lebensverhältnisse muß allerdings auch die Branche betrachtet werden, in der die Ausländer beschäftigt wurden. Im August 1944 war jeder zweite Beschäftigte in der Landwirtschaft ein Ausländer, überwiegend ein polnischer bzw. russischer Zivilarbeiter oder ein französischer Kriegsgefangener. Die Ernährungssituation, aber auch das Verhältnis zu den deutschen Bauern war hier oft besser als die Lage in den großen Lagern der Industriebetriebe in den Städten. Der Präsident des Landesarbeitsamtes Rheinland bemerkte in einem Rundschreiben:

«Immer wieder wird mir von den Arbeitsämtern berichtet, daß deutsche Bauern sich dazu bereit finden, Ostarbeitern und polnischen Arbeitskräften, die ihnen zum vorübergehenden Einsatz in der Rüstungsindustrie, dem Bergbau und der Holz- und Forstwirtschaft abgenommen wurden, Lebensmittelpakete zukommen zu lassen.» Diese Ernährungsmöglichkeiten zu bieten hätten die Bauern aber als bloße «Treuhänder des deutschen Volkes» für die Erzeugung und Weiterleitung der Lebensmittel kein Recht.[6] Seit dem Einsetzen des Luftkrieges 1943 lebte es sich auf dem Lande auch sicherer als in den Industriestädten.

Große Unterschiede in den Lebensverhältnissen sind ebenfalls für den Bereich Bergbau gegenüber anderen Industrien nachgewiesen. Für Ausländer war der Bergbau so wenig attraktiv, daß Arbeitsverhältnisse auf der Basis von Verträgen eine ausreichende Belegschaft nicht sicherstellten. Bis zum März 1942 hatte mehr als die Hälfte aller ausländischen Ruhrbergleute aus Nordfrankreich, Belgien, Italien oder Kroatien die Zechen wieder verlassen. Hier wurden in der Folge sowjetische Arbeiter eingesetzt. Bis 1944 bestanden die Belegschaften der Revierzechen zu 40 % aus Ausländern, davon zu drei Viertel aus Ostarbeitern und Kriegsgefangenen. Die Verpflegung war ebenso schlecht wie die Behandlung durch die Deutschen. Als Reaktion der Ausländer vermerkte das Dortmunder Oberbergamt: «Vielfach sind größere Trupps von ihnen entflohen und nur zum kleinen Teil wieder erfaßt worden ... Auf der Zeche Friedrich-Heinrich haben russische Zivilgefangene Selbstverstümmelungen vorgenommen, um ihre Entlassung aus der Arbeit zu erzwingen.»[7] Um eine größere Effizienz zu erreichen, ging man im Bergbau dazu über, eine «Ausscheidung der Leistungsunfähigen» vorzunehmen. Im Rahmen solcher Aktionen wurden nicht arbeitsfähige Kriegsgefangene in die Kriegsgefangenenstammlager nach Hemer oder Senne zurückgeführt, wo viele aufgrund von Unterernährung oder Erschöpfung starben.

Der rauhe Umgangston auf den Zechen erschwerte das Los der sowjetischen Arbeiter zusätzlich. Im Bergbau kam es häufiger zu körperlichen Auseinandersetzungen zwischen den Steigern und ihren Untergebenen. Über die Zustände auf einer Zeche in Recklinghausen-Hochlarmark berichtet ein deutscher Bergmann: «Wenn man morgens etwas früher zum Schacht kam, konnte man sehen, wie sie anmarschierten, die Russen, rechts und links ein Aufseher mit Gummischlauch in der Hand. Und wenn einer nicht mitkam, war die Parole: ‹Bloß immer drauf, aber fest!› Es gab sogar Bergleute, die geschlagen haben! Diese Leute waren übergeschnappt; auf einmal hatten sie welche unter sich, an denen sie ihre Wut ablassen konnten.» [8] Nicht nur Wachmänner und Vorarbeiter, sondern auch deutsche Arbeiter mißhandelten. Zudem wurden einem deutschen Hauer sowjetische Arbeiter nicht als «Kameraden», sondern als Schlepper, Hilfsarbeiter oder Zuträger beigegeben. Dies wirkte tendenziell entsolidarisierend und machte den deutschen Arbeiter «leicht geneigt, den Russen für sich arbeiten zu lassen», wie ein Bezirksinspektor im Ruhrbergbau im Mai 1943 mitteilte.[9] In den Steinkohlerevieren an der Ruhr bestanden für die Ostarbeiter kaum Möglichkeiten zum «qualifizierten oder berufsrichtigen» Einsatz, wie er im Rahmen der Effektivierungsbemühungen ab 1943 reichsweit für alle Branchen angestrebt wurde.

In der Metallindustrie waren die Bedingungen anders. Das Duisburger Arbeitsamt regte zusammen mit der DAF-Kreiswaltung bereits im Dezember 1942 eine «Prüfung von Ostarbeitern und Kriegsgefangenen im Interesse eines zweckmäßigen Einsatzes in den Betrieben» an und gab ein Beispiel: «So erreichen z. B. jugendliche, aus der Landwirtschaft kommende Ostarbeiter im Alter von 12–16 Jahren bei Einsatz in der Granatendreherei eines hiesigen Betriebes an der Drehbank schon nach 14 Tagen 70 % der Leistungen deutscher Arbeitskräfte.» [10]

Auf eine Effektivierung der Ausländerarbeit durch berufsrichtigen Einsatz oder Anlernung der Ausländer meinten viele Betriebe im Metallbereich angesichts fehlender deutscher Facharbeiter nicht mehr verzichten zu können. Bei Krupp in Essen arbeitete Ende 1942 schon die Hälfte aller sowjetischen Arbeitskräfte als Angelernte oder als Facharbeiter. Dies verweist auf ein potentiell solidarischeres Verhältnis der beschäftigten Deutschen zu den neben ihnen arbeitenden Ausländern. Stillschweigende Einverständnisse zwischen Deutschen und Ausländern, es «langsam angehen» zu lassen, stellten sich hier eher her. Dennoch gibt es auch in der Metallindustrie Gegenbeispiele, die verallgemeinerungsfähige Aussagen zur Abhängigkeit der Lebensbedingungen von der Branche einschränken. Verwiesen sei hier auf den «Bochumer Verein für Gußstahlfabrikation», einen der ersten «NS-Musterbetriebe», in dessen Bericht von Ende 1943 es heißt:[11] «Ausländer kommen nur für untergeordnete mechanische Arbeiten in Frage.» Das Qualifikationsniveau der Ostarbeiter lag hier entsprechend niedrig. Ein eigens geschulter und auf den Werksschutz vereidigter deutscher Facharbeiter, «Betreuer» genannt, bekam eine Gruppe von Ostarbeitern zugewiesen. «Der Betreuer muß der von den Ausländern anerkannte Herr sein, dessen Anweisungen sie bedingungslos Folge zu leisten haben.» Im Ermessen des «Betreuers» stand die Belohnung guter bzw. die Bestrafung schlechter Leistungen. «Das beste Erziehungsmittel ist der Essensentzug bzw. die zusätzliche Zuteilung von Essen und sonstigen Genußmitteln.»

Die schlechte Ernährung noch weiter zu verschlechtern oder aber je nach Leistung auch zu verbessern stellte besonders in den letzten beiden Kriegsjahren ein Mittel zur allgemeinen Leistungssteigerung der ausländischen Arbeiter dar. In den bisher angeführten Beispielen wird schon klar, daß es außer auf die Branche auch auf den einzelnen Betrieb ankam, ob es den jeweiligen Ausländergruppen relativ besser oder schlechter ging.

Bestimmte sich die Situation im Betrieb wesentlich durch die Arbeit, zu der die jeweiligen Ausländer eingesetzt waren, leitete sich die Qualität des Daseins außerhalb der Betriebsstätten vom Alltag in den Lagern her, in denen die Ausländer untergebracht waren. Als Lager dienten vorhandene Gebäude, Säle in Gastwirtschaften oder eigens auf freiem Gelände nahe dem Betrieb aufgestellte Baracken. Kriegsgefangenen- und Ostarbeiterlager waren umzäunt, um die Flucht der Arbeitskräfte zu verhindern. Hier gab es auch bewaffnetes Wachpersonal, bestehend aus Wehrmacht, Werksschutz oder nicht mehr kriegsverwendungsfähigen Männern. An der Spitze der Lagerhierarchie stand der deutsche «Lagerleiter». Ihm folgten «Lagerälteste» und «Dolmetscher», häufig Vertrauensleute der Gestapo oder des Werksschutzes. Die hygienischen Verhältnisse waren besonders in den großen Lagern aufgrund von Überbelegungen sehr schlecht. Die Verpflegung der Ausländer beschreibt ein deutscher Arbeiter der Eisenhütte in Ratingen, am Südrand des Ruhrgebiets, folgendermaßen: «Die kriegten, wollen wir mal sagen, die einfachere Kost, nit wahr. Wenn Se mal nehmen die französischen Kriegsgefangenen oder die Russen. Dat ist der große Topf, Kappessupp' oder so. Net also ist ja nicht dat Essen, wat wir zu Hause machen.» [12]

Verschiedene Betriebe, vor allem kleinere Firmen in den Randstädten des Reviers mit landwirtschaftlichem Umland, ergänzten seit 1942 die mangelhafte Verpflegung der Kriegsgefangenen und Ostarbeiter durch eigene Zukäufe. Die für Kriegsgefangene und Ostarbeiter unzureichende Ernährung wurde besonders in den größeren Lagern im Revier oft durch Lebensmittelschiebereien und Korruption in den Lagerküchen zusätzlich vermindert. Der blühende Schwarzhandel mit Lebensmitteln, Alkohol oder auch Urlaubsscheinen (für Westarbeiter) förderte die Ausbildung einer kriminellen Substruktur in den Lagern, was wiederum informelle Hierarchien zwischen den Ausländern stärkte.

Seit 1943 bestimmte die Betroffenheit durch den Luftkrieg die Lebensbedingungen der Ausländer wesentlich. Ob man in den Städten oder auf dem Lande arbeitete, konnte zu einer überlebenswichtigen Frage werden. In den Städten waren die Ausländer den Angriffen relativ schutzlos ausgeliefert. Bei den Lagern existierten, wenn überhaupt, nur Splitterschutzgräben, die im Ernstfall zu Todesfallen werden konnten. In Essen verbot gar im Frühjahr 1943 der örtliche Luftschutzleiter allen Ausländern die Benutzung von Bunkern. Für die Ausländer blieb nur noch die Hoffnung, bei einem Angriff in ihrer Baracke nicht getroffen zu werden. Ein französischer Arbeiter schrieb im März 1943 aus Essen in die Heimat: «Seit 20. Dezember ist das der 35. Alarm, fast jeden Abend sind sie da. Ihr könnt mir glauben, daß man sich in den Baracken nicht gerade amüsiert, das zittert wie ein Kartenhaus. Man bleibt im Zimmer, denn wir haben keinen Schutzraum in der Nähe...» [13]

Die Vielzahl von Alarmen und Angriffen brachte die ohnehin mangelhafte Versorgung der Ausländer fast ganz zum Erliegen. Krupp in Essen evakuierte im Frühjahr 1943 rund 9000 Ausländer in weniger luftgefährdete Gebiete. Südlich von Essen, in Lintorf bei Ratingen, entstand z. B. ein Ausländerlager für mehr als 1000 Arbeiter, überwiegend Ostarbeiter. Dieses Lager erlebte keinen Bombenangriff. Aber die Verschickung der Ausländer ins Umland, ihr täglicher Transport zur Arbeit und wieder zurück, brachte Bewegung in den Alltag der Zwangsarbeiter und bedeutete eine zusätzliche Belastung. Andere ausgebombte Ausländer im Revier wurden von den Firmenleitungen in nichtbetroffene Lager innerhalb der Städte verlegt, oder sie mußten sich in den Überresten der Lager einrichten, denn eine Instandsetzung war häufig kaum zu erwarten. Der Kruppsche Lagerarzt Jäger berichtete im September 1944 über ein Kriegsgefangenenlager in Essen, das ein halbes Jahr zuvor von einem Bombenangriff getroffen worden war, es befinde sich «in einem schauderhaften Zustand. Die Leute wohnen in Aschenbehältern, Hundeställen, alten Backöfen und in selbstgefertigten Hütten. Die Verpflegung war nur gerade ausreichend.» [14]

Ungezieferbefall, Infektionen und Tuberkuloseerkrankungen verschlechterten die Überlebensbedingungen der Ausländer zusätzlich. Selbst im ansonsten relativ gut versorgten und unzerstörten Lager Lintorf trat z. B. Anfang 1945 Fleckfieber auf.

## Die Reaktion der Ausländer: Arbeitsflucht

Die Reaktion der Ausländer auf diese entwürdigenden Lebens- und Arbeitsverhältnisse war oft die Flucht aus den Lagern und von den Arbeitsstellen. Dies rief natürlich die Überwachungs- und Strafinstitutionen des NS-Staates auf den Plan. Polizei und Gestapo, aber auch eine Landwacht und eine Stadtwacht, von der NSDAP als eine Art «Partei-Streifendienst» ab 1942 aufgestellt, widmeten sich der Fahndung nach entlaufenen Ausländern. Doch nicht nur die Flucht von der Arbeitsstelle, sei es, um sich der fortgesetzten Mißhandlung und Diskriminierung zu entziehen, sei es, um einen sichereren Arbeitsplatz in der Landwirtschaft zu suchen, war ein verfolgenswertes Delikt. Ebenso verfolgten die Behörden «verbotenen Umgang» mit Deutschen, Arbeitsbummelei, Arbeitsverweigerung, Sabotage oder gar organisierten Widerstand von Ausländern. Drei Viertel aller von der Gestapo im August 1942 Verhafteten waren Ausländer, bis zum zweiten Vierteljahr 1944 stieg dieser Anteil gar auf 90 Prozent.

Die Repressionsmaßnahmen betrafen besonders die rassisch diskriminierten Polen und Ostarbeiter. Ihre Bestrafung lag seit 1943 in der ausschließlichen Kompetenz der Gestapo. Eine «justizmäßige Sühne» durch Gerichte war nicht mehr vorgesehen. Für das Reichssicherheitshauptamt, die Terrorzentrale des NS-Staates, galt, «daß der Pole und Sowjetrusse schon allein kraft seines Daseins im deutschen Herrschaftsraum eine Gefahr für die deutsche Volksordnung darstellt und es daher nicht so sehr darauf ankommt, für eine von ihm begangene Straftat eine angemessene Sühne zu finden als darauf, ihn an einer weiteren Gefährdung der deutschen Volksordnung zu hindern».[15]

Diese repressiven Bestimmungen und die Zunahme der Fluchten begünstigten eine Radikalisierung der Verfolgungspraxis der Gestapo beim Näherrücken der Front. Die obdachlosen Ausländer in den Städten und deren Randbereichen versuchten sich angesichts einer chronisch zusammenbrechenden Versorgungslage mit Diebstählen und Raubüberfällen am Leben zu erhalten. In den Städten bildete sich eine Unterwelt aus Deutschen und Ausländern, die ihr blankes Überleben oder auch bloß ihren eigenen Vorteil organisierten. Die Gestapo reagierte mit Massenverhaftungen «umherstreunender» Ausländer. Noch kurz bevor sich die Gestapobeamten bei Kriegsende absetzten, richteten Erschießungskommandos viele der einsitzenden Ausländer ohne Gerichtsurteil als angebliche «Plünderer» hin, wie am «Montagsloch» in Essen oder im Rombergpark in Dortmund. Die Existenz bettelnder, sich umhertreibender und plündernder Ausländer stellte im Sauberkeits- und Ordnungsdenken vieler Nazis und anderer Deutscher eine Provokation dar. Maßnahmen gegen das Chaos beim Zusammenbruch konnten auf Zustimmung in der deutschen Bevölkerung rechnen.

Dennoch ist das Verhältnis der Deutschen zu den Ausländern mit der Billigung harter Strafen für Verstöße gegen oft rigide Regelungen nur unzureichend beschrieben. Es muß vielmehr je nach Ausländergruppe, Kriegsverlauf und Stellung im Arbeitsprozeß unterschieden werden.

## Das Verhältnis der Deutschen zu den Ausländern

Die schon beschriebene rassistische Hierarchie bildete auch die Basis für die Beziehungen von Deutschen zu Ausländern. Im Arbeitsalltag schliffen sich aber rassistische Vorurteile ab, der Ausländer als Mitmensch trat hervor.

Für das Verhältnis der Deutschen zu den Polen wirkte noch lange die Tradition der Saisonarbeit bestimmend. Dies schloß besonders in der Landwirtschaft die Aufnahme in die Hausgemeinschaft ein, was Parteistellen und Sicherheitsdienst oft den «mangelnden Abstand» beklagen ließ. Die in diesen Saisonarbeitertraditionen ebenfalls schon angelegten Diskriminierungen gingen dem NS-Staat nicht weit genug.

Gegenüber den seit Sommer 1940 zum Einsatz kommenden Westarbeitern beherrschte zunächst das durch die Blitzkriegseuphorie und Siegermentalität der Deutschen sich herausbildende Herrenmenschenbewußtsein die Beziehungen. Die deutsche Arbeitsverwaltung hatte die Franzosen, Belgier und Holländer in der Anfangszeit mit großen Versprechungen angelockt, aber angesichts schlechter Behandlung verließen die Westarbeiter oft ihre Arbeitsstellen oder hielten mit ihrer Arbeitsleistung zurück, wie deutsche Bauern und Betriebsleitungen beklagten. Im weiteren Verlauf des Krieges arbeiteten sie in der Industrie zunehmend als Facharbeiter neben Deutschen und erhielten den Status eines «Kollegen», von dem man auch etwas lernen konnte oder Schokolade aus dem Liebesgabenpaket aus Frankreich bekam. Besonders der «verbotene Umgang» mit ihnen entwickelte sich in der Folge zu einem Massendelikt. Speziell die Beziehungen deutscher Frauen zu Franzosen waren den Sicherheitsbehörden ein Dorn im Auge. In der Verfolgung dieser Kontakte verband sich repressive Sexualmoral mit nationalsozialistischem Rassismus zur Verteidigung der «deutschen Ehre» und des «deutschen Blutes» gegen «ehrvergessenes und unwürdiges Verhalten» deutscher Frauen. Solche Kontakte entstanden häufig aus mitmenschlichen Handlungen. Deutsche brachten Butterbrote oder Zigaretten mit, schenkten oder reparierten Kleidung. Grundlage dieser Kontakte blieb aber immer die Privatheit, die es vor möglichen Denunzianten zu schützen galt. Politisch zu nennende Solidarisierungen fanden dagegen nicht statt.

Gegenüber den osteuropäischen Arbeitern waren die Vorbehalte zunächst groß. Ihre schlechte Ernährung und Behandlung hießen große Teile der deutschen Bevölkerung gut. Zu Anfang sicherlich als Folge des vom NS-Staat vermittelten Propagandabildes vom «russischen Untermenschen». Ein damaliger Lehrling beschreibt die Vorbehalte gegenüber den Ostarbeiterinnen so: «Und dann kamen drei Ukrainerinnen... und dann hieß et: Oh jetzt, die werden wohl in alle Ecken machen, von wegen Kultur.» Das rassistische Vorurteil wurde im Arbeitsalltag allerdings angesichts der zufriedenstellend arbeitenden Ostarbeiterinnen aufgeweicht: «Die Mädchen waren so freundlich, nett, fleißig und sauber waren die, ja da kann man wirklich... die hatten ihre eigene Toilette.» [16]

Dennoch sahen viele Deutsche die schlechtere Behandlung der Ausländer im weiteren Verlauf des Krieges als eine gerechte Strafe an für die Bombenangriffe, die Versorgungsmängel und das eigene Kriegselend insgesamt, wofür den Alliierten die Schuld zugeschrieben wurde. Hinzu kam, daß gerade mit dem massenhaften Einsatz der Ostarbeiter eine immer größer werdende Zahl von Deutschen in das Terrorsystem zur Kontrolle der Ausländer integriert wurde. Deutsche Lagerverwalter, Werkschutzleute oder Vorarbeiter wirkten mit, wenn es um die Schaffung der rassistischen Abstufungen zwischen Deutschen und

Ausländern ging. Gegentendenzen der möglichen Solidarisierung Deutscher mit Ausländern und der Anerkennung für die Leistung guter Arbeit verwischen diesen Eindruck nur unwesentlich.

In den letzten zwei Kriegsjahren hatte jedoch das Elend der Fremdarbeiter im Revier angesichts des durch Luftangriffe und Versorgungsmängel hervorgerufenen eigenen Elends für die Deutschen wohl auch seine Exklusivität verloren. Das Zurückgeworfensein auf die Nöte und Probleme des eigenen Daseins verstärkte eine ohnehin schon existierende Gleichgültigkeit gegenüber dem Schicksal der Ausländer und dem rassistischen Alltag.

Bei der deutschen Bevölkerung bestehen an die 300000 ausländischen Arbeiter, die während der Kriegszeit im Ruhrgebiet arbeiteten, keine besonderen Erinnerungen. Im Rückblick gehören die «Fremdarbeiter» zum privaten Alltag des Krieges und werden heute nicht als etwas historisch Besonderes erinnert. Die Zwangsarbeit dieser großen Anzahl von Menschen wird im Bewußtsein der Nachkriegsbevölkerung gemeinhin nicht zu den NS-Verbrechen gezählt. Dies hat Konsequenzen nicht nur in der Geschichtsschreibung, sondern auch in den unzureichenden Entschädigungsregelungen für ehemalige Zwangsarbeiter bis auf den heutigen Tag.

### Anmerkungen

1 Affidavit Schmidt, Nürnberger Hauptkriegsverbrecherprozeß, 12.10.1945, zitiert nach Ulrich Herbert, Fremdarbeiter. Politik und Praxis des «Ausländereinsatzes» in der Kriegswirtschaft des Dritten Reiches, Berlin/Bonn 1985, S. 195

2 Lagebericht des Essener Landgerichtspräsidenten, 31.3.1943, zitiert nach Herbert, Fremdarbeiter, S. 191

3 Grundlage dieser Darstellung ist neben dem bereits zitierten Werk von Ulrich Herbert eine im Erscheinen begriffene Arbeit des Autors: Uwe Kaminsky, Fremdarbeiter während des Zweiten Weltkrieges in Ratingen, in: Ratinger Forum, Bd. 1, 1989

4 Besprechung beim Reichsverteidigungskommissar im Oberpräsidium Münster, 19.6.1940, zitiert nach Herbert, Fremdarbeiter, S. 91, und Eberhard Franke, Die polnische Volksgruppe im Ruhrgebiet 1870–1940, in: Jahrbuch des Arbeitswissenschaftlichen Instituts der DAF, Berlin 1940/41, Bd. 2, S. 319–404, zitiert nach Herbert, Fremdarbeiter, S. 52

5 Merkblatt für die polnischen Zivilarbeiter vom 8. März 1940, zitiert nach: «Sonderbehandlung» der in den deutschen Gebieten eingesetzten Zivilarbeiter und Kriegsgefangenen wegen Verstoßes gegen die ihnen auferlegten Lebensführungsregeln und Straftaten, hg. von der Zentralen Stelle der Landesjustizverwaltungen Ludwigsburg, o. O., o. J.

6 Rundschreiben des Landesarbeitsamtes Rheinland an Arbeitsämter, 25.2.1943, Hauptstaatsarchiv Düsseldorf RW 86–1, Bl. 88

7 Wirtschaftlicher Lagebericht des Oberbergamtes Dortmund vom 21.6.1942, zitiert nach Herbert, Fremdarbeiter, S. 223

8 Bericht eines Bergmannes (Jahrgang 1913), in: Hochlarmarker Lesebuch. «Kohle war nicht alles», Hundert Jahre Ruhrgebietsgeschichte, Oberhausen 1982, S. 180

9 Rundschreiben der Bezirksgruppe Steinkohlenbergbau Ruhr Nr. 51, 15.6.1943, zitiert nach Herbert, Fremdarbeiter, S. 226

10 Anlage zum Rundschreiben des Landesarbeitsamtes Rheinland an die Arbeitsämter vom 16.2.1943, Hauptstaatsarchiv Düsseldorf RW 86–1, Bl. 213

11 Undatierter Bericht (Ende 1943), zitiert nach Herbert, Fremdarbeiter, S. 275

12 Interview des Autors mit Karl B. (Jahrgang 1911), 8.1.1987

13 Bericht der Auslands-Briefprüfstelle Frankfurt/Main, 5.3.1943, zitiert nach Herbert, Fremdarbeiter, S. 289

14 Brief Jägers an Ihn, 2.9.1944, zitiert nach Herbert, Fremdarbeiter, S. 290

15 Erlaß des Reichssicherheitshauptamtes vom 30.6.1943, zitiert nach Herbert, Fremdarbeiter, S. 246

16 Interview des Autors mit Günther E. (Jahrgang 1930), 25.2.1987

# Juden vor ihrer Deportation – Ungarn 1944

Budapest, Sept. / Okt. 1944
PK-Fotos

# Spuren der Vernichtung

Nach 1939 – Beschlagnahmter Besitz von Juden

Prag, nach 1939. Beschlagnahmter Besitz von Juden wird veräußert

Nach 1939 –
Beschlagnahmter
Besitz von Juden

Nach 1939 –
Lagerung von
beschlagnahmtem
Besitz von Juden
in einer Synagoge

Michael Zimmermann

# Die Deportation der Juden aus Essen und dem Regierungsbezirk Düsseldorf

Die Deportation der Juden aus Essen begann am 27. Oktober 1941. An jenem Tag wurden 262 Personen in das Ghetto Lodz verbracht. Insgesamt gingen neun Transporte von Essen ab – jeweils drei in den Jahren 1941, 1942 und 1943. Sie endeten in Ghettos und Lagern wie Lodz, Minsk, Riga und Izbica, die als Durchgangsstationen zu den Gaskammern dienten, im Altenghetto Theresienstadt und 1943 auch direkt in Auschwitz.[1] Die Zahl der Deportierten geht aus den Statistiken sowohl der Gestapo als auch des Essener Ernährungsamtes hervor, das den Rückgang der Lebensmittelkarten für Juden exakt verzeichnete. Im September 1940 erhielten 1225 Essener die mit einem «J» versehene Karte, im Oktober 1941 waren es 1039, einen Monat später nur noch 795. Zwischen April und November 1942 fiel die Zahl von 721 auf 111. Nach der letzten Deportation, die im September 1943 nach Theresienstadt führte, wurde nur noch 39 Essener Juden eine Lebensmittelkarte ausgehändigt.[2] Die Gesamtzahl der zwischen 1941 und 1943 aus Essen Deportierten umfaßte mithin etwa 1200 Personen.

Bis heute herrscht in der Öffentlichkeit das Bild vor, eine Deportation sei schlagartig, überraschend und unter Wahrung strikter Geheimhaltung bei Nacht und Nebel von der Gestapo – und nur von ihr – durchgeführt worden. Diese Vorstellung soll im folgenden für die Stadt Essen und den Regierungsbezirk Düsseldorf überprüft werden. Ausgewählt wurde das Beispiel des Transportes nach Izbica am 22. April 1942.[3]

## Die Richtlinien

Der Apparat, der die Deportationen durchführte, setzte sich aus einer Vielzahl von Dienststellen zusammen. Deren Zentrum bildete die Abteilung IV B 4 des Reichssicherheitshauptamtes (RSHA). Innerhalb des Reichsgebietes und des Protektorates Böhmen und Mähren bediente sich IV B 4 der Zentralstellen für jüdische Auswanderung in Wien und Prag sowie der regionalen Gestapostellen.[4] Ihnen oblag die Zusammenfassung, Aushebung, Ausplünderung und der Abtransport der Juden. Letzteres «gemäß dem vom Reichssicherheitshauptamt im Benehmen mit dem Reichsverkehrsministerium aufgestellten Fahrplan», wie es in den «Richtlinien zur technischen Durchführung der Evakuierung von Juden in das Generalgouvernement» hieß.[5] In diesen Richtlinien wie überhaupt im amtlichen Schriftverkehr, der die Vorbereitung und Durchführung einer Deportation regelte, wurden die Juden in der Tat «evakuiert», zur «Abwanderung» gebracht, «ausgesiedelt» oder «umgesiedelt». Solche Begriffe waren wirksame Mittel jener Verdrängung, die die Deportationen erst möglich machte.[6]

Die zuständige «Evakuierungsdienststelle» im Regierungsbezirk Düsseldorf war die dortige Gestapoleitstelle – Abteilung II B 4. Sie wiederum bediente sich der Polizei in den Landkreisen des Regierungsbezirks, der städtischen Polizeiverwaltung in Neuß und Viersen, der polizeilichen Grenzkommissariate in Emmerich und Kaldenkirchen sowie in kreisfreien Städten wie Essen der Gestapoaußendienststellen in den Polizeipräsidien.[7] Ein Schnellbrief des RSHA an die Gestapoleitstellen «Betrifft: Evakuierung von Juden» vom 31. Januar 1942 leitete nun den Verwaltungsvorgang ein, der am 22. April 1942 in die Deportation aus Essen und anderen Orten nach Izbica einmündete. Das RSHA verlangte dort «bis spätestens zum 9. Februar 1942» eine genaue, «auf dem neuesten Stand» befindliche Statistik der Juden. Sie sollte aufgeschlüsselt nach Orten sieben Kategorien erfassen:

1. Die Juden deutscher Staatsangehörigkeit einschließlich der Staatenlosen sowie jener, die die Staatsangehörigkeit der deutsch okkupierten Territorien Luxemburg und Polen besessen hatten; letztere wurden von keiner ausländischen Macht geschützt und galten für die deutschen Behörden deshalb als staatenlos;
2. die nach den Termini der Nürnberger Gesetze in «deutsch-jüdischer Mischehe» lebenden Juden;
3. Juden ausländischer Staatsangehörigkeit (abgesehen von den vormals polnischen und luxemburgischen);
4. Juden aus den mit Deutschland verbündeten Staaten Kroatien, Rumänien und der Slowakei, die sich dem deutschen Deportationsanliegen ohne Protest fügten;
5. jene Juden, die im rüstungswirtschaftlich relevanten Bereich im «geschlossenen Arbeitseinsatz» standen;
6. Juden über 65 Jahre und
7. die besonders gebrechlichen und transportunfähigen Juden über 55 Jahre.

Aus diesen Kategorien sollten die Juden in Mischehe, die Alten und Versehrten, die in kriegswichtiger Produktion Tätigen und die ausländischen Juden sowie zusätzlich einige Angestellte der jüdischen Gemeinden vom Transport zurückgestellt werden. Die unteren Dienststellen der Gestapo wurden zudem angehalten, die Trennung von Ehepartnern sowie von Eltern und Kindern unter 14 Jahren zu vermeiden. Falls schließlich in einer «jüdischen Ehe» der eine Partner unter, der andere über 65 Jahre alt sei, könnten, so wurde festgelegt, «beide Teile dann evakuiert werden, wenn der in Frage kommende Eheteil nicht älter als 67 Jahre» sei und wenn «ein amtsärztliches Zeugnis für die Arbeitsfähigkeit dieses Eheteils erbracht» werde.[8] Unter Berücksichtigung der genannten Ausnahmen sollte daraufhin, wiederum aufgeschlüsselt nach Orten, die Gesamtzahl derjenigen angegeben werden, die für eine Deportation in Betracht zu ziehen seien.[9]

## Die Aushebung

Die Gestapoleitstelle Düsseldorf gab diese Order am 6. Februar 1942 an die untergeordneten Instanzen weiter und verlangte bis zum 7. Februar, 13.00 Uhr, eine Antwort per Fernschreiben oder Telefon. Die Gestapoaußendienststelle Essen kabelte zurück, daß aus dieser Stadt 455 Juden für einen Transport in Frage kämen. Im Bereich der gesamten Gestapoleitstelle Düsseldorf zählte man 1238 Personen. Mitte März 1942 wurde definitiv festgelegt, daß der Transport genau 1000 Juden umfassen sollte, woraufhin von der Gestapo ein neuerliches Auswahlverfahren in Gang gesetzt wurde.[10]

Die Zahl der Essener wurde am 19. März von 453 auf 410 reduziert. Von den jüdischen Arbeitskräften der Essener Firmen Vita-Zahnfabrik sowie der Baufirmen Gieseler, Kurz, Schuler und Co., die in dem für die lokale Stromversorgung wichtigen RWE[11] Karnap arbeiteten, wurden 50 % und nicht, wie ursprünglich von der Gestapo vorgesehen, alle zur Deportation freigegeben. Der stellvertretende Leiter des Essener Arbeitsamtes stimmte dem seinerseits «trotz der damit verbundenen arbeitseinsatzmäßigen Schwierigkeiten aus staatspolitischen Gesichtspunkten» zu. Er unterrichtete vorsorglich die betroffenen Firmen, daß sie voraussichtlich noch im Sommer 1942 mit dem «Ausscheiden» der restlichen Juden zu rechnen hätten. Er empfahl, «ersatzweise zivile ausländische Arbeitskräfte oder Kriegsgefangene anzufordern».[12]

Am 17. April, fünf Tage vor der Deportation, ergab sich für die Gestapo eine unerwartete Schwierigkeit. Das Arbeitsamt Essen erhob nun grundsätzlichen Einspruch gegen die Zusammensetzung des Transports, soweit er diese Stadt betraf. Man berief sich dabei auf einen Schnellbrief des Reichsarbeitsministers vom 27. März 1942, der einen Abzug von Juden, die «in einem kriegswichtigen Betrieb» beschäftigt waren, aus rüstungswirtschaftlichen Gründen «bis auf weiteres grundsätzlich» untersagte.[13] Die Berücksichtigung des arbeitsamtlichen Einspruchs hätte zur Folge gehabt, daß die Zahl der Essener Deportierten auf etwa 100 geschrumpft wäre, da die Zurückstellung jüdischer Arbeiter gemäß den Richtlinien auch diejenige ihrer Familienangehörigen zur Folge gehabt hätte. Kriminaloberassistent Kosthorst von der Gestapoaußendienststelle Essen teilte dies sofort der Leitstelle in Düsseldorf mit; jene wandte sich ihrerseits umgehend an SS-Sturmbannführer Novak in Berlin, der im Referat IV B 4a des RSHA für Transportfragen verantwortlich zeichnete. Novak entschied in deutlicher Frontstellung zum Reichsarbeitsministerium, daß Juden, die in rüstungsrelevanten Betrieben tätig waren, nicht per se zurückzustellen seien, sondern nur dann, wenn sie aufgrund ihrer besonderen Tätigkeit – etwa als Facharbeiter – schwer zu ersetzen seien. Ungelernte oder angelernte jüdische Arbeitskräfte hingegen seien auf den Transport zu schicken. Auf dieser Basis nahm Kriminalrat Nohles als Leiter der Essener Gestapo am 18. April 1942 Verhandlungen mit dem Arbeitsamt auf. «Eine wesentliche Verringerung der für den Transport vorgesehenen Personen» so die Vorgabe der Gestapoleitstelle Düsseldorf, «dürfe nicht eintreten.» [14]

Die neuerlichen Verhandlungen zwischen Gestapo und Arbeitsamt hatten zum Ergebnis, daß von der «Freistellung» und «Evakuierung» von weiteren 50 als Zwangsarbeiter tätigen Personen vorläufig abgesehen wurde. Sie wurden das Opfer eines späteren Transportes, der am 1. März 1943 nach Auschwitz führte.[15] Fünf Tage vor Beginn der Deportation nach Izbica war es der Gestapo nicht mehr möglich, diese Juden, die kurzfristig aus Produktionsgründen für den Transport ausfielen, durch andere zu ersetzen. Die Zahl der Deportationsopfer im Regierungsbezirk Düsseldorf wurde von 1000 auf 950 reduziert.[16]

## Die Ausplünderung

Nachdem der Kreis der Juden, die «nach dem Osten» transportiert werden sollten, feststand, kam es den Verfolgungsinstanzen darauf an, deren Vermögenswerte zu erfassen und zu beschlagnahmen. Zu diesem Zweck wurde den Juden durch die Gestapo eine vorgedruckte Vermögenserklärung ausgehändigt, die sie «genauestens auszufüllen und zu unterschreiben» [17] hatten.

Die Vermögenserklärung umfaßte detaillierte Fragen zur Person, zu Ehegatten und Kindern, bei den Aktiva zum flüssigen Vermögen, zu etwaigen Liegenschaften und Forderungen, zum Wohnungsinventar und der Kleidung, zu gewerblichem Eigentum und schließlich zu Kunst- und Wertgegenständen, bei den Passiva zu privaten Schulden sowie zu öffentlichen Steuer- und Abgaberückständen aller Art.[18] Um zusätzlichen Druck auszuüben, erklärte die Gestapo den zur Deportation Vorgesehenen, daß sie «auf keine Nachsicht zu rechnen» hätten, wenn sie die Vermögenserklärungen «nicht in genügender Weise» ausfüllten.[19]

Mit dem deklarierten Vermögen verfuhr man gemäß der 11. Verordnung zum Reichsbürgergesetz vom 25. November 1941. Dort war der Grundsatz aufgestellt worden, daß ein Jude, der «seinen gewöhnlichen Wohnsitz im Ausland hat», nicht Staatsangehöriger des Deutschen Reiches sein könne und daß sein Vermögen automatisch ans Reich falle, sobald er dessen Grenzen überschritten habe. Das traf für die in das Generalgouvernement Deportierten zu. In den wenigen Fällen, in denen die 11. Verordnung zum Reichsbürgergesetz nicht griff, wurde jüdischer Besitz gemäß den Vorschriften über die Einziehung «volks- und staatsfeindlichen Vermögens» beschlagnahmt. Jene Regelung galt insbesondere dann, wenn ein Jude nach Bekanntgabe der Deportation, aber vor dem Betreten des Generalgouvernements verstarb, indem er etwa den Freitod wählte.[20] Um das Beschlagnahmeverfahren zu beschleunigen und eine Einzelfallprüfung zu vermeiden, traf der Reichsinnenminister mit Erlaß vom 2. März 1942 präventiv die Sammelfeststellung, daß diejenigen zum Transport vorgesehenen Juden, die nicht unter die 11. Verordnung zum Reichsbürgergesetz fielen, per definitionem volks- und staatsfeindlichen Bestrebungen anhingen.[21]

Im nächsten Schritt wurden die ausgefüllten Vermögenserklärungen an das örtliche – so auch an das Essener – Finanzamt weitergereicht. Dort wurden die Unterlagen ausgewertet, auf vorgedruckte Formulare übertragen und, vom zuständigen Sachbearbeiter handschriftlich unterzeichnet, an die Gestapoleitstelle Düsseldorf gesandt. Diese forderte daraufhin beim aufsichtführenden Richter des Amtsgerichts Düsseldorf zwei Gerichtsvollzieher an, die den Juden die Verfügungen über die Einziehung ihres Besitzes per Zustellungsurkunde auszuhändigen hatten. Das gewährleistete die Rechtswirksamkeit des Verfahrens.

Die Gerichtsvollzieher wurden aus Zweckmäßigkeitserwägungen erst einen Tag vor dem Transport im Sammelbahnhof Düsseldorf-Derendorf tätig, wo die Deportationsopfer aus den einzelnen Orten zusammengezogen wurden.[22] Für die eingesetzten Gerichtsvollzieher Hiepe und Beckmann war der Transport nach Izbica im April 1942 der dritte, mit dem sie sich beruflich befaßten. Hiepe waren dabei belegbare Barausgaben in Höhe von 12,45 RM, Beckmann in Höhe von 12,65 RM entstanden. Sie erhielten das Geld im Mai 1942 vom Oberfinanzpräsidium Düsseldorf zurückerstattet.[23]

Nach dem Zustellungsverfahren ging die Zweitschrift der Einziehungsverfügung samt Zustellungsurkunde an die Gestapo. Das Original der Einziehungsverfügung ließ man den Juden. Dazu der zynische Kommentar des RSHA: «Es bestehen jedoch keine Bedenken dagegen, wenn diesen Juden nach Eintreffen im Generalgouvernement diese Schriftstücke wieder abgenommen werden, damit ein Mißbrauch ausgeschlossen ist.»[24] Die geraubten Vermögenswerte wurden vom Oberfinanzpräsidium Düsseldorf – Abteilung für die Verwertung von Judenvermögen – übernommen. Das Übernahmeverfahren wurde in Essen wie anderenorts vom lokalen Finanzamt abgewickelt.[25]

Gleichwohl ging nur ein Teil des jüdischen Vermögens an die staatliche Finanzverwaltung. Den anderen eignete sich die Gestapo an. Sie führte mit dem Reichsfinanzministerium einen langwierigen Grabenkrieg um den jüdischen Besitz. Bereits am 12. November und in leicht abgewandelter Form am 3. Dezember 1941 hatte das Referat IV B 4 des RSHA «Richtlinien für die Behandlung des Vermögens» jüdischer Deportationsopfer herausgegeben. Danach sollte jeder für den Abtransport Vorgesehene veranlaßt werden, «einen angemessenen Teil seiner flüssigen Mittel» von nicht weniger als 25 Prozent an die Reichsvereinigung der Juden zu spenden, die unter Gestapo-Aufsicht stand. Den Spendern sei deutlich zu machen, daß diese Gelder der Ausrüstung der Transporte «nach dem Osten» mit Lebensmitteln und Geräten aller Art oder den Fürsorgeeinrichtungen der Reichsvereinigung der Juden dienen würden. Das Spendenverlangen sollte, so das RSHA, tunlichst gleichzeitig mit der Beschaffung der Vermögenserklärungen für die staatliche Finanzverwaltung vorgetragen werden.[26] Da jene Aufgabe der Gestapo oder – wie in Essen – der von ihr abhängigen jüdischen Kultusvereinigung oblag, konnte kein Zweifel darüber bestehen, daß ein Gutteil des Barvermögens der Deportierten für die Zwecke der Gestapo abgezweigt wurde. Die Gelder wurden auf ein Sonderkonto «W» überwiesen, das die jüdischen Kultusvereinigungen eigens für diesen Zweck einzurichten hatten. In Essen wurde es von der Deutschen Bank geführt.[27] Sparguthaben von Deportationsopfern, die bisher von der Städtischen Sparkasse Essen verwaltet worden waren, wurden auf dieses Konto überwiesen. Ein Angestellter der Städtischen Sparkasse wies die Gestapo zudem darauf hin, daß bei der Auflösung der Konten neben dem reinen Guthaben auch Zinsen anfielen. Er fügte eilfertig hinzu: «Wir bitten, uns die Genehmigung zur Auszahlung der Beträge einschließlich Zinsen zu erteilen.»[28] Komplikationen machte das Guthaben des nach Izbica deportierten Lehrers August Katzenstein in Höhe von 1.141,- RM. Sein Sparbuch war der Gestapo in der Hektik der Transportvorbereitungen verlorengegangen. Man mußte beim Düsseldorfer Oberfinanzpräsidenten eigens eine Erlaubnis einholen, den Betrag dennoch auf das Sonderkonto «W» bei der Deutschen Bank Essen zu überweisen.[29]

Jeder «Transportteilnehmer»[30] nach Izbica hatte schließlich aus eigenen Mitteln oder über einen Spender aus der jüdischen Gemeinde 50,- RM aufzubringen, die die Gestapo bei der Reichsbank Düsseldorf in Reichskreditkassenscheine umtauschte. Jene wurden in Izbica in Zloty konvertiert und den Deportierten ausgehändigt, bevor sie wenige Tage später in den Vernichtungszentren umgebracht wurden.[31]

## Fahrplangestaltung und Transportkosten

Eine Deportation bildete für die beteiligten Instanzen auch ein kompliziertes verkehrstechnisches Problem, zumal im Krieg ohnehin zahlreiche Sonderzüge dirigiert werden mußten – mit Soldaten und Rüstungsgütern an die Fronten, mit Zivilisten aus den bombengefährdeten Industriegebieten hinaus und mit Kriegsgefangenen und Fremdarbeitern in diese Industriegebiete hinein. Bei der Deportation von Juden aus dem Reichsgebiet führte der Amtsweg vom RSHA – Referat IV B 4a über die Unterabteilungen 21 (Personenzüge) und 211 (Sonderzüge) des Reichsverkehrsministeriums hin zur Reichsbahn. Jene war in drei Generalbetriebsleitungen, eine größere Anzahl regionaler Reichsbahndirektionen sowie die lokalen Bahnstationen gegliedert. Von den drei Generalbetriebsleitungen dominierte die östliche mit Sitz in Berlin. Deren Dezernate «Personenzugfahrplan» (P) und «Personenwagendienst» (PW) leiteten auch die Verkehrsströme in die Ghettos, Durchgangs- und Todeslager.

Die Planung und Zusammenstellung des einzelnen Zuges erfolgte auf der Ebene der Reichsbahndirektionen. Jede Direktion arbeitete mit einem grundlegenden Verkehrsplan, dem «Buchfahrplan». Er gliederte sich in einen Regelfahrplan für Personenzüge mit feststehenden Abfahrtszeiten und einen Bedarfsfahrplan für Züge, die in besonderen Fällen aufgestellt wurden. Zu letzteren zählten Güterzüge und außerfahrplanmäßige Personenzüge, darunter eben auch die Deportationszüge. Die reibungslose Abwicklung eines solchen Transports wurde mit Hilfe eines «durchgehenden Fahrplans» gewährleistet, den die betroffenen Reichsbahndirektionen koordinierten.[32] Im konkreten Fall der Deportation vom 22. April 1942 stimmten sich die Reichsbahndirektionen Wuppertal, Kassel, Halle, Breslau, Osten und Posen sowie die Generaldirektion der Ostbahn (Gedob) in Krakau miteinander ab. Neben der Generalbetriebsleitung Ost in Berlin führte dabei auch die Generalbetriebsleitung West in Essen die Aufsicht.[33]

Infolge der Kriegsumstände mußten die getroffenen Fahrplananordnungen oft korrigiert werden, so auch bei dieser Deportation. Für sie war ursprünglich ein «Russenzug» vorgesehen, der sowjetische Kriegsgefangene von Brest nach Köln-Deutz transportieren und auf dem Rückweg Juden «nach dem Osten» in das Durchgangslager Trawniki verbringen sollte. Der Zug verspätete sich um Tage. Mit Zustimmung der Reichsbahn-Hauptverwaltung in Berlin und der Generaldirektion der Ostbahn in Krakau wurde deshalb ersatzweise ein anderer «Russenzug», RU 7340, eingesetzt, der sowjetische Kriegsgefangene in das Lager Hemer in Westfalen transportierte. «Nach vollständiger Reinigung und Entlausung» sollte er einen Tag vor der Deportation am zentralen Abfahrtsbahnhof Düsseldorf-Derendorf einlaufen. Auch das Fahrtziel mußte geändert werden. An die Stelle von Trawniki trat das 150 km südöstlich, ebenfalls im Distrikt Lublin gelegene Durchgangslager Izbica.[34]

Schließlich mußte ein Bedarfsfahrplan ausgearbeitet werden, der den Transport der Juden aus den einzelnen Gemeinden des Gestapoleitstellenbezirks zum Sammelpunkt Düsseldorf-Derendorf regulierte. Als Verbindungsmann zwischen der Gestapo und den involvierten Reichsbahndirektionen Wuppertal, Köln und Essen fungierte ein Polizeiassistent. Man kam überein, daß die Juden aus Mönchengladbach, Krefeld und Wuppertal in Personenwagen, die an Linienzüge angehängt wurden, nach Derendorf verbracht werden sollten. Die Reichsbahndirektion Essen hingegen hatte einen Sonderzug mit mehreren Personenwagen und zwei Güterwaggons zu stellen.[35]

Obwohl der Deportationszug nach Izbica aus Güterwagen bestand, buchte die Gestapo die Juden bei der Reichsbahn als gewöhnliche Fahrgäste. Basistarif war der 3.-Klasse-Fahrpreis von vier Pfennig pro Streckenkilometer und Person; Kinder unter zehn Jahren zahlten den halben Preis; Kleinkinder unter vier Jahren reisten unentgeltlich. Da die Zahl der Deportierten aus mehr als 400 Personen bestand, wurde ein Gruppentarif gewährt, der der Hälfte des Fahrpreises 3. Klasse entsprach. Für die Juden wurden einfache Fahrkarten, für die mitreisende Bewachung Rückfahrkarten gelöst. Die Deportationsfahrt nach Izbica am 22. April 1942 kostete 30.642,- RM – 28.320,- RM für die Personenbeförderung, 2.322,- RM für die Packwagengestellung. Der Betrag wurde zu Lasten der Gestapoleitstelle Düsseldorf – Abteilung II B 4 – gestundet und aus den Mitteln des Sonderkontos «W» bestritten. Über diesen Umweg bezahlten die Deportationsopfer die Kosten ihrer Deportation selbst.[36]

## Der Deportationssammelpunkt

Die 353 zum Transport bestimmten Essener Juden wurden am 21. April 1942 tagsüber, von Gestapo und Schupo begleitet, zum Essener Hauptbahnhof gebracht. Im Vorfeld war es allerdings zu Komplikationen gekommen. In der Nacht vom 12. auf den 13. April 1942 hatten alliierte Luftangriffe in Essen 31 Häuser vollständig zerstört, 54 Gebäude schwer, 233 mittelschwer und 85 leicht beschädigt. 1640 Personen waren obdachlos geworden. Da ihre Unterbringung Schwierigkeiten bereitete, räumte die Essener Stadtverwaltung im Einvernehmen mit der Gestapo zahlreiche «Judenhäuser» – Häuser, in denen die Juden konzentriert waren und die sich vornehmlich in der Stadtmitte befanden.[37] Ursprünglich wollte man diese «Judenhäuser» nicht vollständig räumen, sondern lediglich die Wohnungen der zum Transport nach Izbica bestimmten Familien. Dies ließe sich, so die Gestapo Essen, jedoch nicht durchführen, da man «deutschen Volksgenossen schlecht zumuten» könne, «mit einer größeren Anzahl von Juden zusammen in einem Haus zu wohnen». Deshalb wurden die meisten «Judenhäuser» schließlich doch vollständig geräumt.[38] Aus der Perspektive einer Betroffenen: «Jeder mußte seine Wohnung in vollkommen bewohnbaren Zustand zurücklassen; wir mußten Betten, Bettwäsche, Geschirr, Möbel, sogar Kleidung, alles in der Wohnung zurücklassen. Der Schlüssel wurde der Gestapo übergeben.»[39]

Die der Wohnung Verwiesenen wurden in das Barackenlager Holbeckshof im Essener Stadtteil Steele verbracht. Das Lager befand sich auf dem Gelände einer ehemaligen Zeche, wenige hundert Meter vom Zentrum Steeles entfernt. Der größere Teil der zur Deportation Vorgesehenen wurde von dort, ein kleinerer vom stadtmittenahen Betsaal der Essener jüdischen Gemeinde zum Hauptbahnhof geführt. Hier wurde der Bahnsteig 1 abgesperrt; selbst Familienangehörige durften nur in Ausnahmefällen mit hinauf. Der Zug wurde von SS-Posten bewacht, die vor der Abfahrt demonstrativ ihre Gewehre durchluden. Das konnte von den benachbarten Bahnsteigen aus beobachtet werden. Der reguläre Zugverkehr wurde nicht unterbrochen.[40]

Von Essen ging es zunächst nach Düsseldorf-Derendorf. Der dortige Bahnhof war wegen seiner langen Rampen als Deportationssammelpunkt besonders geeignet. Außerdem konnte er vor der Öffentlichkeit gut abgeschirmt werden, da es sich nicht um einen Personen- oder Güterbahnhof handelte, sondern um den Verladebahnhof des Düsseldorfer Schlachthofes. Weder Wohnhäuser noch Industriebetriebe lagen in unmittelbarer Nähe.[41] Die Zubringerzüge mit den Juden aus den Gemeinden des Gestapoleitstellenbezirks Düsseldorf trafen am Nachmittag des 21. April 1942 gegen 14.30 Uhr an der Verladerampe Tußmannstraße des Derendorfer Bahnhofs ein. Sie wurden von einem Polizeiassistenten erwartet. Ordnungspolizisten führten die Deportationsopfer dann geschlossen in die Sammelhalle des städtischen Schlachthofes. Auf 20 Juden kam ein Ordnungspolizist; insgesamt waren 48 Schupos im Einsatz. In der Schlachthofhalle wurden die Juden von einem Düsseldorfer Kriminalsekretär gegen 15 Uhr «übernommen». Waffen-SS unter Führung eines Oberscharführers zeichnete nun für Bewachung und Postendienst verantwortlich. Die ebenfalls eingetroffenen Gepäckwagen wurden unter Anleitung eines Polizeiinspektor-Anwärters und eines SS-Sturmmannes an der Schlachthoframpe entladen. Um 17 Uhr begannen fünf Düsseldorfer und zwölf auswärtige Kriminalbeamte die Männer und das Gepäck sowie zwei Beamtinnen und fünf Angestellte der weiblichen Kriminalpolizei die Frauen zu durchsuchen.[42]

Die Juden durften nur wenig auf den Transport mitnehmen: einen Koffer oder Rucksack mit Ausrüstungsgegenständen einschließlich der Verpflegung für 14 Tage, die vorwiegend aus Brot, Mehl und Hülsenfrüchten bestehen sollte; eine Wolldecke, in die die Reiseverpflegung für die ersten drei Tage eingewickelt werden mußte; einen Löffel sowie einen Teller oder Topf. Alles Weitere wurde ihnen abgenommen.[43] Nahrungsmittel, Gebrauchsgegenstände und Medikamente reichte die Gestapo Düsseldorf an die Kreisstelle des Deutschen Roten Kreuzes, die den Erhalt am 4. Mai 1942 dankend bestätigte und das Ganze an ein Soldatenheim, ein Reservelazarett und an die Truppen-Erfrischungs- und

-Verpflegungsstelle im Düsseldorfer Hauptbahnhof weiterleitete. Es handelte sich u. a. um Verbandmull und Binden, Medikamente, Kerzen, Handtücher, Taschenlampen, Seifenpulver, feste und flüssige Seife, Rasierklingen, Rasiercreme, Schampon, Haarwasser, Trockenspiritus, Streichhölzer, Kölnisch Wasser, Salben, Schuhcreme, Nähzeug, Zahnbürsten, Tabak und Kautabak, Zigaretten, Zigarren, Tee, Kaffee, Kakao, Süßigkeiten, Wurst, Apfelsinen und Zitronen sowie verschiedene andere Lebensmittel.[44]

Die beschlagnahmten Textilien übernahm die Nationalsozialistische Volkswohlfahrt in Düsseldorf – Oberbekleidung, Leibwäsche, Bett- und Tischwäsche, Schirme, Rucksäcke und Kissen. Allein in der Sparte «Oberbekleidung» waren es nach der polizeilichen Auflistung folgende Gegenstände: 192 Mäntel, 82 Anzugswesten, 69 Damenjacken, 345 Damenkleider, 181 Blusen, 5 Bademäntel, 330 Paar Strümpfe, 21 Paar Hausschuhe, 37 Hüte und Mützen, 93 Kopfschützer, 165 Krawatten, 171 Herrenhosen, 152 Herrenjacken, 160 Damenröcke, 207 Schürzen und Kittel, 19 Morgenröcke, 485 verschiedene Wollsachen, 133 Paar und 30 einzelne Schuhe, 22 Paar Überschuhe, 145 Handschuhe und 41 Halstücher.[45]

Der Hausmeister der Düsseldorfer Gestapoleitstelle beteiligte sich als Hilfskraft an der Durchsuchung der Juden und am Abtransport der geraubten Gegenstände. Dabei wurde seine Kleidung beschmutzt und beschädigt. Er verlangte Schadenersatz. Die Gestapoleitstelle Düsseldorf nahm sich seines Anliegens an: Da dem Hausmeister nicht zugemutet werden könne, für den Schaden persönlich aufzukommen, sei ihm einer der beschlagnahmten und an die NS-Volkswohlfahrt abgetretenen Anzüge zur Verfügung zu stellen. Das geschah.[46]

## Die Deportation

In den frühen Morgenstunden des 20. April 1942 wurden die Juden, wiederum bewacht von der Schupo, aus der Sammelhalle des Düsseldorfer Schlachthofes zur Verladerampe Tußmannstraße geführt.[47] Vor der Abfahrt des Deportationszuges wurde eine jüdische Transportleitung eingesetzt, die ihrerseits für jeden Waggon einen mit Armbinde ausgerüsteten Ordner zu bestimmen hatte. Die Ordner wurden für Ruhe und Ordnung während der Fahrt und für die Reinigung der Wagen nach der Ankunft verantwortlich gemacht. Die jüdische Transportleitung selbst wurde im vordersten Waggon untergebracht; ihr wurde ein Arzt mit Sanitätsmaterial zugeordnet.[48]

Als Transportbegleitung fungierten ein Kommandeur und 15 Angehörige der Ordnungspolizei. Jeder war mit einem Karabiner und 30 Schuß Munition bewaffnet. Außerdem führte das Kommando zwei Maschinengewehre sowie Handgranaten, Handscheinwerfer und Leuchtpistolen mit sich. Jeder Ordnungspolizist erhielt Marschverpflegung für sechs Tage, darunter Alkohol in kleinen Mengen. Auch mit Kleidung war das Begleitkommando sehr viel besser ausgestattet als die Juden. Für den Postendienst beim Halt des Zuges auf Bahnhöfen und auf freier Strecke standen Filzstiefel zur Verfügung. Des weiteren wurden fürsorglich jedem Angehörigen des Kommandos vollständige Winterkleidung und mehrere Wolldecken mitgegeben, «da der Zug bei einem Lokwechsel bisweilen stundenlang ungeheizt» bleibe.[49]

Der Zug verließ Düsseldorf-Derendorf um 11.06 Uhr. Er trug das Kürzel Da 52. «Da» war die Bezeichnung für Deportationszüge, deren Herkunftsort außerhalb Polens lag.[50] Nach Abfahrt des Zuges sandte die Gestapoleitstelle Düsseldorf – Referat II B 4 – die vorgeschriebene Abfahrtsmeldung als Fernschreiben in dreifacher Ausführung an Obersturmbannführer Eichmann im RSHA, an den Befehlshaber der Sicherheitspolizei und des SD in Krakau sowie an den SS- und Polizeiführer im Distrikt Lublin.[51] Da 52 brauchte knapp zwei Tage bis Izbica. Innerhalb des Reiches hielt er an den Bahnhöfen Erkrath, Hagen, Soest, Paderborn, Ottbergen, Northeim, Nordhausen, Wolferode, Halle, Falkenberg, Cottbus, Sagan und Glogau. Am Ankunftsort Izbica bestätigte die dortige SS- und Polizeiführung dem RSHA – Referat IV B 4 – die Ankunft des Transports.[52]

Das Durchgangslager Izbica befand sich 15 km südlich der Kreisstadt Kasnystaw im Distrikt Lublin. Unterlagen über die dort angewandten Methoden der SS fehlen ebenso wie über den genauen Zu- und Abgang oder das Schicksal der durchgeschleusten Häftlinge. Die nach Izbica Deportierten verbrachten, soviel steht fest, in diesem Durchgangslager meist nur eine Nacht. Dann verließen sie den Ort mit unbekanntem Ziel, überwiegend aber in die Vernichtungslager Belzec, Kulmhof, Sobibor, Maidanek oder Treblinka.[53]

Zu den wenigen, die länger in Izbica lebten, gehörte der 17jährige Essener Engelbert Ayon. Er sandte drei Postkarten an seine Eltern, die in «deutsch-jüdischer Mischehe» lebten. Die erste stammt vom 25. April 1942. Mit Tinte geschrieben, lautet ihr Text: «Liebe Eltern! Wir sind gut angekommen. Ich wohne zusammen mit Ewald und Walter, für die ich zugleich unterschreibe, da die beiden noch keine Postkarte haben. Gebt den Eltern bitte sofort die Adresse an. Es ist gestattet, Geldbeträge bis zu 100,- Mark zu empfangen. Auch sind Päckchen bis 2 kg zugelassen. Es ist hier für Geld *alles* zu haben. Ansonsten ist alles in Ordnung, was ich von Euch auch annehme. Für heute viele herzliche Grüße und Küsse. Euer Sohn Engelbert Ayon. Die besten Grüße von Walter. Wir schreiben bald selbst an alle. Herzliche Grüße Ewald.» Die zweite Postkarte trägt das Datum vom 3. Juli 1942. Sie ist mit Bleistift geschrieben: «Ich bin gesund, es geht mir gut. Innigsten Dank für die Postsendungen. Engelbert.» Die dritte wurde am 9. August abgesandt und trägt ebenfalls den Text: «Ich bin gesund, es geht mir gut. Innigsten Dank für die Postsendungen. Engelbert.»

Auf den beiden letzten Karten ist links unten die Paraphe eines Zensors zu erkennen.[54] Nach dem 9. August 1942 verlieren sich Engelbert Ayons Spuren. Er wurde mit Datum vom 8. Mai 1945 für tot erklärt.

## Abschlußbericht und Folgeprobleme

Der Abschlußbericht der Gestapoleitstelle Düsseldorf zur Deportation nach Izbica, datiert vom 29. April 1943. Unter dem Titel «Betrifft: Evakuierung von Juden» wurden die Abfahrtszeit des Zuges, die Zusammensetzung der Deportierten nach Geschlecht, Alter und Beruf, die Schwierigkeiten, die sich im Vorfeld der Deportation mit dem Arbeitsamt Essen ergeben hatten, und die Summe aufgeführt, die die Deportierten an das Sonderkonto «W» der Reichsvereinigung der Juden in Deutschland «abgetreten» hatten. Sie betrug 126 259,05 RM. Die Zahl der Deportierten belief sich am Ende auf 942. Zwei Frauen und ein Mann hatten vor Transportbeginn den Freitod gewählt, fünf weitere Personen waren flüchtig oder galten als vermißt. Bei ihnen wurde ebenfalls Selbstmord angenommen.[55]

Die Widerstände gegen die Deportation waren minimal geblieben. Vier Frauen aus Wuppertal, die in «deutsch-jüdischer Mischehe» lebten, hatten per Telegramm an das RSHA gegen den Abtransport ihrer Kinder protestiert. Die Gestapo prüfte den Protest und verwarf ihn. Die vier zur Deportation Vorgesehenen seien «jüdische Mischlinge» und hätten nach § 5 Absatz 2 der 1. Verordnung zum Reichsbürgergesetz definitiv als Juden zu gelten, da sie jüdisch erzogen worden seien. Ihre «Evakuierung» sei folglich rechtens. Den Eltern wurde «unter Androhung staatspolizeilicher Maßnahmen» mitgeteilt, sie hätten weitere Protestschreiben zu unterlassen.[56]

Schließlich wurden die Einwohnermeldeämter vom RSHA angehalten, bei der Abmeldung der Juden in den Melderegistern nicht den Zielort des Transports, sondern nur den Vermerk «Unbekannt verzogen» oder «Ausgewandert» aufzunehmen. Auf diese Weise wollte man Rückfragen nach dem neuen Aufenthaltsort der Juden aus dem Weg gehen.[57] Ende April 1942 war der Verwaltungsvorgang der Deportation nach Izbica im großen und ganzen abgeschlossen. Soweit bekannt, stammt die letzte amtliche Nachfrage nach einem Essener Deportierten vom 13. Juli 1942. Der Direktor des Amtsgerichts Essen bat die Gestapo zur Vervollständigung der Akten über den «ehemaligen Amtsgerichtsrat Erich Israel Langer» um «geflissentliche Mitteilung, ob und gegebenenfalls wann Langer die deutsche Staatsbürgerschaft nach § 2 der 11. Verordnung zum Reichsbürgergesetz vom 25. 11. 1941 ... verloren» habe. Die Gestapo antwortete am 6. Juli 1942 zurückhaltend, «Erich Israel Langer» habe die deutsche Staatsangehörigkeit «mit dem Tage seiner Evakuierung» verloren. Sein «im Inland zurückgebliebenes Vermögen» sei dem Reich verfallen.[58]

## Ein Verwaltungsvorgang

Die Deportation von 353 Juden aus Essen und insgesamt 942 Juden aus dem Regierungsbezirk Düsseldorf nach Izbica stellte einen komplexen, arbeitsteilig organisierten Prozeß dar. An dessen Vorbereitung und Durchführung sowie an der Abwicklung der Folgeprobleme beteiligte sich eine Vielzahl öffentlicher – staatlicher wie kommunaler – Einrichtungen. In Essen waren es der Polizeipräsident, die Gestapo, die Ordnungspolizei, das Finanzamt, das Einwohnermeldeamt und das Arbeitsamt, das Wohnungsamt, das Amtsgericht sowie die Städtische Sparkasse, seitens der Reichsbahn die in Essen sitzende Generalbetriebsleitung West, die Reichsbahndirektion Essen und das Personal des Hauptbahnhofs. Von privatwirtschaftlicher Seite waren zudem die Deutsche Bank, das RWE, drei Baufirmen und eine Zahnfabrik involviert oder doch wohl informiert.

Im Sammelpunkt Düsseldorf waren beteiligt: die Gestapoleitstelle, die Ordnungs- und die Kriminalpolizei, das Amtsgericht mit seinen zwei Gerichtsvollziehern, das Bahnhofspersonal im Stadtteil Derendorf, die Waffen-SS, das Oberfinanzpräsidium – Abteilung für die Verwendung von Judenvermögen –, die Reichsbank, die Nationalsozialistische Volkswohlfahrt, das Deutsche Rote Kreuz, Hilfspersonal wie der erwähnte Hausmeister der Gestapoleitstelle und – als Empfänger von geraubtem Gut – ein Soldatenheim, ein Reservelazarett sowie die Truppen-Erfrischungs- und -Verpflegungsstätte Düsseldorf Hauptbahnhof. Informiert waren des weiteren die Gauleitungen der NSDAP in Düsseldorf und Essen.[59]

Außerhalb der Region wirkten zahlreiche Instanzen des insgesamt federführenden SS-Apparates und des Reichsverkehrsministeriums an der Deportation mit oder wurden zumindest über ihren Fortgang auf dem laufenden gehalten: das RSHA, insbesondere das Referat IV B 4, die Zentralstellen für jüdische Auswanderung in Wien und Prag, das Hauptamt Ordnungspolizei der SS, die Höheren SS- und Polizeiführer, die Einsatzgruppen A bis D, die Inspekteure der Sicherheitspolizei und des SD, die Befehlshaber und Inspekteure der Ordnungspolizei, die Gestapostellen und -leitstellen. Bei den Verkehrsbehörden der Reichsverkehrsminister; innerhalb seines Ministeriums vor allem die Unterabteilungen Personenzüge und Sonderzüge; die Generalbetriebsleitungen Ost und West der Reichsbahn mit den Dezernaten Personenzugfahrplan und Personenwagendienst; die Fahrplansachbearbeiter und die Personenwagendienste bei den Reichsbahndirektionen Köln, Wuppertal und Essen; die Reichsbahndirektionen Kassel, Halle, Breslau, Osten, Posen sowie die Generaldirektion der Ostbahn in Krakau, durch deren Fahrplanzonen der Deportationszug dirigiert werden mußte, und die Generalverkehrsdirektion Osten in Warschau, die für die Gestellung von «Russenzügen» verantwortlich zeichnete. Schließlich darf auch das Zugpersonal selbst nicht außer acht bleiben.

Bei den größeren der beteiligten Behörden ist davon auszugehen, daß mindestens ein Sachbearbeiter und dessen Vorgesetzter, eine Schreibkraft und manchmal auch die Registratur in Anspruch genommen wurden. Konzeptionelle und organisatorische Dominanz des SS-Apparates mitsamt der Gestapo und breites institutionelles Mitwirken an einer Deportation schlossen sich nicht aus, sondern ergänzten einander.

In Städten wie Essen konnte eine Deportation aber auch der Bevölkerung nicht verborgen bleiben. Die Juden wurden tagsüber zum Bahnhof geführt und von dort abtransportiert. Die Wohnungen in den geräumten «Judenhäusern» wurden bombengeschädigten Essenern samt Einrichtung zur Verfügung gestellt. Zumindest die Frage nach den Lebens- und Überlebenschancen der ihrer Habe beraubten und meist älteren Juden «im Osten» wäre denkbar und erforderlich gewesen. Diese Frage wurde kaum gestellt. Die Sorge um die eigene Existenz im Krieg, moralische Gleichgültigkeit, latenter oder offener Antisemitismus und Verdrängung, in unterschiedlicher Gewichtung miteinander verbunden, waren hierfür verantwortlich.[60]

Zweifellos teilten die in Gestapo, sonstiger Polizei und Bürokratie Tätigen diese mentale Gemengelage der Bevölkerung. Primär wurde ihre Tätigkeit jedoch von den eingeschliffenen Grundsätzen des Verwaltungshandelns geprägt, von denen das Dienstanweisungsprinzip und – bei der Polizei – der Befehl am gewichtigsten waren. Einheitlichkeit und Funktionstüchtigkeit von Verwaltung und Polizei beruhten wesentlich darauf, daß Anweisungen übergeordneter Instanzen unabhängig von einer möglicherweise eigenen Position befolgt und ausgeführt werden mußten; anderenfalls drohten Sanktionen und zusätzliche Arbeit. Dieses – von den Angehörigen der Verwaltung und Polizei meist verinnerlichte – Handlungsmuster wurde unter dem Nationalsozialismus nicht aufgehoben, sondern den Zwecken des Regimes dienstbar gemacht. Es bestimmte auch die an der Izbica-Deportation beteiligten Stellen in ihrem Vorgehen.

Das vertikal ausgerichtete Befehls- und Dienstanweisungsprinzip wurde bei der Verschleppung der Juden um eine weit ausgreifende horizontale Arbeitsteiligkeit ergänzt. Es waren kleine und kleinste Verwaltungsakte, die erst in der Bündelung den komplexen Vorgang der Deportation ergaben. In ihre Einzelteile zerlegt, blieben sie meist jedoch unscheinbar und bildeten gerade angesichts der Überlastung der Beamten im Krieg oft nur einen von zahlreichen «Vorgängen», die an einem Arbeitstag «erledigt» und vom einzelnen Sachbearbeiter kaum in ihrem Kontext überschaut wurden. Mit Blick auf die an der Deportation beteiligten Behörden liegt das entscheidende Charakteristikum des Handelns allerdings darin, daß der Abtransport der Juden nicht anders abgewickelt wurde als andere polizeiliche oder Verwaltungsakte auch. Hier wie dort bildeten Termingenauigkeit, äußere Korrektheit und Reibungslosigkeit des Vorgehens bei gleichzeitiger Flexibilität sowie präzise Kostenabrechnung die Richtpunkte, von denen sich die Beteiligten leiten ließen. Die Abwicklung einer Deportation stellt sich also weder als zynische oder sadistische Aktion noch primär als ein von Unrechtsbewußtsein oder Verdrängung geprägtes Tun dar, sondern hauptsächlich als Ausfluß einer Routine, die als streng formalisiertes, von festen Regeln geleitetes Handeln gewohnt war, von konkreten Inhalten abzusehen. Die Korrektheit des äußeren Ablaufes wurde zum entscheidenden Erfolgskriterium. Es wäre verfehlt, dieses Verwaltungs- und polizeiliche Handeln als im engeren Sinne unmoralisch zu kennzeichnen. Bedingt durch die Erhebung des Formalen zum eigentlichen Inhalt, war dieses Handeln vielmehr moral-los: Unter der Prämisse einer gleichermaßen korrekten Abwicklung galten ein Evakuierungstransport aus einer bombengefährdeten Stadt und ein Transport von Juden aus dieser Stadt gleich viel. Das Tun der Bürokratie und der Polizei vermag gewiß nicht die spezifisch nationalsozialistische Massenvernichtung zu erklären. Gleichwohl ist nicht von der Hand zu weisen, daß sich die Verwaltung infolge der zum institutionenspezifischen Ethos geronnenen Morallosigkeit als geeigneter Erfüllungsgehilfe bei der Entfernung von Minderheiten anbot.

## Anmerkungen

1 Hermann Schröter, Geschichte und Schicksal der Essener Juden, Essen 1980, S. 346 ff.

2 Ruhr-Zeitung, Nr. 21, 5. 9. 1945

3 Hauptstaatsarchiv Düsseldorf (HSTA), Mikrofilm A 28 mit Ausführungen zu den Deportationen aus dem Regierungsbezirk Düsseldorf; im folgenden zitiert als A 28

4 Raul Hilberg, Die Vernichtung der europäischen Juden. Die Gesamtgeschichte des Holocaust, Berlin 1980, S. 287 ff.

5 A 28, Bl. 15 ff., Richtlinien zur technischen Durchführung der Evakuierung von Juden in das Generalgouvernement, hier: I. Zuständige Evakuierungsdienststellen

6 Siehe Raul Hilberg, Die Vernichtung der europäischen Juden, S. 689 ff.

7 A 28, Bl. 5, Stapoleitstelle Düsseldorf, II B4/34/42x, 6. 2. 1942, Betrifft: Erfassung von Juden; Bl. 11, Sammelbogen zur Verfügung vom 6. 2. 42 betreffend Erfassung von Juden

8 A 28, Bl. 2 ff., Reichssicherheitshauptamt IV B 4-2093/42g (391), 31. 1. 1942

9 A 28, Bl. 5, Stapoleitstelle Düsseldorf, II B 4/34/42 x, 6. 2. 1942, Betrifft: Erfassung von Juden.

10 Ebenda sowie Bl. 7, Essen FS. Nr. 201, 6. 2. 42, 1830-KR.-; Bl. 11, Sammelbogen (s. oben Anmerkung 7), Bl. 34–36, Stapoleitstelle Düsseldorf, II B 4/Jgb. Nr. 87/42g, 17. 3. 1942

11 RWE: Rheinisch-Westfälisches Elektrizitätswerk

12 A 28, Bl. 38, Arbeitsamt Essen, 19. 3. 42

13 Bl. 51, II B 4, 18. 4. 1942; Bl. 39, Arbeitsamt Essen, 17. 4. 1942; Bl. 40, Reichsarbeitsminister V a 5431/1936/42g, 27. 3. 1942, Betr.: Arbeitseinsatz der Juden

14 A 28, Bl. 51, II B 4, 18. 4. 1942

15 A 28, Bl. 76, Stapoleitstelle, II B 4-163/42g, 29. 4. 1942, Betrifft: Evakuierung von Juden; Hermann Schröter, Geschichte und Schicksal der Essener Juden, S. 427 ff. «Liste der am 1. 3. 1943 aus dem Gestapobereich Düsseldorf von Essen nach dem KZ Auschwitz zu evakuierenden Juden». Die am 1. 3. 1943 deportierten Männer waren allesamt Bauarbeiter, Metallarbeiter oder sonstige Arbeiter von Beruf.

16 A 28, Bl. 76 (s. oben Anmerkung 15)
17 A 28, Bl. 23 ff., Reichssicherheitshauptamt IV B 4a-163/42, Richtlinien für die Behandlung des Vermögens der in das Generalgouvernement (Lublin-Trawniki) abzuschiebenden Juden, hier Bl. 23
18 A 28, Bl. 172, Vordruck Vermögenserklärung. Allgemein zur Ausplünderung der Juden siehe Avraham Barkai, Vom Boykott zur «Entjudung». Der wirtschaftliche Existenzkampf der Juden im Dritten Reich 1933–1943, Frankfurt a. M. 1988, S. 189 ff.
19 A 28, Bl. 23 ff. (s. oben Anmerkung 17), hier Bl. 23
20 Ebenda, Bl. 24
21 Ebenda, Erlaß des Reichsministers des Inneren, Pol. S-II A5-192/42, 2.3.1942
22 A 28, Bl. 48, Stapoleitstelle Düsseldorf: An den Aufsichtsführenden Amtsrichter beim Amtsgericht in Düsseldorf, 17.4.1942; Bl. 53, Der Amtsgerichtsdirektor: Betrifft Gestellung von Gerichtsvollziehern, 18.4.1942
23 A 28, Bl. 72, Stapoleitstelle, 4.5.1942
24 A 28, Bl. 23 ff., RSHA, Richtlinien für die Behandlung des Vermögens... (s. oben Anmerkung 17), hier Bl. 24
25 Ebenda, Bl. 25
26 A 28, Bl. 27–29, Reichsvereinigung der Juden, Betr. Evakuierungen III, 12.11.1941; Reichsvereinigung der Juden, Betrifft: Beschlagnahme und Einziehung von Vermögen, 12.11.41; RSHA, IV B 4a-1033/41-39-, 3.12.41, Betrifft: Abschiebung von Juden. Hier: Richtlinien für die Behandlung des Vermögens.
27 Ebenda; für Essen Bl. 64, Städtische Sparkasse an die Gestapoleitstelle Düsseldorf, 23.4.1942
28 Ebenda
29 A 28, Bl. 73, Gestapoleitstelle Düsseldorf an die Städtische Sparkasse Essen, 29.4.1942; Bl. 88, Gestapoleitstelle an den Oberfinanzpräsidenten – Abt. für Vermögenseinziehung von Juden, 15.5.1942
30 A 28, Bl. 29, RSHA, 3.12.41 (s. oben Anmerkung 26)
31 A 28, Bl. 23 ff., RSHA, Richtlinien für die Behandlung des Vermögens... (s. oben Anmerkung 17), hier Bl. 23; Bl. 54, Stapoleitstelle II B 4-87/42: An die Reichsbank in Düsseldorf, 21.4.42
32 Zur Beteiligung der Reichsbahn an den Deportationen und zu den daran hauptsächlich beteiligten Reichsbahnstellen siehe Raul Hilberg, Sonderzüge nach Auschwitz, Mainz 1981 und Heiner Lichtenstein, Mit der Reichsbahn in den Tod. Massentransporte in den Holocaust, Köln 1985.
33 A 28, Bl. 50, Bericht über die Besprechungen mit den Reichsbahndirektionen Wuppertal und Köln; Bl. 14, Fahrplanauszug Da 52 von Düsseldorf-Derendorf nach Trawniki im Plan Lp Ru 6607.
34 A 28, Bl. 50 (s. oben Anmerkung 33)
35 Ebenda
36 Zur Fahrpreiskalkulation allgemein siehe Raul Hilberg, Sonderzüge nach Auschwitz, S. 41, 47 ff.; zur Deportation nach Izbica A 28, Bl. 60, Gestapoleitstelle Düsseldorf, Gutschein für die Fahrkartenausgabe Düsseldorf-Derendorf, 21.4.1942
37 A 28, Bl. 42, Gestapo-Außendienststelle Essen, Betrifft: Bombenschäden in Essen durch Luftangriffe in der Nacht vom 12. zum 13.4.1942; zu den «Judenhäusern» in Essen siehe Hermann Schröter, Geschichte und Schicksal der Essener Juden, S. 371 ff.
38 A 28, Bl. 42 (s. oben Anmerkung 37)
39 Erinnerungen von Hanna Aron, Tonbandaufzeichnung im Besitz der ALTEN SYNAGOGE, Essen
40 Hermann Schröter, Geschichte und Schicksal der Essener Juden, S. 432 ff.; HSTA Düssel-

dorf, Gerichte, Rep. 105/289, Bl. 26; Deportationsbescheid für Engelbert Ayon, 11.4.1942 (Privatbesitz Katharina Ayon); A 28, Bl. 50 (s. oben Anmerkung 30)

41 A 28, Bl. 50 (s. oben Anmerkung 30) sowie Bl. 43, Gestapoleitstelle Düsseldorf II B 4, 15.4.1942.

42 Ebenda

43 A 28, Bl. 15 ff., Richtlinien zur technischen Durchführung (s. oben Anmerkung 5), hier Bl. 16

44 A 28, Bl. 74 f., DRK-Kreisstelle Düsseldorf an die Gestapoleitstelle Düsseldorf, 4.5.1942

45 A 28, Bl. 70, Aufstellung über die von den am 22.4.1942 nach dem Osten evakuierten Juden beschlagnahmten Gegenstände

46 A 28, Bl. 86, Stapoleitstelle Düsseldorf, Vorgang und Schreiben an das Kreisamt der NSV, 18.5.1942

47 A 28, Bl. 43 (s. oben Anmerkung 41) und Bl. 62, Stapoleitstelle an Polizeipräsidenten Düsseldorf, 18.4.1942

48 A 28, Bl. 15 ff., Richtlinien zur technischen Durchführung... (s. oben Anmerkung 5), hier Bl. 16 f.

49 Ebenda, Bl. 17 sowie Bl. 22, Der Chef der Ordnungspolizei, Schnellbrief, Betr.: Ausrüstung und Bewaffnung der Begleitmannschaften der Ordnungspolizei, 26.1.1942

50 A 28, Bl. 52 (s. oben Anmerkung 57). Zum Kürzel Da siehe Raul Hilberg, Sonderzüge nach Auschwitz, S. 257

51 A 28, Bl. 69, Stapoleitstelle Düsseldorf II B 4, Fernschreiben, 22.4.1942

52 A 28, Bl. 15 ff., Richtlinien zur technischen Durchführung... (s. oben Anmerkung 5), hier Bl. 17

53 Zu Izbica siehe Gedenkbuch. Opfer der Verfolgung der Juden unter der nationalsozialistischen Gewaltherrschaft in Deutschland 1933–1945, S. 1766

54 Privatbesitz Katharina Ayon

55 A 28, Bl. 76, Stapoleitstelle Düsseldorf II B 4 an das RSHA IV B 4, 29.4.1942

56 A 28, Bl. 57, Vermerk vom 21.4.1942; Bl. 59, Gestapoleitstelle Düsseldorf II B 4 an das RSHA, 5. Mai 1942

57 A 28, Bl. 82, Gestapoleitstelle Düsseldorf II B 4, 5. Mai 1942

58 HSTA Düsseldorf RW 58/33.476, Bl. 11 und 12

59 A 28, Bl. 33, An die Herren Gauleiter (persönlich) o. V. i. A., 10.4.1942

60 Siehe dazu Hans Mommsen, Was haben die Deutschen vom Völkermord an den Juden gewußt? in: Walter H. Pehle (Hg.), Der Judenpogrom 1938. Von der «Reichskristallnacht» zum Völkermord, Frankfurt 1988, S. 176 ff. und Ian Kershaw, German Popular Opinion and the «Jewish Question», 1939–1943: Some further Reflections, in: Arnold Paucker (Hg.), Die Juden im nationalsozialistischen Deutschland, Tübingen/1986, S. 365 ff.

Auschwitz 1944

# «Der Vormarsch rollt» – Der Überfall auf die Sowjetunion in einem privaten Fotoalbum

52t-Panzer
Der Russe versucht aus dem Kessel von „Byalystoch und Minsk" auszubrechen
Die russische Dampfwalze ist zum Stehen gekommen!
Panzerschlacht bei „Olita"

Es war einmal....
Russenbomber an der Vormarschstrasse
Rata

Am 15.7.41 wurde die "Stalin-Linie" erreicht.
Eine Bunkerlinie von 30 km tiefe.
In 2tägigem Kampf wurde diese Linie durchbrochen

Heldengräber des „J.R.-78"

Eine gewesene Stadt

Endlos sind wieder die Gefangenenkolonnen.

Während der Offensive ziehen düstere Wolken auf.
Der „Matsch" beginnt! 19.10.41

Der Schlamm hat begonnen!
Durch Schlamm und russ. Urwälder geht es langsam weiter!

Alle Mann ran! 15.10.41

Immer mühsamer wird der Weg.
Die Strassen sind nur Schlammpfade

Soll das das Ende sein? 16.10.41

Unsere Panzer der Panzergruppen 3 und 4 (Hood und Guderian) drangen bis 30 Km vor Moskau vor und standen somit im Norden und Süden am Stadtrand von Moskau. Kalinin an der Wolga war gefallen.

Durch Schnee und Schlamm blieb der Nachschub hängen. Den Panzern fehlte Sprit und Munition. Somit konnte sich der Russe wieder sammeln.

Am 12.12.41 begann der Russe seinen Gegenangriff gegen unsere Panzerverbände. 7 Tage tobte der Kampf um Kalinin und in 8 Wellen Lagen tote Russen bergeweise auf der Wolga. Am 19.12. wurde die Front wegen Munitionsmangel zurückgenommen!

Panzer und Fahrzeuge wurden gesprengt!

Wies weitergeht im 2. Band!

Omer Bartov

# Extremfälle der Normalität und die Normalität des Außergewöhnlichen: Deutsche Soldaten an der Ostfront *

## I

Verallgemeinernde Aussagen über die Alltagserfahrungen der Millionen deutscher Soldaten, die im Zweiten Weltkrieg an der Ostfront kämpften, sind ein recht heikles Unterfangen. Schließlich setzt eine solche historische Herangehensweise, die das Geschehen sozusagen «von unten» betrachtet, eine ziemlich genaue Kenntnis der Handelnden voraus. Das ist angesichts der gewaltigen Größe des Ostheeres insgesamt völlig unmöglich. Mit der Einschränkung, daß es selbstverständlich zahlreiche individuelle Ausnahmen und Abweichungen gab, zeichnet sich dennoch ab, daß die Art, wie die deutschen Truppen den Krieg in der Sowjetunion erfuhren, bestimmten Mustern folgt. Außerdem gibt es Hinweise darauf, daß sich sowohl bei den Veteranen dieses Krieges als auch bis zu einem gewissen Grad in der deutschen Öffentlichkeit eine Sichtweise der Ereignisse an der Ostfront durchgesetzt hat, die auf genau diesem Erfahrungsmuster der damaligen Ereignisse beruht. Zu verstehen, wie die Soldaten der Wehrmacht ihre Jahre an der Front sahen, wie sie sie internalisierten und damit zurechtkamen, kann uns deshalb vielleicht auch helfen, das Bild zu begreifen, das sich die Männer und Frauen von diesem Krieg machten, die das Glück hatten, nicht dabeizusein.

Im großen und ganzen läßt sich die Fronterfahrung der Truppen des Ostheeres in drei Bestandteile gliedern: Der erste umfaßt die konkreten Ereignisse, die das gewissermaßen «normale», kampfbezogene Wesen des Krieges ausmachen. Der zweite ist der entscheidende Punkt: die Verknüpfung von «Normalität» und Einmaligkeit, von Bild und Wirklichkeit, also die ideologische Prägung der Wahrnehmung und der Überzeugungen der Truppen. Als dritten Bestandteil können wir die konkrete Gestalt dessen, was das Außergewöhnliche des Rußland-Feldzuges ausmacht, seine verbrecherischen Aspekte, bezeichnen.

Die Erfahrungen der Truppen nach diesen Kriterien zu gliedern, ist natürlich

* Aus dem Englischen übersetzt von Michaela Krüger-Charlé und den Herausgebern.

ein wenig abstrakt, denn in der Wirklichkeit waren die Ereignisse, die wir unterschiedlichen Kategorien zuordnen, unauflösbar miteinander verbunden. Die meisten Zeitgenossen, die diese Erfahrungen machten, waren auch gar nicht in der Lage, das Muster, das sich aus ihren Aktionen ergab, zu erkennen. Weiterhin ist die Feststellung wichtig, daß unsere nicht unmittelbar betroffene und vergleichsweise «objektive» Sicht der Fronterfahrung sich in mancherlei Hinsicht grundlegend von derjenigen der Truppen unterscheidet. Während wir die kampfbezogenen Aspekte der Fronterfahrung als den «normalen» Teil dessen sehen, was die Mehrzahl der Soldaten in den meisten Kriegen durchmachen muß, erschien der Krieg den deutschen Truppen in Rußland gerade aufgrund der extremen Bedingungen an der Front so außergewöhnlich und wurde so auch nach der Niederlage erinnert. Dagegen wurden die kriminellen Elemente des Krieges zunehmend als «normaler» Teil des Rußlandfeldzuges erfahren und wahrgenommen und nicht etwa als das hervorstechende Merkmal, das eben das «Unternehmen Barbarossa» ganz wesentlich von allen anderen bewaffneten Auseinandersetzungen unterschied.

Ebenso sollte klar sein, daß das, was wir ideologische Indoktrination nennen, kaum je von den Truppen als solche gesehen wurde. Hieran läßt sich natürlich der Erfolg dieser propagandistischen Bemühungen ablesen, und es trägt viel dazu bei zu erklären, weshalb die Perspektive, in der die Soldaten die normalen und die außergewöhnlichen Aspekte ihrer Erlebnisse wahrnahmen, die Wirklichkeit auf den Kopf stellte.

Es war also die ideologische Verknüpfung der Erfahrungsebenen, die nicht nur das Normale mit dem Außergewöhnlichen, das Rechtmäßige mit dem Verbrecherischen verschmelzen ließ, sondern auch die Soldaten des Ostheeres bewog, bis zum bitteren Ende zu kämpfen und, was auf lange Sicht vielleicht noch wichtiger war, es ihnen erlaubte, mit den Auswüchsen des Krieges leichter fertig zu werden.

## II

Sicherlich nahmen die «normalen» Aspekte des Krieges an der Ostfront neue, extreme Dimensionen an. Das schiere Ausmaß der Wehrmachtsinvasion der Sowjetunion am 22. Juni 1941 war beispiellos: Sie erstreckte sich über eine Front von 1310 Kilometern mit 136 Divisionen, zusammen 3050000 Mann. Trotz beeindruckender Erfolge überstieg die Zahl der deutschen Verluste sogar in den ersten Monaten des «Unternehmens Barbarossa» wesentlich diejenigen früherer Feldzüge; einige Einheiten hatten bereits im August 40 bis 50 Prozent ihrer ursprünglichen Kampfstärke eingebüßt. Während der ersten sechs Kampfmonate in der Sowjetunion verlor das Ostheer nicht weniger als 802458 Mann;

bis um März 1942 waren die Verluste auf eine Zahl von 1 073 066 Mann angewachsen, das waren über 33 Prozent des gesamten Ostheeres, von denen 276 500 entweder tot waren oder als vermißt galten. Mitte September 1942, noch vor der Belagerung Stalingrads, war die Zahl der Verluste bereits auf 1 637 280 Mann, also auf mehr als die Hälfte der ursprünglichen Stärke des Ostheeres gestiegen, von denen 412 339 als tot oder vermißt geführt wurden. Die Vernichtung der 6. Armee, die sowjetischen Gegenoffensiven im Winter und Herbst 1943 und schließlich der Fehlschlag des Unternehmens «Zitadelle» bedeuteten, daß allein im Zeitraum von November 1942 bis Oktober 1943 die Verluste 1 686 000 Mann betrugen (davon über eine halbe Million Kranke); 677 000 dieser Fälle galten als endgültige Verluste. So war die Kampfstärke des Ostheeres wegen ausbleibender Verstärkungen von über drei Millionen Mann im November 1942 ein Jahr später auf etwas über zwei Millionen gesunken.

Die sowjetische Sommeroffensive 1944 bedeutete den Anfang des Endes im Osten. Allein von Januar bis Oktober 1944 verlor das Ostheer 1 696 755 Mann, von denen nur etwas mehr als die Hälfte ersetzt wurde. Mit dem Angriff der Roten Armee über die Weichsel hinweg und der Eroberung Berlins war das Ostheer schließlich geschlagen, nachdem es seit dem 22. Juni 1942 6 500 000 Mann verloren hatte – mehr als doppelt so viele wie ursprünglich ausgeschickt worden waren, die Sowjetunion zu erobern: Fast eine Million Männer waren gefallen, eineinhalb Millionen vermißt (die meisten davon Kriegsgefangene), und beinahe vier Millionen waren verwundet worden. In der Tat machten die Verluste des Ostheeres den Löwenanteil der gesamten Wehrmachtsverluste von rund 9 000 000 Mann aus.

Die Kampfformationen traf es natürlich am härtesten. So verlor etwa die 18. Panzerdivision innerhalb von zwei Jahren bei Kämpfen im Osten so viele Männer, wie ihre gesamte Kampfstärke betrug, während die 12. Infanterie-Division in drei Kampfjahren in Rußland 200 Prozent ihrer Mannschaftsstärke verlor, die Division «Großdeutschland» gar annähernd 300 Prozent. In all diesen Kampfformationen war der Anteil der Opfer bei den Offizieren etwa doppelt so hoch wie bei den Mannschaften. Außerdem hatten die eigentlichen Kampfeinheiten innerhalb dieser Formationen noch höhere relative Verluste zu verzeichnen, als es diese Zahlen belegen. Die hohe Fluktuationsrate in den Kampfkompanien zeigt deutlich, daß Soldaten nicht darauf hoffen konnten, länger als ein paar Monate an der Front zu überstehen, bis sie entweder tot, verwundet, in Gefangenschaft oder krank waren. Obwohl etwa 85 Prozent der Verwundeten zu ihren Einheiten zurückkehrten (oft nur, um ein zweites oder drittes Mal verwundet zu werden), kann kein Zweifel darüber bestehen, daß die meisten der Männer, die 1945 an der Weichsel kämpften, wenig mit denen gemein hatten, die 1941 den Bug überquert hatten – außer einem sehr genauen Wissen darüber, wie tödlich die Ostfront tatsächlich war.

Sowjetunion
*An der Ostfront bei 35 Grad minus. Nur die Augen sind frei. Aber so müssen die postenstehenden deutschen Soldaten eingemummelt sein, wenn sie nicht der barbarischen Kälte erliegen wollen.* PK-Foto

Sowjetunion
*So zäh und tief ist der Schlamm, daß dieser deutsche Soldat bereits unfreiwillig aus den Knobelbechern steigt.* Blaschke, PK-Foto

Rozanka, 28. 6. 1941, PK-Foto

Selbst wenn die Truppen des Ostheeres nicht im Einsatz waren, lebten sie körperlich und psychisch unter extrem harten Bedingungen. Die Truppen der 12. Infanterie-Division etwa waren zwischen dem 22. Juni und dem 28. Juli 1941 nicht weniger als 900 Kilometer marschiert. Auch wenn sie in eine Ruhestellung einrückten, gab es für sie aufgrund des Personalmangels, der primitiven Bauweise ihrer Stellungen und der Beschaffenheit des Geländes kaum eine Ruhepause. Noch schlechter erging es Einheiten wie der 18. Panzer-Division oder der Division «Großdeutschland», denn sie mußten einen großen Teil des ersten und zweiten Winters bei Temperaturen bis zu 42 Grad minus kämpfen. Die logistische Krise von 1941/42, bedingt durch die berüchtigte «Schlammperiode», das Einsetzen des strengen russischen Winters, die außerordentliche Tiefe und Länge der Front und die vollkommen unzulänglichen Vorbereitungen der Wehrmacht auf Kämpfe östlich des Dnjepr und der Dwina, führte zu schweren Engpässen bei der Versorgung der Einheiten im Kampfgebiet mit Material und Proviant. So erhielten die Mannschaften der 12. Infanterie-Division Befehl, sich dadurch gegen die Kälte zu schützen, daß sie sich mit Zeitungspapier einwickelten (Zeitungen waren ebenfalls knapp), oder die örtlichen Anwohner und Kriegsgefangene zu plündern. Auch die Essensrationen wurden im Winter 1941/42 drastisch gekürzt, so daß beispielsweise die 18. Panzer-Division ihre Truppen nur mit der Hälfte der vorgesehenen Menge Brot versorgte, das Hauptbestandteil aller Mahlzeiten war.

Solche Bedingungen hatten natürlich Auswirkungen auf den Gesundheitszustand der Truppen, wie des öfteren von den oben erwähnten Einheiten berichtet wurde. Das Fehlen angemessener Kleidung und Unterkünfte führte im Winter zu unzähligen Fällen von Erfrierungen; die schlecht belüfteten, feuchten Bunker und die bittere Kälte verursachten Entzündungen der Atmungsorgane, der Blase und der Nieren sowie Rheumatismus; die weite Verbreitung von Läusen und Ungeziefer führte zu ständigen Hautreizungen; aufgrund fast völlig fehlender Hygiene kam es zu Durchfall und häufigen Fällen von Magen- und Darmerkrankungen, und insbesondere die Sommermonate begünstigten die Ausbreitung von Epidemien wie etwa Fleckfieber; die grenzenlose Erschöpfung und unablässige Anspannung waren verantwortlich für das Ansteigen der Fälle von Nervenerkrankungen und -zusammenbrüchen. Wenn zu solchen körperlichen und psychischen Belastungen Feindaktionen hinzukamen, führte dies mitunter zum völligen Zusammenbruch nicht nur einzelner Soldaten, sondern ganzer Gruppen, wie im Fall des Kradschützen-Bataillons der 18. Panzer-Division, das nach zehn Tagen ununterbrochener Kampfhandlungen alle Symptome einer allgemeinen Kampfmüdigkeit aufwies, die so weit ging, daß die Männer in einem Zustand völliger Apathie aus der Kampflinie geholt werden mußten und für weitere Aktionen nicht verwendbar waren. Die grauenhaften Bedingungen an der Front drohten auch die Kampfdisziplin zu untergraben, was sich an der Häufung von Vergehen wie unerlaubter Entfernung von der Truppe, Fahnenflucht, «Feigheit vor dem Feind» und Selbstverstümmelung zeigt. Da dies nach der Auffassung der Wehrmacht politische Vergehen waren, wurden sie auch mit unnachgiebiger Schärfe geahndet, was nach vorsichtigsten Schätzungen zur Hinrichtung von 13 000–15 000 Soldaten führte, denen vorwiegend Wehrkraftzersetzung vorgeworfen wurde. So meldete die 12. Infanterie-Division allein im Mai 1943 die Hinrichtung von sieben Soldaten, die der Selbstverstümmelung bezichtigt wurden, sich also dem Kampf zu entziehen versucht hatten, indem sie sich selbst Schußwunden beibrachten.

Fassen wir die «normale» militärische Fronterfahrung der Ostkämpfer zusammen: Das Bewußtsein eines tödlichen Ausgangs des Rußlandfeldzuges wuchs, nahegelegt von einer nie dagewesenen, hohen Zahl von Verlusten. Es herrschte ein ständiger Mangel an Mannschaften, Proviant und Material, der selbst in den Kampfpausen die harten Bedingungen an der Front noch verschärfte und viel körperliches und seelisches Leid verursachte. Schließlich gab es einen Verfall der Disziplin, der nur mit extrem drakonischen Strafen in Schach gehalten werden konnte, die eindeutig dazu dienen sollten, die Soldaten ihre Vorgesetzten mehr noch als den Feind fürchten zu lehren.

## III

Das hier gezeichnete Bild der schweren Kampfbedingungen des deutschen Soldaten an der Ostfront ist allerdings viel zu einseitig und bedarf der relativierenden Einbettung in einen weiter gefaßten Kontext. In der Tat läßt die Beschreibung des Fronterlebnisses bis hierhin zumindest zwei wichtige Fragen unbeantwortet. Erstens, wie paßt die «normale», wenn auch extreme Kampfwirklichkeit, wie wir sie knapp umrissen haben, zu den kriminellen Aspekten eben dieses Krieges? Zweitens, wenn die Lage sich in Rußland tatsächlich so schnell dermaßen verschlechterte, warum kämpften die Truppen dann so verbissen bis zum Ende? Untersucht man das Fronterlebnis umfassend und beschränkt sich nicht nur auf einen Ausschnitt, so zeigt sich, daß sowohl die Verrohung der Kriegführung als auch die hartnäckige Kampfbereitschaft der Soldaten ihren Ursprung im wesentlichen in derselben vorherrschenden ideologischen Sichtweise des Ostfeldzuges haben. Betrachtet man die «Wirklichkeit» des Fronterlebnisses unter diesem Blickwinkel, enthüllt sich ihr subjektiver Charakter: Wir müssen versuchen, sie so zu sehen, wie sie den Truppen erschien, deren Wahrnehmung des Geschehens von einer höchst wirksamen ideologischen Vorprägung unausweichlich verformt war.

Schon bevor «Barbarossa» gestartet wurde, sah die deutsche politische und militärische Führung den geplanten Krieg gegen die Sowjetunion niemals als einen «normalen» Krieg, sondern immer als einen ideologischen Kreuzzug.

Seit der Machtergreifung Hitlers hatte das Regime die deutsche Öffentlichkeit außerdem mit einer ausufernden Flut antislawischer, antisemitischer, antibolschewistischer und expansionistischer Lebensraum-Propaganda auf einen solchen Krieg vorbereitet. So war es in gewissem Sinne nur natürlich, daß die sogenannten «verbrecherischen Befehle», die vom Oberkommando der Wehrmacht (OKW) und vom Oberkommando des Heeres (OKH) am Vorabend des Angriffs auf die UdSSR ausgegeben wurden, auf der Annahme basierten, daß dieser Krieg sich in der Tat wesentlich von allen anderen unterscheiden würde. Hier wurde Ideologie in klare, deutliche Befehle umgesetzt: Alle Kommissare der Roten Armee sowie Partisanenkämpfer und deren Helfer waren samt und sonders zu exekutieren; die Militärgerichtsbarkeit in den besetzten Gebieten sollte weitgehend umgangen werden, so daß Verbrechen deutscher Soldaten in der Sowjetunion ohne rechtliche Folgen bleiben konnten; kollektive Strafen und durchgreifende Maßnahmen (d. h. Erschießen oder Hängen) sollten gegen bolschewistische «Agitatoren» und Juden verhängt werden; schließlich sollte die Armee mit den Mordschwadronen Himmlers, den «Einsatzgruppen», zusammenarbeiten und diese bei der Ausführung ihrer «Aufgaben» unterstützen. Eben diese Auffassung des Feldzuges als «Weltanschauungskrieg» bildete auch die Grundlage aller sonstigen Befehle, Instruktionen sowie des Propagandamaterials für die Truppen. «Barbarossa» war offen, klar und unzweideutig definiert als erbarmungsloser Kampf bis ans Ende zwischen zwei einander vollkommen entgegengesetzten Ideologien, in dem es kein Pardon gab, «keine Kameraden», in dem der Feind als eine Horde von «Untermenschen» beschrieben wurde, die aufgrund ihrer rassischen Minderwertigkeit und ihrer dämonischen Weltanschauung auch nicht entfernt menschlichen Wesen ähnelten.

Wichtig ist daran aus unserer Perspektive, daß die solchen Befehlen zugrundeliegende Ideologie keineswegs auf die Schreibtische der Propagandisten in der Etappe – und auch nicht auf die im engeren Sinne als nationalsozialistisch zu bezeichnenden Teile der deutschen Gesellschaft – beschränkt blieb. Im Gegenteil war das tägliche Leben des Frontsoldaten durchtränkt mit solchen Vorstellungen, sie prägten seine Sprechweise und seine Gedankenwelt, sie durchdrangen seinen Lesestoff und sprachen aus den Radiosendungen und Wochenschaufilmen, die er hörte und sah, und wurden so zu einer treibenden Kraft seines Handelns, legitimierten sein brutalstes Vorgehen und verklärten es zu einem Ideal, für das er möglicherweise sein Leben würde lassen müssen. Für manche Soldaten waren sicherlich noch Teile anderer Anschauungen lebendig geblieben, die sie vielleicht auch gegen die überall gegenwärtige nationalsozialistische Darstellung der Wirklichkeit setzten. Bedenkt man jedoch, daß die Frontsoldaten von allen Informationsquellen außer denen, die man ihnen offiziell zukommen ließ, abgeschnitten waren, so erscheint es unwahrscheinlich, daß jemand gegen deren Einfluß vollkommen immun blieb. Die Wirksamkeit des propagandistisch vermittelten Feindbildes zeigt sich auch daran, daß selbst diejenigen Soldaten, die die verbrecherische Kriegführung grundsätzlich verabscheuten, ein Überlaufen zum Feind zumeist nicht ernsthaft in Erwägung zogen, so daß ihnen ihre Situation ausweglos erscheinen mußte.

In der Tat erhielt die Wehrmacht einen gewaltigen Strom von Propagandamaterial an die Front, der von Tagesbefehlen der Befehlshaber, politischen Appellen und anstachelnden Reden der Betreuungsoffiziere begleitet wurde. So erhielt beispielsweise allein die Division «Großdeutschland» in einem Monat, im Mai 1943, 162 000 Frontzeitungen, 9500 Exemplare der «Tornisterschrift» und anderer Soldatenbroschüren sowie zahlreiche Schulungsheftchen. Die 18. Panzer-Division bekam 1942 täglich zehn bis zwölf Zeitungsausgaben pro Kompanie, 31 030 Exemplare der «Tornisterschrift» und anderer Schriften sowie 138 000 Exemplare der «Soldatenbriefe». Die 12. Infanterie-Division, ebenfalls gut mit Frontzeitung und Faltblättern versorgt, wurde regelmäßig mit zweiwöchentlich erscheinenden Nachrichtenblättern beliefert, die von der Propaganda-Abteilung des OKW (Oberkommando der Wehrmacht) für alle Einheiten herausgegeben wurden, den «Mitteilungen für die Truppe» und den «Mitteilungen für das Offizierskorps». Daß der Großteil dieses Materials massenweise nationalsozialistische Propaganda in Form von Nachrichten, Schulungsmaterial, historischen Essays usw. enthielt, bedarf keiner Erwähnung.

Zieht man ferner in Betracht, daß die Frontsoldaten aus den jugendlichen Altersgruppen stammten, die für den Nationalsozialismus besonders empfänglich waren, und ihre jüngeren Offiziere ebenfalls aus den gesellschaftlichen Schichten kamen, in denen Hitler seine stärkste Anhängerschaft hatte, dann nimmt es nicht wunder, daß während des gesamten Feldzuges von der kämpfenden Truppe gesagt wurde, sie sei Hitler (wenn auch nicht der NSDAP) gegenüber loyaler als die Heimatfront, und die Generäle konnten ihre Tatenlosigkeit gegenüber einem eingestandenermaßen kriminellen Regime damit entschuldigen, ihre Soldaten hätten ihnen bei einer direkt gegen den «Führer» gerichteten Aktion die Gefolgschaft verweigert, wie der Putschversuch vom Juli 1944 und die zornige Reaktion der Truppen ja in der Tat auch bewiesen. Dies ist allerdings ein Punkt, an dem die «objektive» Realität des Schlachtfeldes durch die «subjektive», ideologisch geformte Wahrnehmung des Geschehens bei den Truppen relativiert werden muß, um bis zu einem gewissen Grad die Kampfmoral der Mannschaften zu erklären und deren Willen, einen Krieg, der «offensichtlich» seit dem Winter 1941/42 verloren war, fortzusetzen. Denn die Welt des durchschnittlichen Ostkämpfers bestand nicht nur aus Schlamm und Schmutz, Hunger und Kälte, Krankheit und Tod; er lebte auch in einer von der Schwarzweißmalerei der NS-Propaganda gezeichneten Welt, bevölkert von Teufeln und Heiligen, Untermenschen und Übermenschen, in der nur der totale Sieg oder die totale Vernichtung möglich war: Er wäre vielfach nicht in der Lage gewesen, erstere ohne den Glauben an letztere zu ertragen. Das Bedürfnis, an eine Sache zu glauben, wurde um so dringlicher, als die militärische Lage sich verschlechterte; in den Briefen der Soldaten und den Berichten ihrer Offiziere war häufig davon die Rede. Diesem Bedürfnis kam das freigiebig unter ihnen verteilte Propagandamaterial entgegen. Die Auswirkungen nicht nur auf die Kampfmoral, sondern auch auf die zunehmende Brutalität der Truppen wurden bereitwillig anerkannt.

## IV

Die Behauptung des nationalsozialistischen Regimes, der Krieg in der Sowjetunion unterscheide sich von jedem anderen, hatte direkte praktische Auswirkungen, die sich in den Befehlen für die Truppen niederschlugen. Das Wesen dieser ideologisch motivierten Befehle und das kaum faßbare Ausmaß ihrer Befolgung machten den einzigartigen, mörderischen Charakter des Ostfeldzuges aus. Dieser Teil des «Unternehmens Barbarossa» war eine gemeinsame Erfahrung der großen Mehrheit der Truppen des Ostheeres; er wurde zum intergralen Bestandteil ihrer alltäglichen Fronterfahrung. Aus eben diesem Grund aber waren diese Soldaten nicht in der Lage, ihre kriminellen Aktivitäten als außer-ordentlich zu begreifen, sondern sie betrachteten sie vielmehr als Teil ihres normalen Dienstes. So wurde die Ausführung der barbarischen Rassenpolitik weder als singulär erfahren noch erinnert; für die Soldaten waren es die großen Eroberungen, die furchtbaren Entbehrungen und die vernichtenden Niederlagen, die den Krieg zu einem so außergewöhnlichen Ereignis machten. Die verbrecherischen Aktivitäten der Frontsoldaten im Osten können in drei Hauptkategorien eingeteilt werden: Die Mißhandlung von Kriegsgefangenen; sogenannte Partisanenbekämpfungs-Aktionen und der Mord an der Zivilbevölkerung und schließlich die wirtschaftliche Ausbeutung und letztendliche Verwüstung der besetzten Gebiete.

Während des Zweiten Weltkrieges starben von 5 700 000 gefangenen Rotarmisten rund 3 300 000 in deutscher Kriegsgefangenschaft. Das war die bei weitem höchste Todesrate von Kriegsgefangenen aller Nationen in beiden Weltkriegen und stand in Übereinstimmung mit dem erklärten Ziel des Dritten Reiches, Rußland von seinen «rassisch minderwertigen» Bewohnern zu entvölkern. Im Gegensatz zum Westfeldzug von 1940 traf das Ostheer keinerlei Vorbereitungen, um das Überleben der sowjetischen Gefangenen sicherzustellen, und als die erfolgreichen Kesselschlachten riesige Zahlen von Kriegsgefangenen mit sich brachten, trat bald ein katastrophaler Mangel an Nahrung, Unterkunft, Kleidung und Transportmitteln auf. Ganz zu schweigen von den Massenerschießungen sowjetischer Soldaten, die unerwünschten politischen oder biologischen Kategorien zugerechnet wurden, bedeutete dies, daß

Sowjetunion, 1941
Lager für sowjetische Kriegsgefangene
bei Uman. PK-Foto

Winniza, Ukraine, 28. 7. 1941
Ausgabe von Brot an sowjetische Kriegsgefangene
PK-Foto

Hunderttausende von Gefangenen einfach an Hunger, Kälte und Erschöpfung starben.

Die der unablässigen «Untermenschen»-Propaganda ausgesetzten Frontsoldaten, von den «Barbarossa»-Befehlen zur Brutalität ermächtigt und ständige Zeugen der Gleichgültigkeit ihrer Kommandeure gegenüber dem Schicksal der Kriegsgefangenen, schritten schließlich nicht selten auf eigene Faust zu wahllosen Erschießungen. Sehr früh schon, am 25. Juni 1941, dem dritten Tag des Feldzuges, notierte der Kommandeur des XXXXVII. Panzer-Korps, daß sowjetische Soldaten, die eindeutig die Waffen gestreckt hatten, von seinen Truppen erschossen wurden; fünf Tage später beklagte er, daß diese Morde unvermindert weitergingen. Selbst als die Regierung 1942 beschloß, das Leben der sowjetischen Kriegsgefangenen zu schonen und sie in der Kriegsindustrie des Reiches einzusetzen, fuhren Frontsoldaten hartnäckig mit wahllosen Erschießungen fort, und die Appelle der Kommandeure, solche Brutalitäten zu unterlassen, nützten nichts.

Auf ähnliche Weise beteiligten sich Fronttruppen daran, alle ideologisch unerwünschten Zivilisten wie Juden und kommunistische Aktivisten zu erschießen, aufzuhängen oder dem SD zur Exekution auszuliefern. Als sich die Partisanenaktivitäten allmählich ausweiteten, reagierten die Kampfverbände mit großer Härte und töteten jeden, der auch nur entfernt verdächtig war, die Partisanen zu unterstützen, oder lediglich außerstande war, sich auszuweisen. Bald wurden Kollektivmaßnahmen zur Regel, ganze Dörfer wurden niedergebrannt, die Männer erschossen, und Frauen und Kinder – wenn überhaupt am Leben gelassen – wurden in die Kälte gejagt, wo sie nur geringe Überlebenschancen hatten. Als selbst solche brutalen Methoden nichts fruchteten, ging die Armee dazu über, sogenannte «Wüstenzonen» zu schaffen, in denen Dutzende von Dörfern ausradiert und die Bewohner vertrieben wurden. Schließlich begann das Ostheer mit weiträumigen Partisanenbekämpfungs-Aktionen gegen von Partisanen kontrollierte Gebiete hinter der Front, aber da die Widerstandskämpfer sich gewöhnlich rechtzeitig vor den Soldaten in Sicherheit bringen konnten, waren es wiederum die unglücklichen Bewohner, die dafür büßen mußten. Bei einer dieser Operationen im Mai 1943 vertrieb die 18. Panzer-Division 15 000 Zivilisten und machte die Dörfer dem Erdboden gleich.

Der Kontakt der Truppen mit der ansässigen Bevölkerung beruhte vorwiegend auf ökonomischen Zwängen. Der Befehl für das Ostheer, weitgehend «aus dem Land zu leben», brachte für die oft bettelarme Bevölkerung großangelegte Requirierungen mit sich. Als im Winter 1941/42 die Versorgung der Wehrmacht zusammenbrach, erhielten die Truppen Befehl, sich mit Nahrung, Kleidung und Stiefeln selbst zu versorgen, d. h. die Russen auszuplündern. Die augenfällige Folge war eine weitverbreitete Hungersnot in der Bevölkerung. Wie die 12. Infanterie-Division im Sommer 1942 berichtete, hatte sie das Land so vollkommen ausgepreßt, daß hungernde Russen sich an die deutschen Truppen wandten und darum baten, erschossen zu werden. Unterdessen hatte der Personalmangel etliche Fronteinheiten auf den Gedanken gebracht, sich der Zivilbevölkerung, die vorwiegend aus hungrigen, zerlumpten Frauen und Kindern bestand, als Zwangsarbeiter zu bedienen, die Straßen vom Schnee befreiten, Schützengräben aushoben und in unmittelbarer Frontnähe Befestigungen errichteten. Für den durchschnittlichen deutschen Frontsoldaten waren die Russen eine Quelle für Nahrung, Kleidung und Arbeitskraft, derer man sich entledigen konnte, sobald sie nicht mehr in der Lage waren, das eigene Überleben zu sichern. Das «Leben aus dem Land» auf Kosten der Bevölkerung wurde für den «Ostkämpfer» zu einem Teil seines Alltags.

Selbst deutsche Truppenteile, die von der Nazi-Ideologie nicht übermäßig beeinflußt waren, paßten sich im Osten der Vorstellung Hitlers und Himmlers von der siegreichen «Herrenrasse» an. Als das Ostheer schließlich von der Roten Armee aus Rußland vertrieben wurde, hinterließ es in einer Serie ausgedehnter «Verbrannte-Erde»-Operationen Schneisen der Verwüstung in dem Bemühen, den vorrückenden sowjetischen Truppen nichts von Wert zu hinterlassen, seien es nun Wirtschaftsgüter oder Personalreserven. Von einer solchen Operation östlich des Dnjepr im September 1943 berichtete das sogenannte «Räumungskommando» der Division «Großdeutschland», es seien 13 627 Zivilisten vertrieben worden, man habe 9268 Stück Vieh requiriert, 1260 landwirtschaftliche Maschinen zerstört, 165 Mühlen gesprengt oder niedergebrannt sowie 1392 Tonnen Getreide hinter die Front geschafft – die «wilden» Requirierungen durch die Mannschaften nicht gerechnet. All dies gehörte ebenfalls als wesentlicher Bestandteil zur Fronterfahrung des deutschen Soldaten – ein Aspekt, der bei Kriegsende noch frisch im Gedächtnis war. Doch war es eine Erfahrung, die man lieber vergaß oder zumindest zu relativieren suchte, indem man auf die keineswegs zimperliche Besatzungspolitik der Roten Armee im Osten Deutschlands verwies. Der Unterschied jedoch war enorm, sowohl qualitativ als auch quantitativ, denn das Nazi-Regime hatte sich zum Ziel gesetzt, Rußland als Staat vollständig zu zerstören, seine westlichen Regionen zu entvölkern, seine Reichtümer bis aufs äußerste auszubeuten und die überlebende Bevölkerung im Dienste der Herrschaft einer arischen Aristokratie zu versklaven. Es war der einfache Soldat der kämpfenden Truppe, der diese Schreckensvision beinahe verwirklicht hätte.

## V

Zusammenfassend läßt sich sagen, daß eines der charakteristischsten Merkmale der Fronterfahrung deutscher Soldaten in Rußland in ihrer Neigung bestand, die «normalen» Entbehrungen auf dem Schlachtfeld, die durch die Umstände an der Ostfront noch verschärft wurden, und die verbrecherischen Aspekte des Krieges nicht auseinanderzuhalten. So machte die Umsetzung der NS-Rassenpolitik durch die Truppen das Unternehmen «Barbarossa» zu einem beispiellos barbarischen Ereignis in der Geschichte der Kriegführung. Die tiefere Ursache für die mangelnde Fähigkeit, diese beiden Aspekte des Krieges auseinanderzuhalten, ist wohl in der ideologischen Beeinflussung der Soldaten vor und nach ihrer Einberufung zu suchen. Ihnen war eine Weltanschauung vermittelt worden, deren Ziel die entweder politisch oder rassisch begründete Ausrottung oder Versklavung ganzer Bevölkerungsgruppen war. Die Konfrontation mit der «Realität» des Schlachtfeldes untergrub diese Weltsicht oft nicht, sondern bekräftigte sie eher: Gerade die extrem harten Bedingungen schienen die Notwendigkeit zu bestätigen, den «dämonischen» jüdisch-bolschewistischen Feind zu vernichten, wohingegen die zur Routine gewordenen Verbrechen die Barbarei als eine normale, legitime, keinesfalls außergewöhnliche Aufgabe erscheinen ließen. In diesem Sinne wurde die ideologische Indoktrination zum Bindeglied zwischen den «normalen» und den einzigartigen Aspekten des Krieges, denn einerseits motivierte sie die Truppen, selbst in aussichtsloser Lage weiterzukämpfen, und andererseits legitimierte sie gerade solche Verbrechen, um derentwillen das nationalsozialistische Regime den Rußland-Feldzug überhaupt vom Zaun gebrochen hatte.

Die Wahrnehmung ihrer gemeinsamen Fronterfahrung durch allgemein anerkannte ideologische Filter hatte insofern einen weiteren paradoxen Effekt auf die Truppen, als sie dazu neigten, Ursache und Wirkung, Wirklichkeit und Propaganda zu verwechseln, wenn es darum ging, die Verbindung zwischen den Entbehrungen an der Front und der Zerstörung zu sehen, die sie über die russische Bevölkerung und die Kriegsgefangenen brachten. Den erbitterten sowjetischen Widerstand sahen sie dann in ideologischem Fanatismus begründet, anstatt zu erkennen, daß für die Russen die deutsche Gefangenschaft den so gut wie sicheren Tod bedeutete; sie verweigerten sich der Erkenntnis, daß wahllose Maßnahmen gegen die Zivilbevölkerung das Anwachsen des Partisanenwiderstandes nicht aufhalten konnten, sondern die Reihen seiner Kämpfer durch von Hoffnungslosigkeit und Haß auf ihre Besatzer getriebenen Menschen eher noch anschwellen ließen; sie beschrieben die Massaker an den Juden als den schlagenden Beweis für die den Juden eigene Bestialität; sie glaubten, daß die Kriegsgefangenen, die sie zu verhungernden, halbnackten, schmutzigen, irrsinnigen Skeletten gemacht hatten, die perfekte Verkörperung des «Untermenschen» seien, den zu vernichten sie ausgezogen waren; für sie war die Verwüstung

Rußlands lediglich die Vergeltung für die gleiche Zerstörung, die die Sowjets anderenfalls dem Reich zugefügt hätten; und sie behaupteten nach dem Krieg, dem Westen als Bollwerk gegen die bolschewistisch-asiatische Bedrohung gedient zu haben, ohne zu erwähnen, daß sie es gewesen waren, die weite Landstriche des westlichen Rußland verwüstet und den Tod von Millionen wehrloser Männer, Frauen und Kinder verursacht hatten.

Das Leben an der Front wurde also nicht einfach als «objektive» Realität erlebt, sondern vielmehr wurde es mit Hilfe bestimmter vorherrschender, vorgefaßter Auffassungen und Vorurteile ständig interpretiert, die zum großen Teil sowohl die Reaktionen der Soldaten als auch die Einordnung und Erinnerung der Geschehnisse beeinflußten. Umgekehrt hatten die Erfahrungen an der Ostfront ganz unzweifelhaft einen tiefen Eindruck auf die Überlebenden hinterlassen, denn sie bestanden einerseits aus langen Jahren des Elends; anderseits aber darin, eine Zeitlang in der Rolle der unbesiegbaren Vertreter des germanischen Herrenvolks gelebt zu haben. Auf welche Weise diese doppelte Erinnerung an extremes Leid und absolute Macht das Verhalten der Veteranen und ihre Sicht der Welt nach der Kapitulation beeinflußte, kann nicht im Rahmen dieses Artikels abgehandelt werden und wäre in jedem Fall äußerst schwierig zu entwirren. Dennoch – im Hinblick auf die ungeheuer große Zahl junger Männer, die an der Ostfront Soldat waren und überlebten, um später auf beiden Seiten des Eisernen Vorhangs die prägende Generation der deutschen Nachkriegsgesellschaft zu werden, im Hinblick auf die durch dieses Fronterlebnis ausgelöste Konfusion von Normalität und Verbrechen sollte man wohl darüber nachdenken, ob es nicht lohnend wäre, detaillierter als bisher den möglicherweise entscheidenden Einfluß des Krieges in der Sowjetunion auf das kollektive Gedächtnis und die Identität des modernen Deutschland zu erforschen.

### Literatur- und Quellenhinweise

Für eine längere und dokumentarisch belegte Analyse der hier abgehandelten Fragen wird der Leser auf O. Bartov, *The Eastern Front*, 1941–45, London 1985, verwiesen. Siehe auch die kürzlich vom Verfasser veröffentlichten Aufsätze zu ähnlichen Problemen in *Journal of Strategic Studies* (1986 und 1989), *Tel-Aviver Jahrbuch für deutsche Geschichte* (1984 und 1987) und *German History* (erscheint 1990); ferner sein demnächst erscheinendes Buch *Hitler's Army. Soldiers, Nazis and War in the Third Reich*. Der Großteil der in diesem Aufsatz berücksichtigten Dokumente entstammt dem *Bundesarchiv-Militärarchiv*, Freiburg i. Br. Die wichtigsten Studien zu einigen der hier angesprochenen Punkte sind: H. Krausnick und H.-H. Wilhelm, *Die Truppe des Weltanschauungskrieges*, Stuttgart 1981; M. Messerschmidt, *Die Wehrmacht im NS-Staat*, Hamburg 1969; Ders., Harte Sühne am Judentum. Befehlslage und Wissen in der Deutschen Wehrmacht. In: Jörg Wollenberg (Hrsg.), «Niemand war dabei, und keiner hat's gewußt». Die deutsche Öffentlichkeit und die Judenverfolgung 1933–45, München/Zürich 1989, S. 113–128; und C. Streit, *Keine Kameraden*, Stuttgart 1978.

# Verbrannte Erde

Balkan, Anfang 1944
PK-Foto

Russisches Dorf, 1942/43
PK-Foto

9. 8. 1943
Vor den Trümmern eines sowjetisches Dorfes
Henisch, PK-Foto

# «Partisanenbekämpfung»

Balkan, Anfang 1944
PK-Foto

Rechts:
Sowjetunion, 1942/43
PK-Foto

Rechts außen:
Sowjetunion, 1941/42
PK-Foto

Sowjetunion, 1941/42
PK-Foto

Sowjetunion, 1941/42
Deutsche Soldaten fotografieren erhängte Opfer der «Partisanenbekämpfung».
Das Foto befindet sich auf demselben Film wie das Bild oben rechts, eine Aufnahme später.
PK-Foto

# Eine Erschießung sowjetischer Soldaten und Zivilisten

Sowjetunion bei Wjasma, Okt. 1941
Gefangene russische Soldaten und Zivilisten.
Die deutschen Offiziere und Unteroffiziere tragen das Hoheitszeichen (Reichsadler) klar erkennbar auf der Brust und nicht am Ärmel. Es handelte sich also um Wehrmacht, nicht um Waffen-SS.
Die Bilder befinden sich auf demselben Film, die Aufnahmen folgen unmittelbar aufeinander.
PK-Fotos

# Sowjetische Juden als Zwangsarbeiter der Wehrmacht

Sowjetunion, 1941
PK-Fotos

Manfred Messerschmidt

# Krieg in der Trümmerlandschaft. «Pflichterfüllung» wofür?

## Die Lage

Seit Beginn des alliierten Großangriffs gegen die zur Sicherung von Rheinland und Ruhrgebiet eingesetzten Heeresgruppen H und B am 23. Februar 1945 wurden diese Gebiete unmittelbar in die Landkriegsoperationen einbezogen. Ihre städtischen Zentren, Industrieanlagen und Verkehrsverbindungen waren schon längst Ziele der alliierten Bomberflotten, und ihre Bevölkerung hatte den Krieg schon zu einer Zeit kennengelernt, als in Oberbayern und anderen Landschaften noch vergleichsweise Frieden herrschte. Im Osten wurde um diese Zeit bereits in Breslau und Graudenz gekämpft. Schlüsselindustrien und Verkehrswege waren praktisch gegen die Angriffe der britischen und amerikanischen Bomberverbände nicht zu schützen. Wo die Schwerpunkte des Großangriffs im Westen liegen würden, konnte die deutsche Führung nur vermuten. Im Lagebuch des Wehrmachtführungsstabes (WFSt) heißt es unter dem 23. Februar lapidar: «Wo die Schwerpunkte liegen werden, wird erst nach Wegzug des Nebels und Einsatz der Bombenteppiche zu erkennen sein.» [1]

Der Bombenkrieg stellte im Westen die gesamte Kriegführung vor kontinuierlich unlösbarer werdende Probleme. Einige Beispiele aus dem Zeitraum Februar – März 1945 lassen die nahezu totale luftstrategische Kontrolle des westdeutschen Raumes durch die Westalliierten erkennen: In der Sprache des WFSt-Lagebuches:

3.2.45: 1000 Jäger und 300 1-mot Bomber, dagegen 36 Einsätze. Ferner 1000 Briten in 3 Nachtstößen gegen Duisburg, Mainz, Mannheim sowie Bruchsal und Karlsruhe, 15 Abschüsse.
4.2.45: Einflug von 1000-mot Bombern, davon 800 gegen Berlin.
7.2.45: Angriff von 1100 4-mot Bombern gegen Verkehrsziele in Mitteldeutschland.
8.2.45: Von Westen ein Angriff von 250 Briten gegen Essen. Nachts ein Angriff mit großangelegter Täuschung mit 80 4-mot Bombern im Raum von Emmerich und Venlo.

Die Einsätze der folgenden Tage und Wochen sprechen die gleiche Sprache, z. B.

10.2.45: 1200 4-mot Bomber gegen Thüringen und Sachsen. 3 Abschüsse, 13 Verluste
12.2.45: 250 4-mot Bomber gegen Dülmen
650 Jäger
500 2-mot Bomber

Bis zum Beginn der Offensive am 23. Februar flogen alliierte Bomber und Jagdbomber Angriffe gegen zahlreiche Städte wie Osnabrück, Hamm, Duisburg, Wesel, Siegen, Meschede, Dortmund u. a., gegen Brücken, Eisenbahnlinien, Viadukte (Altenbeken), meist von Hunderten von Jägern begleitet, gegen welche die schwache deutsche Abwehr so gut wie nichts ausrichten konnte. Dies geschah, obwohl gleichzeitig mit Hunderten von Bombern die Angriffe gegen Dresden geflogen wurden. Die Bevölkerung wurde durch Angst, Schlaflosigkeit, Gerüchte und die eigene Anschauung des Infernos systematisch zermürbt.

Die alliierten Truppen stießen schnell zum Rhein durch. Während die zurückgedrängten deutschen Verbände die Rheinbrücken sprengten, ging in ihrem Rücken das Bombardement im Zuge einer festen Planung weiter. Am 6. März wurde in der Innenstadt Kölns gekämpft, am 4. März flogen 400 Bomber einen schweren Angriff auf Dortmund. Am 8. März gewannen alliierte Truppen die Brücke in Remagen. In Köln «erlosch» der Widerstand. Bei der in diesem Abschnitt stehenden 15. deutschen Armee war «eine einheitliche Führung nicht mehr vorhanden». Der Chef des Stabes der Heeresgruppe B, General Wagener, stellte angesichts der Tatsache, daß bei allen drei Armeen die Front aufgerissen war, fest, daß auf deutscher Seite nur noch von einem «sinnlos überspitzten System von Aushilfen» [2] – Models Methode – die Rede sein konnte. Das Verkehrschaos wurde unüberwindbar, und zwar im gesamten Reichsgebiet. Auf einer Sitzung des Verkehrsstabes Mitte März wurden die Dimensionen dieses Problems sichtbar: Man benötigte zwei Millionen Arbeitskräfte «zur Wiederherstellung des Verkehrs». Zur Verfügung standen 180 000 Eisenbahner, die Technische Nothilfe und 100 000 Kriegsgefangene, die erst noch «im Fußmarsch vorgezogen» werden mußten.[3]

Inzwischen bildeten amerikanische Verbände zwei Zangen um das Ruhrgebiet. Die Heeresgruppe B wurde mit 21 Divisionen eingeschlossen (Ruhrkessel), während die Heeresgruppe Montgomery am 24. März den Übergang über den Rhein bei Wesel erzwang und nunmehr 85 alliierte Divisionen den Vormarsch in das Reichsgebiet antreten konnten. Dagegen stand eine dezimierte, vielfach durchlöcherte deutsche Abwehr. Ihre Panzer und Sturmgeschütze blieben häufig wegen Kraftstoffmangels liegen. Schon im Januar 1945 hatte die Quartiermeisterabteilung beim Wehrmachtführungsstab erklärt, man müsse die Folgerung ziehen, «daß das Heer weitgehend entmotorisiert wird, daß also die Pz.-Grenadiere zu Fuß oder mit Rad bewegt werden ...» [4]. Überdies sank die Munitionsfertigung bedrohlich ab. Die Masse der noch produzierten Panzerfahrzeuge wurde der Ostfront zugeführt, der Westen erhielt im Februar 1945 nur noch 67 Sturmgeschütze, der Südwesten ganze zwanzig.

Über die Situation der Luftwaffe geben die Ausführungen von Hitlers Luftwaffenadjutant v. Below bei der Abendlage am 23. März 1945 Auskunft. Below berichtete über Angriffe von 4-mot Verbänden auf Verkehrsanlagen in den Räumen Rheine, Münster, Osnabrück, Bochum, Essen, Iserlohn, Hagen, Dinslaken und Bocholt. Dagegen seien 17 Me 262 eingesetzt gewesen, die vier Abschüsse meldeten.

*Hitler:* «Die anderen kommen nicht heran?»
*v. Below:* «Nein die anderen kommen nicht heran. – Aus dem Süden der Angriff von 600 amerikanischen Viermots auf die Hydrierwerke Schwarzheide und Industrieziele im selben Raum der Lausitz. Außerdem 200 Flugzeuge gegen Verkehrsanlagen St. Valentin und im Raum von Wien.»[5]

Rüstungswirtschaftlich, verkehrstechnisch, waffenmäßig, personell und operativ herrschte ringsum Chaos und Aussichtslosigkeit. Der Oberbefehlshaber der Heeresgruppe B im Ruhrkessel sah dennoch Sinn darin, seine Soldaten und die Bevölkerung dem Ansturm des weit überlegenen Gegners auszusetzen. Er hielt es für seine Pflicht, «der Ostfront den Rücken gegen den Bolschewismus freizuhalten». Auch seine leitenden Generalstabsoffiziere, Wagener und Reichhelm, erblickten in einer Kapitulation oder Teilübergabe der Heeresgruppe B einen Verrat. Damit nahmen sie eine grundsätzlich andere Position ein als die militärischen Verschwörer vom 20. Juli 1944, etwa Tresckow und Stauffenberg. Politische Weitsicht oder Rücksicht auf die Bevölkerung, deren Haltung nach ihrem Urteil «in Verfall geriet», bewiesen die Verantwortlichen im Ruhrkessel nicht.

Auf der anderen Seite stand das Kalkül der britischen und amerikanischen militärischen Planung. Die Entschlüsselung deutscher Funksprüche (Enigma-Entschlüsselung) vermittelte den Alliierten ein relativ genaues Bild über die sinkende deutsche Rüstungskraft aufgrund des strategischen Bombenkrieges gegen die Öl-Produktion, Kohleförderung, die Verkehrswege und Produktionsstätten der Rüstungsbetriebe. Mitte März rechnete ein Bericht des JIC (Joint Intelligence Sub-Committee of the Chiefs of Staff) mit der vollständigen Abschnürung des Ruhrgebietes als Faktor der deutschen Kriegsproduktion. Ein Plan für die «interdiction of the Ruhr» von Anfang Februar konkurrierte mit der Idee eines tödlichen Schlages gegen das Herz des deutschen Regierungssystems und die Moral der Bevölkerung (Operation Thunderclap), für den man nach Einsetzen der sowjetischen Großoffensive Mitte Januar die Zeit gekommen sah.[6] Die Sorge vor der deutschen Jagdabwehr war gebannt. Man kannte die Ineffizienz der konventionellen Jäger (FW 190) gegen die mit Jagdschutz fliegenden Bomberströme, und der Jet-Typ Me 262 trat in zu geringer Zahl auf. Jet-Treibstoff war Mangelware, und überdies wurden Produktionsstätten und Flugplätze Ziel wirkungsvoller Angriffe, etwa am 16. Februar bei Regensburg. Auch die mit großen Hoffnungen auf deutscher Seite begleiteten Einsätze der sogenannten Blitzbomber He 162, und die Einsätze von Me 262 und Ar 234 gegen die Remagenbrücke sowie ein kurzes relativ erfolgreiches Aufbäumen der Jet-Waffe im März gegen die US Eighth Air Force-Angriffe auf Berlin änderten nichts daran, daß ab Ende März eine nennenswerte, für einige Unruhe auf alliierter Seite sorgende Abwehr nicht mehr existierte. Die Luftwaffe war überdies gezwungen, Hunderte von Jagdflugzeugen aus dem Westen abzuziehen, um sie der Offensive der Roten Armee entgegenzustellen. So konnten die Westalliierten seit Januar/Februar ihre Luftoffensive praktisch unbeeinflußt von den Intelligence-Nachrichten über die deutschen taktischen Absichten führen: ein Zeichen absoluter Überlegenheit.

## Die Konsequenzen

In einer derartigen Lage ist es für jede politische und militärische Führung, die nicht gewillt ist, die Niederlage zu akzeptieren und noch größeres Unheil von der eigenen Nation abzuwenden, opportun, mit Propaganda und Schrecken auf Soldaten und Bevölkerung einzuwirken, um Kriegsverlängerung um jeden Preis zu erreichen. In der deutschen Geschichte existiert kein vergleichbares Beispiel für das Szenarium, das Hitler, NS-Führung und militärische Führung im Heimatkriegsgebiet organisierten, um der Sinnlosigkeit den Schein von Sinn und Ziel zu geben. Mit der Einrichtung der Organisation der NS-Führungsoffiziere (NSFO) im Dezember 1943 – einer Reaktion auf die katastrophale Lage an der Ostfront und die sich abzeichnende Kriegsmüdigkeit vieler Soldaten – suchten Hitler und die Wehrmachtführung ein Instrumentarium zur Erzeugung von Endsiegglauben, Fanatismus und Haß zu gewinnen – mit zweifelhaftem Erfolg, wie die fortschreitende Erosion der Wehrmacht bewies, ablesbar an der steigenden Zahl der Wehrkraftzersetzungsfälle, der Desertionen und an den Feldpostbriefen.

Mit Phrasen und Terror nach innen war die Überlegenheit der Anti-Hitler-Koalition nicht hinwegzudebattieren. Bevölkerung und Soldaten erlebten dies seit 1943 in steigendem Maße. In der Heimat verbreitete sich die Erkenntnis, daß der deutsche Soldat trotz «moralischer und geistiger Überlegenheit», wie der SD-Nachrichtendienst schönfärberisch interpretierte, den Materialkrieg nicht gewinnen könne.[7] Der Soldat wird nicht wesentlich anders empfunden haben. Hierauf waren die Durchhalteparolen hoher und höchster militärischer Führer abgestellt, wenn sie auch etwas vorsichtiger argumentieren mußten als die Goebbels-Propaganda.

In dieser Lage setzte die militärische Führung den Offizier, nicht zuletzt den Generalstabsoffizier, als Multiplikator zur Verbreitung von Siegeszuversicht ein. Dabei konnte sie sich offenbar auf den eingespielten Befehlsmechanismus verlassen, der auch als Transmissionsmittel zur Übermittlung von Leerformeln, Sinnlosigkeit und selbst nicht mehr geglaubten Annahmen vorzüglich funktionierte, mit allerdings äußerst fragwürdigem Effekt.

Die hier in einem Aufriß zu behandelnden Stabilisierungsmaßnahmen stellten insgesamt ein Krisenmanagement größten Stils dar. Sie machten zugleich das

Phänomen der Krise bewußt, insbesondere da, wo sie zu den schärfsten Strafsanktionen griffen. Vom Standpunkt politischen und militärischen Kalküls waren viele dieser Maßnahmen nicht mehr sinnvoll. Manche entsprachen durchaus Hitlers Auffassung vom Hunnenkrieg. Im Inferno der letzten Kriegsmonate wurde – nun auch in Deutschland selbst – der Mensch zum Material herabgewürdigt. Er hatte im eigentlichen Sinne Material zu ersetzen. Der Krieg wurde um seiner selbst willen geführt. Seine Fortsetzung verhinderte gerade das immer wieder propagandistisch beschworene Ziel: die Heimat, Frauen und Kinder zu schützen.

Die Erosion der Stimmung und Haltung zahlreicher Soldaten zeigte sich sowohl im Osten als auch im Westen deutlich ab Sommer 1944. Hitler befahl nach der Vernichtung der Heeresgruppe Mitte am 10. August 1944, «mit allen Mitteln dafür zu sorgen, daß alle Verbände und Einheiten der Ostwehrmacht, die in das Reichsgebiet verlegt sind oder noch verlegt werden, unverzüglich wieder die Formen militärischer Ordnung annehmen, wie sie das deutsche Volk von seiner Wehrmacht erwartet».[8] Hierzu wurde befohlen, diese Einheiten sofort auf Truppenübungsplätze im östlichen Grenzbereich zu verlegen und dort neu zu ordnen, was vielfach gar nicht möglich war. Dieser Befehl gibt Aufschluß über das Ausmaß der einsetzenden Auflösungserscheinungen.

Im Westen sah es kaum besser aus. Auch hier meldeten Parteigrößen – die Gauleiter Wagner und Simon – Disziplinlosigkeiten zahlreicher Einheiten. Aufzulösende Einheiten wurden ebenfalls auf Truppenübungsplätze verlegt. Ein OKW-Befehl vom 23.9.1944 spricht unmißverständlich von «Auflösungserscheinungen in der Truppe».[9] Haltlose Elemente werden erwähnt, insbesondere aber «Führer und Unterführer, die der Feigheit schuldig sind, die ihre Pflicht als Truppenführer schwer verletzen, anvertrautes Wehrmachtgut im Stich lassen», und Soldaten, die ihre Gewehre und andere leichte Waffen liegenlassen, ablegen oder zerstören. Gerichtsherren und Standgerichtsherren erhielten das Recht, in solchen Fällen Todesurteile unmittelbar zu bestätigen, «wenn die sofortige Vollstreckung der Todesstrafe zur Aufrechterhaltung der Manneszucht und aus Gründen der Abschreckung geboten ist». Die Partei wurde zur Erfassung versprengter Soldaten im Heimatgebiet eingesetzt und erhielt damit eine weitere Kontrollbefugnis, die mit Energie angegangen wurde. Keitel bezeichnete die Arbeit des Wehrmachtstreifendienstes als kriegsentscheidend, aber alle diese Maßnahmen waren genausowenig kriegsentscheidend wie das ebenfalls von der Partei organisierte Aufgebot des Volkssturmes im Herbst 1944. Das vorgesehene Zusammenwirken von Wehrmacht und Volkssturm, auch im Bereich der Feldwehrmacht, blieb praktisch ohne militärische Auswirkung.

Der Erosionsprozeß im Heer war nicht zu stoppen. Die Zahlen der Fahnenflüchtigen und Wehrkraftzersetzungsfälle schnellten hoch. Von letzteren kamen zwischen 30 000 und 40 000 vor die Feldkriegsgerichte. Die Dunkelziffer lag sicher um ein Vielfaches höher. Die Progression lag schon 1943 bei 20 Prozent zwischen dem zweiten und dem vierten Quartal.[10] Dagegen half auch der massierte Einsatz von NS-Führungsoffizieren nicht, wie Hitler ihn mit einem zusammengefaßten Auftreten von 200 dieser Optimismusverbreiter in den Wehrkreisen XII und V Anfang September 1944 befahl.[11] Weder neue Auffangorganisationen im Osten, wo Wehrmachtstreifengruppen, Feldgendarmerie, SS-Einsatzkommandos und Offiziere der Kriegsakademie gemeinsam Defaitismus und Auflösungstendenzen bremsen sollten, noch der Aufruf, alle Ostpreußen aus Stäben und rückwärtigen Dienststellen für die Verteidigung ihrer Heimat abzugeben, noch der Einsatz von Hitlerjugend für militärische Aufgaben oder die Zuweisung von Luftwaffenhelfern des Jahrgangs 1928 zur Luftwaffe lassen sich als sinnvolle Entscheidungen jenseits bloßer «Weitermachen!»-Überlegungen werten.

Vor dem Hintergrund solcher Signale der Ohnmacht müssen die Drohbefehle und Durchhalteweisungen höchster militärischer Befehlshaber auf ihren Sinngehalt befragt werden. Feldmarschall Kesselring, Oberbefehlshaber West, gab am 21.3.1945 bekannt, gegen die Sippe eines zum Tode verurteilten Hauptmanns sei die «Sippenhaftung» wirksam geworden[12]: «Es soll eine Warnung für alle sein. Wer nicht in Ehren lebt, stirbt in Schande.» Sippenhaft hatte das OKW bereits im November 1944 eingeführt. Hitler ordnete darüber hinaus im März 1945 Sippenhaftung gegen Angehörige von Soldaten an, die unverwundet in Gefangenschaft gerieten oder ohne nachweisbar bis zum Äußersten gekämpft zu haben – bei Kriegsende ein sicherlich Hunderttausende, wenn nicht Millionen zählender Anteil der Bevölkerung. Rundstedt und Model setzten am 6. März 1945 einen OKH-Befehl um und ordneten an, ab 15. bzw. 17. März 1945 alle, die «noch abseits ihrer Einheit auf Straßen, in Ortschaften, in Trossen oder Ziviltrecks, auf Verbandsplätzen, ohne verwundet zu sein, grundlos angetroffen werden und angeben, noch versprengt zu sein und ihre Einheit zu suchen, standrechtlich abzuurteilen und zu erschießen».[13] Jodl hatte schon am 16. September 1944 einen Hitlerbefehl unterzeichnet, der fanatische Kampfführung verlangte. Jeder Häuserblock, jedes deutsche Dorf müsse zur Festung werden, «an der sich der Feind entweder verblutet oder die ihre Besatzung im Kampf Mann gegen Mann unter sich begräbt. [...] Jeder, der seine Aufgabe nicht unter vollem Einsatz seines Lebens löse, sei zu beseitigen.»[14] Der Zivilbevölkerung war ein gleiches Schicksal zugedacht. Ein vom Chef des Generalstabes der 19. Armee, Oberst Brandstädter, bekanntgegebener Befehl des «Reichsführers SS» über Verhalten der Zivilbevölkerung im Westen ordnete an[15]: «Aus einem Haus, aus dem eine weiße Fahne erscheint, sind alle männlichen Personen zu erschießen. Es darf bei diesen Maßnahmen keinen Augenblick gezögert werden.»

SS-General Hoffmann teilte dazu mit, als verantwortliche männliche Einwohner hätten solche vom 14. Lebensjahr an aufwärts zu gelten. Derartige Gedanken sind auch in einem Schreiben des Oberbefehlshabers der 5. Panzer-

Armee, General der Panzertruppen von Manteuffel, vom 19. 3. 1945 an alle Gauleiter enthalten [16]: «Wer diesem wilden Quartiermachen und Betteln um Verpflegung Vorschub leistet oder gar unterstützt, wird je nach Schwere des Falles mit strengster Strafe bis zur Todesstrafe durch besondere Standgerichte bestraft... Die Dienststellen der Partei haben Soldaten, die derartige Ansuchen stellen, sowie diejenigen Angehörigen der Wehrmacht usw., die ohne Aufsicht und Beschäftigung sind, dem nächsten militärischen Vorgesetzten im Range eines Offiziers ... zuzuführen.» «Gute Gegenwirkung bei Soldaten und Bevölkerung» versprach sich General von Hengl, Chef des NS-Führungsstabes beim Oberkommando des Heeres, auf einem Lehrgang für 800 Offiziere am selben 19. März von der durch die NS-Führung verbreiteten Pressenotiz, daß Roosevelt beabsichtige, «den Russen deutsche Kriegsgefangene als Arbeitssklaven zur Verfügung zu stellen.» Diese Lüge hielt er für ein probates Mittel – gegen eine Bevölkerung immerhin, die nach Hengls eigener Erkenntnis durch den Luftterror zermürbt war und den Endkampf im eigenen Dorf nicht mehr wollte.

Gerade dies aber beabsichtigte das OKW. In einer Nachricht vom 27. 3. 1945 an das Armeeoberkommando 19 gab es bekannt: «Reichsführer SS wird als die zur Wahrnehmung der Exekutive im Inneren berufene oberste Dienststelle gebeten, im unmittelbaren Einvernehmen mit dem Leiter der Parteikanzlei die polizeilichen Maßnahmen zu treffen, die die versagenden Teile der Bevölkerung am Zeigen weißer Tücher und an Sabotage von Befestigungsanlagen hindern.» [17] «Versagen» hieß also ein Handeln aufgrund besserer Einsicht. Zehntausende, ja Hunderttausende versagten in dieser Weise, Frauen und Männer, Volkssturmangehörige und Soldaten. Sie sahen sich jetzt dem Endphasenterror von Partei und militärischer Führung ausgeliefert, der nur deshalb nicht zum nationalen traumatischen Erlebnis wurde, weil auch der Vernichtungswahnsinn nicht mehr voll funktionierte. In sehr vielen Fällen hat er aber funktioniert. Zahlreiche Soldaten wurden in den letzten Wochen und Monaten zum Tode verurteilt. Die Dunkelziffer muß Tausende umfassen. Wer sich der Sinnlosigkeit des Krieges in der Endphase zu entziehen suchte, galt den Verfolgungsorganen als ehrlos. Wo die Bürokratie noch arbeitete, gingen die Akten an das Reichssicherheitshauptamt zwecks Einleitung der Sippenhaftung [18]. Viele dieser Soldaten, Fahnenflüchtige und «Wehrkraftzersetzer», verweigerten sich dem Unrechtsstaat. Ihre «Ehrlosigkeit» ist bis heute unzureichend diskutiert worden. Auch SS-Truppen waren vom Prozeß der Auflösung ergriffen. So meldete der Befehlshaber der Sicherheitspolizei und des SD beim Höheren SS- und Polizeiführer Südwest Vorkommnisse aus dem Februar/März 1945 bei Heeres- und SS-Einheiten im Kaiserstuhl (2. Gebirgsjägerdivision, SA-Panzerbrigade Feldherrnhalle, Waffen-SS-Einheiten), die beträchtliche Kriegsmüdigkeit erkennen ließen: Wegwerfen von Waffen und Uniformen, Plündern u. a. [19] Die Heeresgruppe G forderte dagegen unbedingtes Halten: «Die Durchführung aller Maßnahmen im Osten bedingt Halten der Westfront. Es gilt auch hier kein Paktieren. Der Vernichtungswille der Amerikaner ist derselbe ... Wer den Kampf aufgibt, ist nicht nur ein Feigling, er verrät unsere Frauen und Kinder.»[20] Viele Soldaten glaubten nicht mehr an derartige Parolen. Sie wünschten wie die Zivilbevölkerung nichts mehr als ein rasches Ende des Krieges.

Im «Endzeitszenarium» NS-Deutschlands überschlug sich die Propaganda. In ihrer von der Realität abgehobenen, sinnentleerten Phantastik wurde sie nicht selten lächerlich, wie etwa der Tagesbefehl des Oberbefehlshabers der Heeresgruppe E, Generaloberst Löhr, vom 29. April 1945[21], in welchem er verkündete, das deutsche Volk erringe sich jetzt im Kampf um Berlin unter dem Befehl «unseres Führers» das Anrecht auf seine Zukunft. Hier wird sichergestellt, daß unsere 2000 Jahre alte Kultur am Leben bleibt.»

Wie diese Sicherstellung gedacht war, beweist der «Verbrannte-Erde» – Befehl Hitlers vom 19. März 1945, der die Zerstörung aller Verkehrs-, Nachrichten-, Industrie- und Versorgungsanlagen sowie aller Sachwerte innerhalb des Reichsgebietes durch die Wehrmacht, die Gauleiter und Reichsverteidigungskommissare vorsah, damit der Feind diese Anlagen nicht für die Fortsetzung des Kampfes nützen könne. Speer bezeichnete dieses Vorhaben in seinem Schreiben an Hitler vom 29. März mit Recht als «Zerstörung der Grundlagen unseres Volkslebens».[22] Er bat Hitler, «nicht selbst am Volk diesen Schritt der Zerstörung zu vollziehen», betonte aber zugleich, es sei «unsere» Pflicht, alle Anstrengungen zu machen, um den Widerstand «auf das äußerste zu steigern».

Unendlich viele Einrichtungen und Sachwerte sind in den letzten Wochen des Krieges zerstört worden. Pioniere sprengten in der damaligen Situation strategisch – wenn davon überhaupt noch gesprochen werden konnte – völlig bedeutungslose Anlagen, Brücken, Kanäle usw. Keitel ordnete am 4. April mit einem zusätzlichen Befehl noch die Verpflichtung der Wehrmacht an, die in die Verantwortlichkeit des zivilen Bereichs fallenden Zerstörungsmaßnahmen mit allen verfügbaren materiellen Hilfen zu unterstützen.[23] Angesichts dieser Einstellung der politischen und militärischen Führung nehmen sich die Warnungen vor den Absichten der Gegner gespenstisch aus.

Die Anti-Hitler-Koalition hatte seit der Konferenz von Casablanca im Januar 1943 die Forderung nach bedingungsloser Kapitulation (unconditional surrender) zur Grundlage ihrer Politik und Kriegführung gegen Deutschland gemacht. Damit war klargestellt, daß keine Zwischenlösungen in Frage kamen. Seit 1942/43 hieß dies für Hitler und seine militärischen Berater, es werde kein Weg an der Niederlage vorbeiführen. Kriegsverlängerung konnte weder Positionsverbesserungen noch einen günstigeren Frieden bescheren – im Gegenteil.

Die Situation in den Ostprovinzen des Reichs bei Kriegsende war nicht unvorhersehbar oder schicksalhaft, sondern von der Führung herbeigeführt. «Tragisch»[24] war sie für die Bevölkerung, aber verantwortet durch die eigene Führung. Das Ostheer hat wohl kaum noch, wie Hillgruber unterstellt hat, «mit seinem verzweifelten Abwehrkampf um die Bewahrung der Eigenständigkeit der Großmachtstellung des Deutschen Reiches» gekämpft. Objektiv wurden Chancen für eine halbwegs gesicherte Zukunft in wesentlich bescheidenerem Rahmen durch die Fortsetzung des Krieges reduziert – auch die Leiden der Bevölkerung eher vergrößert. Auf Nemmersdorf (Ostpreußen), wo die Rote Armee an der Zivilbevölkerung des Dorfes Rache für die verbrecherische deutsche Kriegführung geübt hatte, folgte die weit größere Katastrophe von Dresden, die allein der Politik des Weitermachens um buchstäblich jeden Preis zugeschrieben werden muß.

Die unconditional surrender-Forderung war psychologisch kein Gewinn für die Alliierten, sie hat die Chancen der deutschen Opposition beeinträchtigt; aber sie war aufgrund der Erfahrungen von 1918 bis 1939 verständlich. Diese Forderung hätte auch zu einem Klärungsprozeß in Deutschland führen können und zur nüchternen Lageeinschätzung. Dies allerdings hätte eine andere militärische Führung erfordert, eine Führung, die das Schicksal der Nation über die Nibelungentreue zum Verderber derselben zu stellen bereit gewesen wäre. Die späte Einsicht einzelner Generale, die in der Endphase Verhandlungen mit dem Gegner im Westen und Süden empfahlen oder einleiteten, hat den Gesamtablauf der Ereignisse nur noch unwesentlich bestimmen können.

Für die Haltung der militärischen Führung im Westen unter den Feldmarschällen Rundstedt, Kesselring und Model sind dagegen deren erwähnte Befehle bezeichnend gewesen. Das herausragende Beispiel für das Syndrom aus blinder Loyalität, Mitleidlosigkeit gegenüber der Bevölkerung, Täuschung der Soldaten und Furcht vor eigenverantwortlichem Handeln dürfte der Befehl des Oberbefehlshabers Model im Ruhrkessel vom 29. März 1945 gewesen sein.[25] In diesem Befehl mutete Model, der seinem Leben am 21. April in den Wäldern der Grafen von Spee zwischen Lintorf und Wedau ein Ende setzte, seinen Soldaten noch folgende Sätze zu: «In unserem Kampf für die Ideenwelt des nationalen Sozialismus gegen die Seelenöde des materialistischen Bolschewismus müssen wir mit mathematischer Sicherheit siegen, wenn wir im Willen und Glauben unerschüttert bleiben.» Am 17. April beschwor General Riddgeway ihn in einem persönlichen Brief, in welchem er auf das Beispiel des Oberkommandierenden der Armee der Südstaaten im Amerikanischen Bürgerkrieg hinwies, deutsches Leben und deutsche Städte zu schützen und zu kapitulieren.[26] Model lehnte ab. Er war bis zuletzt wohl der Meinung, alles getan zu haben, was er konnte – für Deutschland, für seine militärische Ehre. In Wirklichkeit aber diente er damit allein Hitler und der Lebensverlängerung des NS-Systems mit seinem Terror nach innen und außen und zwang damit auch seine Soldaten, die vielfach deutlicher und kritischer sahen und dachten, Diener des fortschreitenden Vernichtungswerks gegen die eigene Heimat zu sein.

## Anmerkungen

1 Kriegstagebuch des Oberkommandos der Wehrmacht (Wehrmachtführungsstab) Bd IV, 1. Januar 1944–22. Mai 1945, Zweiter Halbband IV, 8, Hrsg. Percy Ernst Schramm, Studienausgabe, München 1982, S. 1121 (zit. OKW-KTB).
2 Walter Görlitz, Model. Strategie der Defensive. Wiesbaden 1975, S. 239.
3 OKW-KTB, IV, 8, S. 1176.
4 OKW-KTB, IV, 8, S. 986, 1317, Mitteilung vom 3. 1. 45.
5 Lagebesprechungen im Führerhauptquartier, hrsg. v. Helmut Heiber, München 1964, S. 342 (dtv-dokumente).
6 F. H. Hinsley, British Intelligence in the Second World War. Its Influence on Strategy and Operations, vol. III, Part II, London 1988, p. 607 ff.
7 Heinz Boberach (Hrsg.), Meldungen aus dem Reich. Die geheimen Lageberichte des Sicherheitsdienstes der SS 1938–1945, Bd. 17, Herrsching 1984, S. 6564 (Berichte vom 1. 6. 1944).
8 Bundesarchiv-Militärarchiv Freiburg (im folgenden: BA-MA)III W 128, FS OKW/WFSt/Org, i. A. d. F. Keitel.
9 Ebenda: Chef OKW/WFSt/Qu 2 vom 23. 9. 1944.
10 Vgl. M. Messerschmidt/F. Wüllner, Die Wehrmachtjustiz im Dienste des Nationalsozialismus. Baden-Baden 1987, S. 138.
11 Befehl vom 2. 9. 1944, gez. Keitel, BA-MA: III W 128.
12 BA-MA: RH 19 IV/226.
13 Zitiert in der Rundverfügung Nr. 16 des Chefrichters und Rechtsberaters beim Luftwaffenkommando West vom 9. März 1945, in: BA-ZNS, Rundverfügungen des Chefrichters beim Chef der Luftflotte 3, Bl. 19.
14 OKW/WFSt/Op vom 16. 9. 1944, BA-MA: III W 128, Bl. 108.
15 Befehlsbekanntgabe vom 29. 3. 1945, BA-MA: H 12–19/202.
16 BA-MA: RW 4/v. 495.
17 BA-MA: H 12–19/202.
18 Siehe Messerschmidt-Wüllner, Wehrmachtjustiz, S. 310.
19 BA-MA: H 12–19/202, Meldung an AOK 19.
20 Ebenda: Durch AOK 19 (General Foertsch) am 27. Februar 1945 bekanntgegeben.
21 BA-MA: RH 22/297.
22 OKW-KTB IV/8, S. 1583, Der Befehl wurde am 6. Mai durch Dönitz aufgehoben. Vgl. ebenda S. 1674.
23 Ebenda, S. 1585.
24 So Andreas Hillgruber, Zweierlei Untergang. Die Zerschlagung des Deutschen Reiches und das Ende des europäischen Judentums. Berlin 1986, S. 64.
25 M. Messerschmidt, Die Wehrmacht im NS-Staat. Zeit der Indoktrination. Hamburg 1969, S. 480; BA-MA: III H 219, Akte Kdr. 11. ID/Höh.Art.Kdr. 320, Sammelmappe allg. takt. Befehle und Erfahrungen (Art.) 1942–1945, Bl. 105 f.
26 Görlitz, Model, S. 265.

Essen, Bismarckplatz 1943
Kleu

Bernd-A. Rusinek

# «Maskenlose Zeit»

## Der Zerfall der Gesellschaft im Krieg

Das Revier war aufgrund der industriellen Konzentration, der großen Zahl hier beschäftigter «Fremdarbeiter» und Kriegsgefangenen, der zahlreichen Großstädte, der starken Bombardierung und der vielen «Kinderlandverschickungen» und Evakuierungen «in einem besonders herausgehobenen Sinne das, was die Nationalsozialisten ‹Heimatfront› nannten».[1]

Im Folgenden wird vom tendenziellen Zerfall des sozialen Lebens während des Krieges an dieser «Heimatfront» die Rede sein. Bei der Betrachtung dieser Vorkommnisse stellt sich schnell der Begriff der «Katastrophe» ein. Es werden zwei verschiedene, aber doch miteinander verbundene gesellschaftliche Katastrophen betrachtet, die Auswirkungen der Bombenangriffe auf die großen Städte und die Torschlußmassaker unmittelbar vor Kriegsende, durchgeführt von entmenschten Schergen vor allem an ausländischen Arbeitern aus den östlichen Ländern.

Diese Doppelkatastrophe war Konsequenz «der verbrecherischen Hybris Hitlers und der selbstzerstörerischen Überbeanspruchung der militärischen, wirtschaftlichen und ebenso der seelischen Kräfte Deutschlands».[2] Sie setzte mit den Großangriffen auf west- und norddeutsche Städte Mitte 1942 ein, verschärfte sich ab 1942/43, als die Kriegsniederlage sich abzuzeichnen begann, und kulminierte in den letzten Monaten, Wochen und Tagen vor Kriegsende, den blutigen Minuten vor Beginn der «Stunde Null». Erst ab der Jahreswende 1945/46 traten in der deutschen Gesellschaft wieder Verhältnisse ein, «die eine Art Stabilisierung der Katastrophe darstellten».[3]

### I

Am 22. 2. 1942 übernahm der Air Chief Marshall Arthur Harris die Spitze des Bomber Command der Royal Air Force:
«Machen wir Schluß mit dem Krieg, indem wir den Deutschen die Seele aus dem Leib schlagen.»[4] Damit war die Bevölkerung gemeint; nicht so sehr die Industrie und nicht einmal die Rüstungsindustrie. Schwerpunktmäßig fielen Bomben auf die Wohngebiete der Städte und die Verkehrsverbindungen.

Noch Jahre nach dem Zweiten Weltkrieg spielten Kinder, die zur Erlebniszeit vier Jahre alt gewesen waren, «Bombenangriff». Der Retrospektive dieser Spiele kann der Ablauf eines durchschnittlichen Angriffs entnommen werden:

«Das Spiel... begann mit dem Alarm; die Kinder riefen sich zu: ‹Sie sind schon am Himmel, jetzt werfen sie Christbäume›, wickelten ihre Puppen in Decken, schleppten sie in den Luftschutzkeller und fragten sich untereinander, ob sie auch den Brei für das Kleine mitgenommen hätten. Aufschlußreich sind die Affekte, die sie auf die Puppen projizierten: Sie hatten Angst, waren erschrocken, wenn eine Bombe fiel, und mußten beruhigt und getröstet werden.» [5]

Essen und Gelsenkirchen waren bei Kriegsende zu 51 %, Dortmund und Duisburg zu 65 %, Köln zu 70 %, Bocholt zu 89 % und Wesel gar zu 97 % zerstört. Viele Lieder jugendlicher Edelweißpiraten aus dem Rhein-Ruhr-Gebiet brachten Friedenssehnsucht und den Wunsch zum Ausdruck, woanders zu sein: «Heimweh nach Dir, Virginia», «Unter Palmenbäumen», «Kleines Mädchen von Hawaii», «Zwei Gitarren am Meer», «Fern am Amazonas».[6] Im Juli 1943 wurde dem Reichsjustizministerium über beispiellose Luftangriffe auf Städte im Westen des Reiches berichtet, welche «die Bemerkung eines im Feindgebiet bei der Fahne stehenden Richters verständlich» machen, «wir stünden hier in einem viel schlimmeren Sinne an der Front als selbst die Wehrmacht in den besetzten Gebieten».[7] In einer Denkschrift des Duisburger Oberbürgermeisters vom Juni 1943 heißt es über den Bombenkrieg:

«Im Durchschnitt der letzten drei Kriegsjahre hatte die Stadt Duisburg alle zwei Tage oder Nächte einen Fliegeralarm und jede Woche einen Fliegerangriff zu bestehen.» [8]

Bis zum 13.5.1943 habe es in Duisburg 161 Angriffe und 623 Alarme gegeben. In der Nacht zum 13.5.1943 seien drei Fünftel aller Duisburger Häuser zerstört oder schwer beschädigt worden.

Viele Menschen, deren Wohnungen zerstört waren, lebten auf Dauer in Bunkern wie etwa im Oberhausener Blumberg-Bunker.[9] Der 1856 geborene ehemalige Kölner Zentrumspolitiker und Journalist Johann Rings verfaßte während des Krieges eine Reihe von Erlebnisberichten über den Bombenkrieg. Was er über eine zu spät ergangene Luftwarnung in Köln schrieb, dürfte auch für andere Städte gegolten haben:

«Es herrscht *eine* Stimme [sic], daß wenigstens die Menschenopfer hätten vermieden werden können, wenn rechtzeitig gewarnt worden wäre. Wie der Polizeipräsident... mitteilte, sei das auf die Schuld des Flakkommandanten zurückzuführen, der verordnet habe, daß nicht gewarnt werden solle, damit die Arbeit in der Rüstungsindustrie keine Unterbrechung erleide.» [10]

Für die Bevölkerung völlig überraschend und ohne ausreichende Vorwarnung wurde Wuppertal-Barmen am 30.5.1943 von 644 Flugzeugen angegriffen. Sie warfen 1822 Tonnen Bomben ab. Bis dahin hatten sich die Wuppertaler sicher geglaubt; sogar die Flak war größtenteils abgezogen worden. Der Ortsteil

Barmen wurde praktisch vernichtet. Der Angriff forderte mindestens 3400 Menschenleben.[11]

In einem Bericht über diesen Angriff ist von «wahrhaft dantesken Szenen» die Rede. Für das Straßenbild seien die vielen «offenbar durch die Wirkung der Phosphordämpfe stark Augenbeschädigten» kennzeichnend gewesen, die halbblind umhertorkelten und verzweifelt nach Angehörigen suchten.[12] Bereits kurz nach dem Angriff versagte in Wuppertal-Barmen die Stromversorgung. Die Lichter gingen aus. Gleichzeitig brach die Wasserversorgung zusammen, so daß die zahlreichen Brände nicht gelöscht werden konnten.[13] Viele Menschen rannten aus der Altstadt in Richtung Wupper: «Einige blieben in dem fußtief aufgeweichten Asphalt stecken und verbrannten.»[14] Nach dem Angriff gab es keinen Tumult und keinen Lärm:

«Im Gegenteil wirkte die große Stille, bei der oft nichts zu hören ist als das Knistern der Flammen und das fast passive Verhalten der Beteiligten, nahezu unheimlich. Damit ist das von der modernen Katastrophenforschung als «Katastrophensyndrom» (disaster-syndrome) bezeichnete Verhalten in geradezu chemischer Reinheit beschrieben: Die Menschen sind benommen, sprachlos, verwirrt und emotionslos. Diese Reaktion ist das Gegenteil der häufig als unmittelbare Katastrophenfolge angenommenen Verhaltensform der Panik.[16]

Zu Paniken, akuten Furcht- und Fluchtreaktionen, charakterisiert durch Verlust von Selbstkontrolle, durch individuelle Isolation und kollektive Machtlosigkeit, kam es häufig in Luftschutzkellern. So wird über einen Gelsenkirchener Vorgang berichtet:

«Bei einem Bombenangriff am 18. 10. 1944 wurde der Angeklagte durch den Luftdruck einer Bombe in die Luft geschleudert, erlitt aber keine wesentlichen Verletzungen. Bei diesem Luftangriff entstand eine Panik in einem Bunker, wobei 39 Personen totgetreten wurden.»[17]

Katastrophen können in sozialer Hinsicht als extreme und lebensbedrohliche Krisen, schroffe Einbrüche des gesellschaftlichen Lebens und psychologisch als massive kollektive Streß-Situationen bezeichnet werden.[18] Nach den Ergebnissen der modernen Katastrophenforschung weisen etwa 75 % der Überlebenden von Katastrophen das Katastrophensyndrom auf, während rund 12 % in der Lage sind, die akute Krise zu bewältigen und der Situation angemessene Maßnahmen einzuleiten.[19] Aus dieser Gruppe stammen jene vielbewunderten Helfer, die in den Bombennächten unter Einsatz des eigenen Lebens Verschüttete bargen, Brände löschten und Blindgänger entschärften. Eine Restgruppe der Betroffenen reagiert mit Konfusion, Angst, Weinen, Schreien. Über das Verhalten von Überlebenden nach dem unmittelbaren Explosionsstadium, in der «period of recoil», wurde festgehalten:

«Einige reagieren mit völlig psychopathischem Verhalten, und es kann zu Plünderungen, Vergewaltigungen und schwerem Alkoholmißbrauch kommen. Nach und nach gewinnen die Menschen ihre Energie zurück und zugleich auch ihre Fähigkeit zu denken. Zunächst verhalten sie sich hyperaktiv und oft irrational.» [20]

In dieser Phase machte sich auf, wer die entstandene Notlage ausnutzen wollte. Hans Erich Nossack, der im Juli 1943 mehrere Angriffswellen alliierter Bomberflotten auf Hamburg beobachtete und darüber den für die Analyse von Bombenkatastrophen paradigmatischen Bericht «Der Untergang» schrieb, nennt diese Menschen «die Leichenfledderer der Stadt»: «... in den nächsten Tagen wurde... alles gestohlen, was sich nur fortbewegen ließ, von den kleinsten Gegenständen bis zu Teppichen und Möbelstücken.» [21]

Als Langzeitwirkungen werden in der heutigen Katastrophenforschung unter anderem Depressionen, psychosomatische Krankheiten, Veränderungen der mentalen, wirtschaftlichen und kulturellen Einstellungen hervorgehoben.[22]

Die Verwahrlosung der gesellschaftlichen Zustände während des Krieges an der «Heimatfront» zeigte besonders bei Jugendlichen erschreckende Folgen. Nie wieder lag die Zukunft für Jugendliche so im Dunkeln wie in der zweiten Kriegshälfte. Kaum ein Jugendlicher in dieser Zeit, der nicht Bekannte hatte, die bereits im Krieg gefallen waren. «Der Extremfall als Normalität – das waren die Rahmenbedingungen für die Sozialisation in den Jahren 1944/45.» [23] Welchen Raum Gewalt und Zerstörung im Denken und Handeln von Jugendlichen einnahmen, wird am Verhalten evakuierter Revierkinder in ländlichen, vom Krieg noch weitgehend unberührten Gegenden deutlich. Ende 1943 beschwerte sich ein NSDAP-Kassenleiter aus Riedlingen/Württemberg über das rohe Verhalten zweier dreizehnjähriger Duisburger Jungen, die im Rahmen der «Kinderlandverschickung» aus den bombenbedrohten Gebieten evakuiert worden waren:

«Ihre Untaten bestehen in Fensterscheiben einwerfen mit Hilfe einer Steinschleuder. Und nach Geflügel aller Art mit Steine so lange zu werfen, bis ein oder das andere Huhn, Gans oder Ente von ihrem geworfenen Stein umfällt.... Diese beiden... haben helle Freude daran, wenn die Tiere von ihren Steinen getroffen werden.» [24]

Der nationalsozialistische Waffen- und Gewaltkult und das «Boxer-Ethos» der Hitlerjugend waren Quellen der Gewaltbereitschaft männlicher Jugendlicher in der NS-Zeit. Unter den Bedingungen der täglich erlebten Gewalt und Zerstörung an der «Heimatfront» erreichte der Umgang mit Waffen eine neue Qualität.

Der siebzehnjährige Dreherlehrling Karl-Heinz betrat Ende Mai 1942 während der Mittagspause den Aufenthaltsraum der Krefelder Firma Taschner, zog eine Pistole, rief «Hände hoch, oder ich schieße!» und traf den gleichaltrigen Lehrling Hans A. in den Unterkiefer: «Ich war selbst platt, als es plötzlich knallte. A. rief mir jetzt zu: ‹Du bist wohl verrückt, du hast mich geschossen›...» [25]

Der sechzehnjährige Hilfsarbeiter Peter aus Oberhausen stahl im Sommer 1942 mit einigen Freunden, unter ihnen der sechzehnjährige Alfred P., einen Kübel Speiseeis:

«... in den Ruhrwiesen haben wir das Eis gegessen. Den Kübel... schlugen wir in Stücke und warfen die Blechhülle in die Ruhr. Paar Jungens, die näher rankamen und zugucken wollten, hat P. mit der Pistole bedroht. Er sagte: ‹Wenn ihr nicht abhaut, kriegt ihr 'ne blaue Bohne in Arsch.›» [26]

Der sechzehnjährige Max, Sohn eines Kölner Stadtdirektors, wurde im Sommer 1944 «zu drei Monaten Jugend-KZ» verurteilt, weil er Edelweißpirat war. Er brach aus und hauste seitdem in einem Großbunker, wo er drei von der Gestapo gesuchte Jugendliche kennenlernte:

«Alle drei waren im Besitz von Schußwaffen wie Handgranaten, Pistolen und zwei M. P. Da wir keine Lebensmittelkarten bekamen, verschafften wir uns dieselben durch Einbrüche und Raub. Ich hatte zu diesem Zweck von meinen Bekannten auch eine... Pistole erhalten.» [27]

Die Jugendlichen sollen bei einer Schießerei Ende 1944 zwei Wehrmachtsangehörige und bei einer weiteren Schießerei einen Zollbeamten erschossen haben. Bei einem Raubversuch kam es wiederum zu einer Schießerei:

«St., B. u. andere... wollten in der Feuerwache... zwei Motorräder stehlen. B. erzählte mir, daß er bereits ein Leichtmotorrad reibungslos aus der offenstehenden Garage herausgeschoben habe. St. schob ein weiteres aus einer Boxe. Darüber ist der St. von einem Feuerwehrbeamten überrascht worden u. wurde gestellt. Um sich der Festnahme zu entziehen, habe er dann den Beamten mit der M. P. niedergeschossen u. die Flucht ergriffen.»

Zivilisiertes gesellschaftliches Leben ist von einer voraussagbar stabilen Umgebung abhängig. Die Menschen fassen Vertrauen [28] in die Dauerhaftigkeit und lebensgarantierende Kraft der gesellschaftlichen Einrichtungen: Man vertraut darauf, daß das Haus morgen noch steht, die Frau, der Mann oder das Kind, die soziale und materielle Umgebung noch da sein wird. Vertrauen ist Projektion auf den Zeitablauf: Man verläßt sich darauf, daß sich ein Leib und Leben garantierender Zustand in einem überschaubaren Zeitabschnitt nicht ändert. Das Gegenteil solchen Vertrauens ist die Erfahrung und Erwartung lebensbedrohlicher Kontingenz. Die Perspektiven schwinden. Das ist die Zeiterfahrung in der vom Bombenkrieg geprägten Lebenswelt. In einem Brief von 1944 wird sie beschrieben: «Jeden Tag, wenn der Abend hereinbricht, legt man sich die Frage vor, ob wir am anderen Tage noch leben, ob unser Haus noch steht, ob wir noch eine Heimat haben.

Der Bombenkrieg zwang den Menschen seinen Zeitrhythmus auf. In den internen Berichten des Sicherheitsdienstes der SS ist von der ständigen «Rennerei um das Leben» [30] und der dauernden «inneren Alarmbereitschaft» [31] die Rede. Folge bombenkriegsgeprägter Verhältnisse war kollektiver Streß durch Hektik und permanenten Schlafentzug. Tendenziell wurde sinnvolles und geplantes

Handeln in der bombenkriegsgeprägten Katastrophengesellschaft in zweifacher Weise erschwert: die Planung des Handelns durch den Schwund von Perspektive und der Ablauf des Handelns durch die willkürlich rhythmisierte Zeit.

Bombenkrieg bedeutete in den Städten des Westens von 1942 bis zum Kriegsende mit zunehmender Wahrscheinlichkeit die Gefahr, in jedem Moment von einer Bombe zerfetzt werden zu können oder seine Habseligkeiten zu verlieren. Es ist davon auszugehen, daß die stete Nähe des gewaltsamen Todes und der Gewalt ringsum zu deren subjektiver Entdramatisierung und der stets drohende – allermeistens eingetretene – Eigentumsverlust zur subjektiven Entdramatisierung des Eigentumsdelikts bei den Pauperisierten führte.

Städtische Straßen und Territorien sind als Begegnungsorte von Jugendlichen «altersspezifische Varianten der symbolischen Raumaneignung» und identitätsbildende Lernorte.[32] Im Bombenkrieg wurde dieser Erfahrungsraum vernichtet, das vertraute Terrain und die gewohnten Straßenzüge. Die Wohnungen waren vielfach nicht mehr da. An ihre Stelle trat für viele der Luftschutzbunker oder die überfüllte Notwohnung. In den Notwohnungen, worin häufig einander wildfremde Menschen lebten, und in den Luftschutzkellern und Bunkern, worin die Menschen allein durch die gemeinsame Erfahrung der Todesangst miteinander verbunden waren, schwand in soziologischer Hinsicht die Grenze zum anderen, die ebenso soziokonstitutiv ist wie das Miteinander. Der Bombenkrieg bedrohte also nicht nur die vertrauten sozialen Zusammenhänge, sondern auch die vertrauten sozialen Distanzen.

Oft blieben Luftschutzbunker auch noch in der ersten Nachkriegszeit dauernder Wohnort. Ein «Bunkermensch» sagte kurz nach dem Kriege:

> «Was macht das Tier, wenn man es zwei Tage jagt? Es fällt um, streckt alle viere von sich – mausetot. Der Mensch aber läuft und läuft weiter. Er muß konstruiert sein, Schlimmeres zu ertragen als irgendein anderes Lebewesen auf dieser Erde. Ob man ihn hungern läßt, ob man mit Bomben nach ihm wirft – er gewöhnt sich daran. Hat er keine Wohnung, so kann er sogar in einem Bunker leben.»[33]

Manche Erscheinungen des Krieges wurden durch den Bombenkrieg verstärkt, jedoch nicht neu geschaffen. Die Einberufungen der Männer hatten die meisten Familien bereits vor den Bombenangriffen auseinandergerissen. Angehörige mußten seitdem mit der Furcht leben, daß in jedem Moment die Nachricht vom «Heldentod» des Ehegatten, Vaters oder Sohnes eintreffen könnte. Unter den Bedingungen des Bombenkrieges gegen die Zivilbevölkerung weitete sich das angstvolle Gewärtig-Sein der lauernden Katastrophe auf die Angehörigen an der «Heimatfront» aus. Bedingt durch den Bombenkrieg, wurden dann vielfach die Restfamilien zerrissen und aus noch funktionierenden Nahmilieus der heimatlichen Städte herausgenommen: Hunderttausende von Müttern und Kindern wurden im Rahmen der Kinderlandverschickung aus dem Ruhrgebiet evakuiert und etwa nach Süddeutschland oder Thüringen gebracht. Dort wurden die obdachlosen Katastrophengeschädigten durchaus nicht mit offenen Armen empfangen. Dem Reichsjustizminister wurde am 30. 7. 1943 berichtet, manche der Evakuierten seien aus den ländlichen Aufnahmegebieten zurückgekehrt und hätten erklärt, lieber in Ruinen leben zu wollen, als sich ständig Schimpfwörter wie «Bombenweib» oder «Splitterweib» anhören zu müssen.[34]

Generell kann von der «Abstumpfung der zwischenmenschlichen Wahrnehmungen»[35] durch die Erlebnisse der Kriegszeit gesprochen werden. Eine Frau aus einer Zechenkolonie des nördlichen Reviers erinnerte sich an den routinisierten Umgang mit der Bombengefahr: Dem Brummen der Flugzeugmotoren konnte sie entnehmen, ob Gefahr drohte oder nicht; sie ahnte Angriffe, noch bevor Alarm gegeben wurde. Die gleiche Frau fand für den Volltreffer auf ein nahes «Fremdarbeiterlager» nur die Worte, daß «alles flach» gewesen sei. In diesem wie in anderen Fällen erwähnte sie nie das menschliche Leid und sprach nur von Materiellem.[36] Zu Abstumpfungseffekten kam es auch bei Kindern und Jugendlichen:

«Die Kinder sind guter Laune; sie haben eine Flasche Wermut ergattert, sitzen heimlich beisammen und nippen davon.... Ich hörte sie in den vergangenen Wochen sagen: ‹Wenn morgen die Bomber kämen, das wäre fein.› Sie brauchten dann nicht zur Schule zu gehen.»[37]

In seinem Theaterstück «Großer Wolf» von 1968 beschreibt Harald Mueller («Totenfloß») eine Gruppe 15 bis 17 Jahre alter Jungen, denen die Seele aus dem Leib geschlagen wurde und deren Sprache und Verhalten die Gewalttätigkeit und die abstumpfende Wirkung des Krieges eindringlich wiedergeben:

*Freies Feld. Vorn rechts einige verkohlte Balken. Im Hintergrund links schaufelt ein Junge zwei Gräber zu...*
JUNGE: «Das war unser Haus.»
MESSER: «Saubere Arbeit. Und da im Dreck?»
JUNGE: «Mutter und meine kleine Schwester.»
*Messer geht näher, der Junge hebt drohend den Spaten.*
«Geh weg da. Hier ist alles tot.»
MESSER: «Gleich blüht dir was, du verheulter Hund.»
HÜBSCHER: «Wo ist dein Alter?»
JUNGE: «Gefallen.»
MESSER: «Und wie der Flieger kam, warst du wo?»
JUNGE: «Unterwegs. Er kam von dort. Ich schrie noch...»[38]

Der entfesselte Krieg reduzierte das Leben «auf den Stand primitiver Daseinssicherung».[39] Als Zerfall des gesellschaftlichen Lebens kann im Sinne dieser Feststellung die substantielle Bedrohung und der tendenzielle Schwund dessen bezeichnet werden, was gemeinhein «Zivilisation» genannt wird. Eine tendenzielle Umkehrung des Prozesses der Zivilisation trat ein. Nossacks Kernsatz über die sozialen Folgen des von ihm beobachteten Unterganges ist von pessimistischer Anthropologie geprägt: «Es begann eine maskenlose Zeit; die gewohnten Verkleidungen fielen von selber ab... Gier und Angst zeigten sich in schamloser Nacktheit und verdrängten jedes zartere Gefühl.»[40]

Zuweilen wurde in den ersten Nachkriegsjahren bezweifelt, ob das vom Krieg hinterlassene Chaos überhaupt einen Wiederaufbau gestatten würde. Damit waren nicht allein die materiellen Zerstörungen gemeint. So betonten Sozialdemokraten, daß «sie das in ihren Augen katastrophale Sinken der Sozialmoral der Bevölkerung als genauso verheerend beurteilten wie die wirtschaftliche und soziale Lage».[41]

Für gewöhnlich wird angenommen, daß der Zusammenbruch des gesellschaftlichen Lebens auf die Schlußphase des Zweiten Weltkrieges beschränkt war. Aber es läßt sich am Beispiel des Bombenkrieges und seiner – in diesem Beitrag nur angerissenen – Folgen für das soziale Leben zeigen, daß diese Katastrophensequenz in den großen Städten des Westens bereits im Jahre 1942 begann.

## II

Die letzten Kriegsmonate waren von einem Morden ringsum geprägt. Opfer waren Deserteure, angebliche Spione und etwa Menschen, die kurz vor dem Eintreffen der Alliierten die endgültige Zerstörung ihrer Wohnorte durch Hissen der «Weißen Fahne» verhindern wollten. Massenmorde wurden vor allem an ausländischen Arbeitern, namentlich an «Ostarbeitern» aus der Sowjetunion verübt. Die Massaker fanden in den letzten Monaten vor Kriegsende statt und endeten oft genug nur Stunden vor der Befreiung des jeweiligen Gebietes. Täter waren Schergen des Regimes, aber auch «normale Volksgenossen».

Die Verbrechen hingen mit dem Verfall des NS-Regimes und seiner offenkundigen totalen Niederlage zusammen. Für die NSDAP läßt sich festhalten, daß sie gegen Kriegsende «wieder in die Bestandteile (zerfiel), aus denen sie vor und nach 1933 amalgamiert worden ist».[42] Unter jenen, die sich nur zögernd oder etwa unter dem Eindruck der «Blitzkriegs»-Erfolge des Regimes dem Nationalsozialismus zugewandt hatten, begann seit der Niederlage von Stalingrad eine innere Absetzbewegung. Dagegen wurden bei den Alt-Nationalsozialisten die Mythen der «Kampfzeit» reaktiviert.[43] Hatte der «Führer» nicht immer einen Ausweg gewußt? Und wenn erst einmal die «Wunderwaffen» einsatzfähig sein würden...

Waren Durchhalte-Nationalsozialisten als Gestapo-Männer exponierte Schergen des Regimes, so glaubten sie, nach dem Kriege würde an ihnen Rache genommen werden. Sie gingen von der Unwahrscheinlichkeit des eigenen Überlebens aus. Auf einem Kameradschaftsabend Kölner Gestapo-Männer im Herbst 1944 wurde über die Kriegslage gesprochen, und einige der Anwesenden äußerten Selbstmordabsichten. Ein Kommissar erklärte daraufhin, bevor er sterbe, werde er «noch einige mit hinübernehmen».[44] Er nahm noch sehr viele Menschen, «Ostarbeiter» und Deutsche, mit «hinüber» und beging bei Kriegsende Selbstmord.

Mitte 1944 gab es im Wehrkreis VI (Westfalen, Hannover, Oldenburg) 1 000 000 ausländische Zivilarbeiter und 400 000 Kriegsgefangene.[45] Vor allem gegen die aus der Sowjetunion stammenden «Ostarbeiter» richtete sich der fanatische Haß der Durchhalte-Nationalsozialisten in den letzten Kriegsmonaten. Bevor man selbst untergeht, noch so viele Menschen wie möglich mit in den Abgrund zu reißen war das Motiv vieler Gestapo-Schergen, das zu den Massenmorden an zahlreichen ausländischen Arbeitern – aber auch an Deutschen – unmittelbar vor Kriegsende führte. Im Hinblick auf diese zahlreichen Torschlußmassaker wird man kaum von «Machtzerfall» sprechen können. Die Massenmorde beweisen, daß die Schergen keineswegs «schwächer» geworden waren. In der Schlußphase des untergehenden NS-Regimes hatte sich eine bezeichnende Scherensituation gebildet: Jede von den Alliierten abgeworfene Bombe bewies die Machtlosigkeit des NS-Regimes nach außen; je näher das Kriegsende rückte, desto rücksichtsloser und enthegter wurde die Macht im Innern des Reiches ausgeübt.

Der Status der «Fremdarbeiter» und ihre Behandlung während der gesamten Kriegszeit bewiesen, daß eine Hierarchisierung nach dem «Rasse»-Prinzip weitgehend akzeptiert wurde. «Ostarbeiter» waren nach der rassistischen NS-Ideologie von ihrem Sein her «Bolschewisten». Ihre krasse Diskriminierung bei gleichzeitiger relativer Bevorzugung der deutschen «Herrenrasse» kompensierte zum Teil die Unterdrückungs- und Klassenerfahrung der Deutschen.[46] Die Prügelknabenrolle namentlich der «Ost-» und polnischen «Fremdarbeiter» nahm schreckliche Ausmaße an, als der Vormarsch der Roten Armee im Osten nicht mehr aufzuhalten war. Draußen siegten die «Bolschewisten». Innerhalb des bedrängten Reiches befanden sich Millionen von «Bolschewisten». Auch hier treffen wir auf die Scherensituation: Je weniger man der «Bolschewisten» an der Ostgrenze des Reiches Herr werden konnte, desto brutaler gingen die Schergen gegen die «Bolschewisten» innerhalb des Reiches vor. So wurde an ausländischen Arbeitern aus dem Osten wie auch an Angehörigen deutscher Widerstandsgruppen vorweggenommene Rache begangen. Die Täter glaubten nicht nur ihren eigenen Untergang, sondern mit ihren Opfern auch jene vor Augen zu haben, die nach dem Kriege triumphieren würden.

An den Torschlußmorden waren jedoch nicht allein Gestapo-Männer beteiligt. Der Ingenieur B. etwa, seit 1932 Mitglied der NSDAP und SA und seit Anfang 1945 Führer einer Volkssturmkompanie, beteiligte sich am 30.3.1945 an der Erschießung eines russischen Arbeiters in Hagen-Haspe. Er sprach von «umlegen» und sagte zu einem Mittäter im Jargon der Verbrecher: «Drück ihm noch einen, ich habe Ladehemmung.»[47]

Als Duisburg im März 1945 von amerikanischer Artillerie beschossen wurde, sollten 130 «Ostarbeiter» eines Lagers der Didier-Werke in weniger gefährdetes Gebiet gebracht werden. Unter der Führung des deutschen Maschinisten S. und des deutschen Arbeiters P. wurden die Ausländer, deren Zahl inzwischen auf 170 angewachsen war, in Richtung Langenberg in Marsch gesetzt und von dort nach Hattingen weiterverwiesen. Hier kam eine größere Zahl ausländischer Arbeiter hinzu, so daß es mittlerweile 3000 Menschen waren, die mit einem bereitgestellten Eisenbahnzug weggebracht werden sollten. Als der Zug in Bochum hielt, begannen «Ostarbeiter», einen Proviantzug zu plündern. Der deutsche Bewacher S. ging auf sie zu, wurde aber mit Dolchen bedrängt. Daraufhin erschoß er einen «Ostarbeiter», der gestohlene Brote unter dem Arm trug. S. und ein gewisser D. bewachten seit 1942 das Ostarbeiterlager der Duisburger Didier-Werke. Zwangsarbeiter und Zwangsarbeiterinnen des Lagers wurden von ihnen seit 1943 schwer mißhandelt. S. erschoß im Februar 1944 in einem Handgemenge den Ostarbeiter Lobanenkow.[48]

Viele «Ostarbeiter» sahen mit dem sich abzeichnenden Sieg der Alliierten das Ende ihres Paria-Status nahe. Das ermutigte sie, ihre Arbeitsstellen und Wohnlager zu verlassen oder aus Straflagern zu fliehen. Eines der Fluchtmotive war, daß sie nicht in das Reichsinnere gebracht werden wollten. Notgedrungen mußten sie sich nun von Plünderung, Diebstahl und Raub ernähren. Nach der Erinnerung von Zeitzeugen hatten bei Kriegsende «die Ostarbeiter das Wort».[49] Ausländische Arbeiter begingen zahlreiche Plünderungen, aber häufig dürfte es vorgekommen sein, daß von deutschen «Volksgenossen» begangene Plünderungen den «Ostarbeitern» in die Schuhe geschoben wurden.

Anfang April 1945, als amerikanische Truppen bereits am Rhein-Herne-Kanal bei Oberhausen-Lirich standen, befanden sich der Bergmann C. und ein gewisser K. in einem Oberhausener Bunker. Eine Frau erschien und sagte, eine Wohnung in der Ruhrortstraße würde von russischen Arbeitern geplündert. C., K. und einige andere Männer gingen zu der Wohnung, trafen aber dort niemanden an. Auf einem Bahndamm in der Nähe wurde ein russischer Arbeiter entdeckt. Er wurde von C. und K. gepackt und zur Polizei gebracht. Die aber erklärte sich für nicht zuständig. Ob der russische Arbeiter geplündert hatte oder nicht, schien niemanden zu kümmern. Ein Wehrmachtsoffizier erklärte, er habe keine Leute, um den Russen erschießen zu lassen. K. zeigte eine wahre Gier, den Arbeiter umzubringen: «... der Russe müsse erschossen werden; wenn die Wehrmacht es nicht tue, würde er, K., es selbst tun.»[50] Anschließend gingen C. und K. mit dem russischen Arbeiter, den sie an den Armen festhielten, zum Sportplatz Konkordia. Sie wurden von «anderen Leuten, insbesondere von Jugendlichen» begleitet. Auf dem Sportplatz erschoß K. den angeblichen Plünderer vor einem Bombentrichter.

Unter «arbeitsvertragsbrüchigen» oder aus der Lagerhaft geflohenen Ausländern kam es seit dem Herbst 1944 zur Bildung von Zusammenschlüssen, die von der Gestapo stets als «Banden» und «Terrorbanden» bezeichnet wurden. Die Ausländer schlossen sich zusammen und unternahmen gemeinsam bewaffnete Raub- und Plünderungszüge. Am Anfang einer Entwicklung zur «Bande» standen der schlichte Hunger, das Leiden unter dem Pariastatus und die Bombengefahr in den Lagern. Im Bewußtsein der Bevölkerung und auch der Verfolgungsbehörden handelte es sich bei diesen Zusammenschlüssen fast ausschließlich um «Ostarbeiterbanden», doch gab es ebenfalls polnische, italienische, französische und – nicht zuletzt – deutsche «Banden». Die «Banden» waren in der Regel bewaffnet und lieferten sich mit der Gestapo zum Teil Stunden dauernde Gefechte. Angehörigen von «Ostarbeiterbanden» war im Ergreifungsfalle der Tod sicher. Also schossen sie auf jeden, von dem sie glaubten, er könnte ihnen gefährlich sein. Mittelpunkt der «Banden» war im Herbst 1944 die Stadt Köln. Das Aktionsfeld verlagerte sich gegen Ende 1944 in Richtung Bonn, Bergisches Land und Ruhrgebiet. Der ehemalige Gestapoleiter von Düsseldorf nahm an, daß die Ausländer durch die öffentliche «Sonderbehandlung» von fünf «Ostarbeitern», einem Kroaten und fünf Ausländern unbekannter Nationalität abgeschreckt worden seien.[51] «Sonderbehandlung» war ein Tarnwort für den administrativen Mord.

Die von einem «Ostarbeiter» angeführte «Fortasraki-Bande» lieferte sich im Dezember 1944 gemeinsam mit der deutschen «Bande Bauer» ein Feuergefecht mit der Kölner Gestapo.[52] Der Anführer und einige Mitglieder der «Fortasraki-Bande» konnten sich nach Wuppertal und von dort nach Essen durchschlagen. Hier brachen sie auf dem Verschiebebahnhof Essen-Dellwig Eisenbahnwaggons auf und raubten Feldpostpäckchen. Nach einer Schießerei mit Essener Polizei-Einheiten wurden zwölf Angehörige der «Bande» verhaftet, darunter Fortasraki selbst.

Um verallgemeinern zu können, muß von individualpsychologischen Gesichtspunkten bei den Tätern abgesehen werden. Doch haben gerade in gesellschaftlichen Extremsituationen individuelle Neigungen zum Verbrecherischen eine viel größere Chance des Auslebens als unter stabilen Verhältnissen. Ein Beispiel dafür ist die makabre Köpenickiade des Schornsteinfegers Willi Herold aus Lutzena, Jahrgang 1925. Als Gefreiter von seiner Einheit desertiert, hatte er sich eine Hauptmannsuniform besorgt und im März 1945 nahe der holländischen Grenze aus versprengten Soldaten die «Einheit Herold» zusammengestellt. Er gab vor, jüngster Hauptmann des Reiches zu sein. Mit der Uniform angetan, gelang es ihm, dem Kommandanten der Konzentrationslager im Emsland die Befehlsgewalt aus den Händen zu nehmen. Im Lager Aschendorfer Moor kam es im April 1945 auf Befehl Herolds zu brutalen Massenerschießungen von Häftlingen. Herold wurde 1946 von einem britischen Gericht des 98fachen Mordes angeklagt und zum Tode verurteilt.[53]

In den letzten Wochen vor ihrer Auflösung haben Gestapo-Beamte der Leitstelle Dortmund den größten Teil der in Haft befindlichen Personen, Männer und Frauen, Ausländer und Deutsche, ermordet.[54] Die Personen kamen aus dem Hausgefängnis der Dortmunder Gestapo sowie aus den Polizeigefängnissen Dortmund, Herne und Bochum, wohin sie zuvor wegen Überfüllung anderer Gefängnisse gebracht worden waren. Vor ihrer Ermordung wurden die Gefangenen im Dortmunder Gestapo-Gefängnis und in einem der Dortmunder Leitstelle zugehörigen Auffanglager im Dortmund Hörder Hüttenverein untergebracht. Insgesamt wurden bei zehn Massenmorden 230 bis 240 Menschen durch Genickschüsse getötet. Darunter befanden sich «Ost-» und «Fremdarbeiter» und Angehörige deutscher Widerstandsgruppen aus Dortmund, Lippstadt und Meinerzhagen. Unter den Angehörigen der Dortmunder Widerstandsgruppe war der Kriminalsekretär Weiler, der von der Gestapo als Verräter in den eigenen Reihen angesehen wurde. Die Opfer der «Sonderbehandlungen» wurden zwischen dem 7. 3. und dem 8. oder 9. 4. 1945 getötet. Bei der ersten Massenerschießung vor einem Bombentrichter auf der sogenannten «Spielwiese» in den Bittermarkwäldern wurden zwei Häftlinge zunächst von der Exekution ausgenommen. Sie mußten die Leichen zweier bei einem Fluchtversuch erschossener Russen zum Trichter bringen. Dann wurden auch sie ermordet.

«Nach der Beendigung der Erschießung wurde der Trichter von den anwesenden Gestapo-Beamten notdürftig zugeschaufelt. Daraufhin fuhren die Teilnehmer zur Gestapodienststelle zurück. Hier wurde an die Exekutionsteilnehmer bei einem kleinen Beisammensein eine Sonderzuwendung an Tabakwaren und Schnaps ausgegeben.»[55]

Als sich die alliierten Truppen Dortmund bereits so weit genähert hatten, daß man das Feuer der deutschen Panzerabwehrkanonen hören konnte, wurden die letzten drei Dortmunder Gestapo-Häftlinge ermordet, zwei Ausländer und eine Ausländerin. Das war am 8. oder 9. 4. 1945. Am 19. 4. 1945 mußten ehemalige NSDAP-Mitglieder unter der Aufsicht Dortmunder Antifaschisten die Leichen exhumieren.

## III

In seinem Beitrag «Zivilisation und Gewalt» fragt Norbert Elias nach den «Bedingungen…, unter denen sich in einer Gesellschaft zivilisierte Verhaltens- und Gewissensformen aufzulösen beginnen».[56] In dieser Entwicklung, die man frei nach dem Titel seines Hauptwerkes als «Umkehrung des Prozesses der Zivilisation» bezeichnen könnte, sieht Elias einen «Weg der Verwilderung und Entmenschlichung, der in relativ zivilisierten Gesellschaften immer eine geraume Zeit braucht. Terror und Horror treten in solchen Gesellschaften kaum je in Erscheinung ohne einen ziemlich langen gesellschaftlichen Prozeß der Zersetzung des Gewissens.»[57]

Wann begann dieser Zersetzungsprozeß, an dessen Ende die schrecklichen Massenmorde der letzten Kriegsmonate stehen? Begann er nicht bereits, als die nationalsozialistische Vorstellung von höheren und minderwertigen Rassen, vom «Freund-Feind-Verhältnis», von der rücksichtslosen Bekämpfung des «Feindes» als Äußerung völkischen Lebenswillens[58] und vom Vernichtungskampf gegen «Bolschewismus» und «Judentum» erstmals in Regierungspolitik umgesetzt wurde? Begann der Zersetzungsprozeß, von dem Norbert Elias spricht, nicht also bereits 1933?

Kriterium einer funktionierenden Gesellschaft ist gehegte Gewalt. Krasse Enthegungsphänomene der Gewaltträger in den letzten Kriegsmonaten wurden beschrieben. Wenngleich Verbrechen der Gestapo, SA und SS in den verschiedenen Phasen der NS-Diktatur unterschiedlich große Bestandteile bürokratischer Regelung aufwiesen, war die Enthegung der Gewalt nicht auf die Schlußkriegsphase beschränkt. Massenmorde wie jene der Dortmunder Gestapo waren bis in die Details – gezwungene Helfer unter den Opfern, die anschließend ebenfalls ermordet wurden; Schnapsverteilung nach den Mordtaten – verkleinerte Reproduktionen der Verbrechen der «Einsatzgruppen», die in den eroberten Gebieten der Sowjetunion ab Juni 1941 Hunderttausende von Menschen, zumeist russische Juden, ermordeten. 1942 begannen die Massenmorde in den Vernichtungslagern. Eine Untersuchung der menschenverachtenden Brutalität des NS-Regimes in der letzten Kriegsphase darf daher nicht zu einer schiefen Optik führen: Zu den Schlußkriegsmassakern kam es, als bereits Millionen jüdischer Menschen umgebracht worden waren.

## Anmerkungen

1 Lutz Niethammer, Heimat und Front, in: Ders. (Hrsg.), «Die Jahre weiß man nicht, wo man sie heute hinsetzen soll.» Faschismuserfahrungen im Ruhrgebiet (Lebensgeschichte und Sozialkultur im Ruhrgebiet 1930–1960, Bd. I), S. 163–232, S. 222.

2 Martin Broszat, Klaus-Dietmar Henke, Hans Woller (Hrsg.), Von Stalingrad zur Währungsreform. Zur Sozialgeschichte des Umbruchs in Deutschland, München 1986 (Quellen und Darstellungen zur Zeitgeschichte. Herausgegeben vom Institut für Zeitgeschichte, Band 26), S. XXV.

3 Karl Siegfried Bader, Soziologie der deutschen Nachkriegskriminalität, Tübingen 1949, S. 131.

4 Franz Kurowski, Der Luftkrieg über Deutschland, Düsseldorf, Wien 1977, S. 186.

5 Gerhard Baumert, Jugend in der Nachkriegszeit. Lebensverhältnisse und Reaktionsweisen, Darmstadt 1952, S. 117.

6 NWHStAD (Nordrhein-Westfälisches Hauptstaatsarchiv), RW 58 (Gestapo-Personalia) – 23 599 et passim.

7 NWHStAD, A 60, Lageberichte der Generalstaatsanwälte und Oberlandesgerichtspräsidenten von Köln und Düsseldorf an den Reichsjustizminister.

8 Ebenda.

9 A. L. Rüter-Ehlermann, C. F. Rüter (Hrsg.), Justiz und NS-Verbrechen. Sammlung deutscher Strafurteile wegen nationalsozialistischer Tötungsverbrechen 1945–1966, Amsterdam 1970, Bd. VIII, S. 689 f.

10 NWHStAD, Rep. 112 (Bestand Sondergericht Köln) – 7208, Brief vom 16. 5. 1944;

11 NWHStAD, A 60, s. hierzu den Beitrag von Norbert Krüger in diesem Band, S. 88

12 Ebenda.

13 Zu diesem Angriff siehe: SD-Berichte zu Inlandsfragen vom 17. Juni 1943, in: Heinz Boberach (Hrsg.), Meldungen aus dem Reich. Die geheimen Lageberichte des Sicherheitsdienstes der SS 1938–1945, Herrsching 1984, Bd. 14, S. 5354 f.

14 Franz Kurowski, Der Luftkrieg über Deutschland, S. 241.

15 NWHStAD, A 60.

16 Warren Kinston, Rachel Rosser, Disaster: Effects on Mental and Physical State, in: Journal of Psychosomatic Research 18 (1974), S. 437–456, S. 442 f.

17 Justiz und NS-Verbrechen, Bd. I, S. 297.
Zur Panik in Katastrophensituationen siehe: J. G. Edwards, Psychiatric aspects of civilian disasters, in: British Medical Journal, 17. April 1976, S. 944–947, S. 945.

18 Warren Kinston, Rachel Rosser, Disaster, S. 438.

19 J. G. Edwards, Psychiatric aspects of civilian distasters, S. 944.

20 James Thompson, Nukleare Bedrohung. Psychologische Dimensionen atomarer Katastrophen, Weinheim 1986, S. 44.

21 Hans Erich Nossack, Der Untergang, in: Ders., Erzählungen, hrsg. v. Christof Schmid, Frankfurt 1987, S. 7–51, S. 39.

22 Siehe: Warren Kinston, Rachel Rosser, Disaster, S. 439; Chen Yong (Hrsg.), The Great Tangshan Earthquake of 1976: An Anatomy of Disaster, Pergamon 1988.

23 Rolf Schörken, Luftwaffenhelfer und Drittes Reich. Die Entstehung eines politischen Bewußtseins, Stuttgart 1984, S. 17.

24 NWHStAD, RW 58–25 578.

25 NWHStAD, RW 58–66 163.

26 NWHStAD, RW 58–9213.

27 NWHStAD, Rep. 112–2810.

28 Zur soziologischen Kategorie des «Vertrauens» siehe: Niklas Luhmann, Vertrauen. Ein Mechanismus der Reduktion sozialer Komplexität, Stuttgart 1968, bes. S. 1–14.

29 NWHStAD, Rep. 112–7208.

30 Heinz Boberach (Hrsg.), Meldungen aus dem Reich, Bd. 16, S. 6413.

31 Ebenda, Bd. 17, S. 6535.

32 Siehe: Rolf Lindner, Straße – Straßenjunge – Straßenbande. Ein zivilisationstheoretischer Streifzug, in: Zeitschrift für Volkskunde 79 (1983), S. 192–208.

33 Josef Müller-Marein, Deutschland im Jahre 1. Reportagen aus der Nachkriegszeit, München 1986, S. 10 f.

34 NWHStAD, A 60.

35 Lutz Niethammer, Heimat und Front, S. 187.

36 Ebenda, S. 187 f.

37 Ernst Jünger, Die Hütte im Weinberg (Eintragung vom 11. 4. 1945), in: Ders., Sämtliche Werke, Erste Abteilung, Tagebücher, Bd. III, Stgt. 1979, S. 405.

38 Harald Mueller, Großer Wolf, in: Ders., Großer Wolf / Halbdeutsch. Zwei Stücke, Frankfurt 1970, S. 31.

39 Martin Broszat, Klaus- Dietmar Henke, Hans Woller (Hrsg.), Von Stalingrad zur Währungsreform, S. XXVII.

40 Hans Erich Nossack, Der Untergang, S. 20.

41 Helga Grebing (Hrsg.), Lehrstücke in Solidarität. Briefe und Biographien deutscher Sozia-

listen 1945–1949 (Quellen und Darstellungen zur Zeitgeschichte), Stuttgart 1983, S. 32.

42 Herfried Münkler, Machtzerfall. Die letzten Tage des Dritten Reiches, dargestellt am Beispiel der hessischen Kreisstadt Friedberg, Berlin 1985, S. 8.

43 Ebenda, S. 59.

44 Akten der Staatsanwaltschaft Köln, 120 (24) Js 115/65.

45 NWHStAD, A 60 (Bericht des Generalstaatsanwaltes Düsseldorf an den Reichsjustizminister, 28.5.1944).

46 Siehe: Ulrich Herbert, Der «Ausländereinsatz». Fremdarbeiter und Kriegsgefangene in Deutschland 1939–1945 – ein Überblick, in: Beiträge zur nationalsozialistischen Gesundheits- und Sozialpolitik 3, Herrenmensch und Arbeitsvölker, Berlin 1986, S. 13–54, S. 46 f.

47 Justiz und NS-Verbrechen, Bd. IV, 670.

48 Ebenda, Bd. IV, S. 331 ff.

49 Ulrich Herbert, Apartheid nebenan. Erinnerungen an die Fremdarbeiter im Ruhrgebiet, in: Lutz Niethammer (Hrsg.), «Die Jahre weiß man nicht, wo man sie heute hinsetzen soll», S. 233–266, S. 256.

50 Justiz und NS-Verbrechen, Bd. VIII, S. 690.

51 Zeugenvernehmung Hans H., 12.6.1969, in: Akten der Staatsanwaltschaft Köln, 120 (24) Js 115/65, Bl. 1471.

52 Siehe zum folgenden: Ulrich Herbert, Fremdarbeiter, Politik und Praxis des «Ausländer-Einsatzes» in der Kriegswirtschaft des Dritten Reiches, Berlin, Bonn 1985, S. 335.

53 Justiz und NS-Verbrechen, Bd. V, S. 539 ff.; Erich Kosthorst, Bernd Walter, Konzentrations- und Strafgefangenenlager im Dritten Reich, Beispiel Emsland, 3 Bde., Düsseldorf 1983, Bd. III, S. 3089 ff.

54 Zu den folgenden Angaben und Zitaten siehe: Justiz und NS-Verbrechen, Bd. X, S. 463 ff. («Rombergpark-Prozeß»).

55 Ebenda, Bd. X, S. 471.

56 Norbert Elias, Zivilisation und Gewalt. Über das Staatsmonopol der körperlichen Gewalt und seine Durchbrechungen, in: Joachim Matthes (Hrsg.), Lebenswelt und soziale Probleme. Verhandlungen des 20. Deutschen Soziologentages zu Bremen 1980, Frankfurt New York 1981, S. 98–122.

57 Ebenda, S. 116.

58 Siehe: Karl Siegfried Bader, Soziologie der deutschen Nachkriegskriminalität, S. 128.

# Kriegsende

Berlin, 1945
*Der «Stalingrad – nach Berlin» - Tanz*
Victor Grebnev

Dachau, 29. 4. 1945
*Die Amerikaner haben das KZ Dachau befreit – die befreiten Häftlinge versammeln sich überglücklich auf dem Lagerplatz unter der gehißten amerikanischen Flagge.*

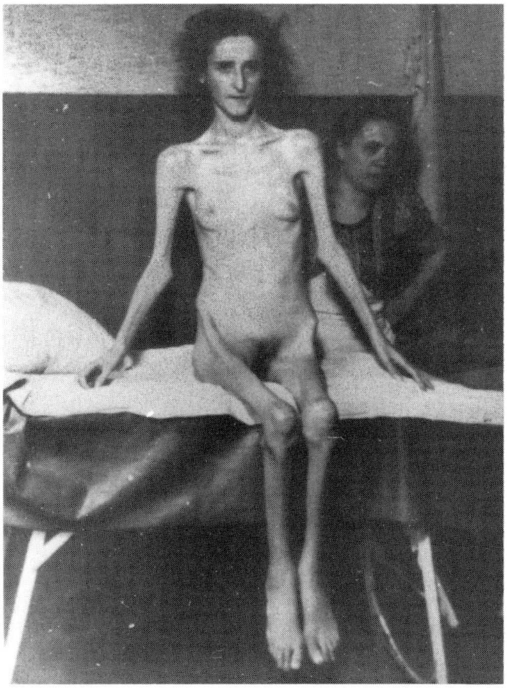

Auschwitz-Birkenau, 1945
*Gerda R., 23 Jahre alt, geb. in Breslau, KZ-Nr. 75710, Gewicht 25 kg, in Auschwitz-Birkenau nach ihrer Befreiung.*

Rechts: Holland, September 1944
Deutsche Kriegsgefangene

Rechts unten: 1944/45
Deutsche Flüchtlinge

Buchenwald, 12. 5. 1945
*Die Zivilbevölkerung wird nach der Befreiung des Lagers mit den Leichenbergen konfrontiert.*

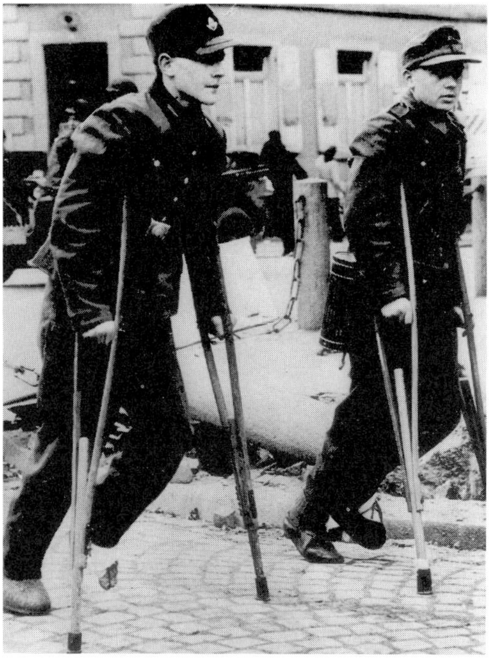

Ende März 1945
*Junge deutsche Verwundete (links ein Angehöriger des Reichsarbeitsdienstes) nach ihrer Gefangennahme durch Truppen der 7. US-Armee östlich des Mittelrheins.*

Friedland, 1955
Heimkehrer

Angehörige vermißter deutscher Soldaten mit Suchschildern

Mathilde Jamin

# Krieg ausstellen?

## Zur Konzeption der Ausstellung «Über Leben im Krieg» im Essener Ruhrlandmuseum

Dieses Buch begleitet eine Ausstellung des Essener Ruhrlandmuseums, die am «Volkstrauertag» 1989 eröffnet wird. «Über Leben im Krieg. Kriegserfahrungen im Ruhrgebiet 1939–1945» ist ein Versuch, 50 Jahre nach dem Beginn des 2. Weltkriegs die Spuren zu sichern und bewußt zu machen, die der Kriegsalltag der Bevölkerung in der Region hinterlassen hat. Im Unterschied zu den zahlreichen vorhandenen Darstellungen über die politische und militärische Ereignisgeschichte des Krieges ist die leitende Fragestellung der Ausstellung und dieses Buches eine sozialgeschichtliche: Was bedeutet Krieg, was bedeutete dieser Krieg für die gesellschaftlichen Strukturen und für das Alltagsleben der Bevölkerung? Wie wurde Krieg «von unten» erfahren, von Männern, Frauen und Kindern, von Soldaten und der Zivilbevölkerung? Welche Erinnerungen hieran sind noch lebendig?

Auch heute noch ist es ein nicht geringer Teil der Bevölkerung in der Bundesrepublik, der, zumindest als Kinder und Jugendliche, den Krieg noch miterlebt hat: Wer etwa um 1940 geboren wurde, dessen frühe Kindheit wurde vom Krieg geprägt. Die Geburtsjahrgänge um 1930 erlebten den Krieg als Jugendliche. Und bis zum Geburtsjahrgang 1927/28 reicht schließlich die Generation der aktiven Kriegsteilnehmer, die als Männer Soldaten und als Frauen zum «Kriegshilfsdienst» verpflichtet werden konnten.

Ein Hauptmerkmal des 2. Weltkrieges, das ihn als einen sehr «modernen» Krieg ausweist, bestand in der Universalisierung der Kriegserfahrung: In den Bombenkriegsgebieten war der Unterschied zwischen «Front» und «Heimat» tendenziell aufgehoben, die ständige Lebensgefahr für die Zivilbevölkerung nicht geringer als für die kämpfenden Soldaten. Entscheidend für die Kriegserfahrung der deutschen Bevölkerung war, ob man in den großen Städten und Industriegebieten oder abseits davon in ländlichen Regionen lebte. Das Ruhrgebiet, eines der wichtigsten Industrie- und Rüstungszentren mit der «Waffenschmiede des Reiches», Essen, wurde ebenso wie Köln, Hamburg und Berlin früh und auf extreme Weise zum Kriegsgebiet. Es eignet sich daher gut für eine exemplarische Fallstudie darüber, was ein moderner Krieg für die Zivilbevölkerung bedeutet, wenn wir auch davon ausgehen müssen, daß ein mit modernsten

– atomaren – Waffen geführter heutiger Krieg mit diesen historischen Erfahrungen völlig unvergleichbar wäre.

Weniger als jeder andere Krieg eignet sich aber der 2. Weltkrieg dazu, in der heutigen Darstellung auf diesen tendenziell pazifistischen Aspekt beschränkt zu werden. Wollte man nur unterschiedslos die «Leiden der Bevölkerung» thematisieren, würde man genau das verfehlen, was das historisch Besondere dieses Krieges, seinen verbrecherischen Charakter, ausmacht: den deutschen Angriffskrieg zum Zweck der rassistischen Unterjochung Europas, der in Polen von Anfang an mit der Ausrottung unerwünschter Gruppen der Zivilbevölkerung verbunden war, vor allem aber die industriell betriebene Massenvernichtung der europäischen Juden im deutschen Machtbereich, die zwar kein *Kriegs*verbrechen war, ohne diesen Krieg aber nicht hätte geschehen können. Es war die alliierte Kriegsmaschinerie, die dem Massenmorden schließlich ein Ende setzte.

Ziel der Ausstellung und dieses Buches ist es deshalb, die Kriegserfahrungen der deutschen Mehrheitsbevölkerung zwar darzustellen, ihre Perspektive aber immer wieder zu brechen durch diejenige von «Fremdarbeitern», Juden und anderen Opfern des Regimes. Dies läßt sich am Beispiel des die deutschen Erinnerungen oft beherrschenden Bombenkrieges deutlich machen: Wenn die Deutschen während der Bombenangriffe in den Luftschutzkellern und Bunkern um ihr Leben bangten und viele von ihnen auf schreckliche Weise zu Opfern dieses Krieges wurden, gab es zur gleichen Zeit und am gleichen Ort Tausende von «Fremdarbeitern», die sich glücklich geschätzt hätten, wenn sie diese Luftschutzräume überhaupt hätten betreten dürfen. Nach den Angriffen waren es Häftlinge, häufig politische Gegner des Regimes, die die extrem gefährliche Arbeit des Wegschaffens von Blindgängern und Bomben mit Langzeitzündern übernahmen, um dem Konzentrationslager zu entgehen. Die jüdischen Bürger waren, bevor die Luftangriffe auf das Ruhrgebiet im Frühjahr 1943 ihren ersten Höhepunkt erreichten, überwiegend bereits in die Ghettos und Vernichtungslager in Osteuropa deportiert und ermordet worden. Die noch in der Region lebenden Juden durften die öffentlichen Luftschutzräume nicht benutzen. Die wenigen von ihnen, die als «Illegale» in Deutschland überlebten, erfuhren die alliierten Bombenangriffe, die zu überstehen für sie viel schwieriger war als für die nicht illegal lebende Mehrheitsbevölkerung, bei aller Todesangst als das Näherrücken ihrer Befreiung.

Eine so komplexe Fragestellung wie die hier beschriebene kann in einer Ausstellung nur aspekthaft, also unvollständig, thematisiert werden. Die Ausstellung erhebt nicht den Anspruch, die Sozialgeschichte des 2. Weltkrieges, die übrigens erst zum Teil erforscht ist, vollständig zu dokumentieren. Sie fragt vielmehr danach, wie exemplarische kriegstypische Schlüsselsituationen, die sozialgeschichtlich relevant sind, von Menschen erfahren wurden.

Zehn solcher Erfahrungsbereiche bilden die Themen der Ausstellung. Sie sind oft so angeordnet, daß unter einem formal vergleichbaren Oberbegriff die sehr ungleichen Lebenssituationen der verschiedenen Gruppen von «Kriegsbetroffenen» gegenübergestellt werden:

**Arbeit im Krieg, Arbeit für den Krieg.** Belastungen der deutschen Arbeiter und Frauen, Arbeitssituation von «Fremdarbeitern» und KZ-Häftlingen

**Mangelversorgung und Hunger.** Knappheit und Mangelversorgung bei der deutschen Bevölkerung, Hunger bei den Zwangsarbeitern, Ausplünderung der besetzten Gebiete

**Entfernung von der Heimat, Trennung von den Angehörigen.** Soldaten an der Front, evakuierte Frauen und Kinder, Kriegsgefangene, Flüchtlinge, nach Deutschland verschleppte Zwangsarbeiter, deportierte Juden

**Die großen und die kleinen Kriegsgewinne der Deutschen.** Ausbeutung der besetzten Gebiete und Profite, Krieg als Chance für Bewährung, sozialen Aufstieg und Frauenemanzipation, der Krieg als touristisches Großunternehmen, «Sekt und Seidenstrümpfe aus Frankreich», Teilhabe an den «nationalen Erfolgen», Lebensfreude im Kriegsalltag

**Fronterfahrungen.** Soldaten als Opfer und Täter

**Deutsche Verbrechen in den besetzten Gebieten.** Verbrechen an der Zivilbevölkerung, Judenmord

**Information und Propaganda.** Alliierte Flugblätter, «Feindsender» und NS-Kriegspropaganda

**Bombenkrieg.** Der Alarm als Normalzustand, die Keller-/Bunkersituation, Bombenangst und Bombentod. Perspektiven: deutsche Mehrheitsbevölkerung, politische Häftlinge als Bombenräumer, «Fremdarbeiter», Juden

**Die Nähe des Todes.** Ständige Lebensgefahr, Tod von Angehörigen und Freunden, NS-Terror, Umgang mit dem Tod

**Der Augenblick des Friedens.** Stille. Niederlage – Befreiung

Einen wesentlichen Bestandteil der Ausstellung bilden bisher zumeist unveröffentlichte Fotografien aus dem Bundesarchiv Koblenz und aus dem Fotoarchiv des Ruhrlandmuseums. Daneben spielt historisches Tonmaterial eine wichtige Rolle: der Sirenenklang des Bombenalarms, die akustisch wiedergegebenen Interviews mit Zeitzeugen, die Zusammenstellung von deutschsprachigen BBC-(«Feindsender»-) Rundfunkprogrammen, die im Kontrast zu den parallel in einem Arrangement «Deutsches Wohnzimmer» gezeigten nationalsozialistischen Propaganda-Schmalfilmen die Reichweite der den Deutschen potentiell zur Verfügung stehenden Informationen über den Krieg deutlich machen. Der

Kampfmittelräumdienst beim Regierungspräsidenten Düsseldorf überließ uns freundlicherweise entschärfte Bomben und Überreste von Waffen und militärischen Ausrüstungsteilen. Der Großteil der in der Ausstellung gezeigten Exponate wurde aber nach einem ruhrgebietsweit verbreiteten Presseaufruf von ca. 60 privaten Leihgebern zur Verfügung gestellt: persönliche Dokumente und Fotoalben, alliierte Flugblätter, die die Leihgeber selbst als Jugendliche unter Gefahr aufgesammelt hatten, Erinnerungen an den Bombenkrieg vom «Bunkerkoffer» bis zum Luftschutzbett, «Souvenirs» aus den von Deutschland besetzten Gebieten, kleine Schmuckstücke, die sowjetische Zwangsarbeiter für ein Brot angefertigt hatten – um nur die wichtigsten Typen von Objekten aufzuzählen.

Mit allen Leihgebern wurde ein Gespräch über ihre Kriegserfahrungen und die «Geschichte» ihrer Leihgaben geführt. Zusätzlich wurde am Ruhrlandmuseum ein Zeitzeugen-Gesprächskreis veranstaltet,[2] in dem 15 Teilnehmer/innen, systematisch befragt, über ihre Kriegserlebnisse berichteten. Die Reaktion auf die angekündigte Ausstellung, die Bereitschaft, Leihgaben zur Verfügung zu stellen und persönliche Erinnerungen mitzuteilen, erweckten den Eindruck, daß das Ausstellungsthema einem sehr starken Bedürfnis entgegenkommt, als ob gewissermaßen der Deckel von einem Gefäß entfernt worden wäre, das schon lange unter Druck stand. Dies hat offensichtlich zwiespältige Gründe, so u. a. auch den Wunsch der vom Krieg betroffenen Generation, Verständnis für die eigenen Leidenserfahrungen zu wecken und sich damit zugleich gegenüber einem unterstellten Schuldvorwurf zu rechtfertigen. Ausgesprochen apologetische Tendenzen waren dabei aber nicht vorherrschend: Viele Leihgeber haben selbst den Krieg als Kinder bzw. Jugendliche erlebt, die älteren äußerten sich oft sehr (selbst-)kritisch über den Nationalsozialismus und den Krieg.

Es ist anzunehmen, daß eine Ausstellung, die sich mit musealen Mitteln einer so ungeheuerlichen Realität wie der des 2. Weltkrieges anzunähern versucht, dem Vorwurf der «Ästhetisierung» ausgesetzt sein wird. Damit ist in der Regel gemeint, eine oft schreckliche historische Wirklichkeit, wie z. B. Arbeiterelend während der Industrialisierung, werde in unangemessen «schönen», weil typisch musealen und nicht realistischen Formen dargestellt.

In der Tat, die Ausstellung «Über Leben im Krieg» versucht gar nicht erst, Krieg – Gewalt, Kampf, Schmerz und Tod, Todesangst, Panik, Trauer – auf naturalistische Weise anwesend zu machen. Eine naturalistische Rekonstruktion der «Wirklichkeit» – nicht nur dieses Ausstellungsthemas – ist im Museum unmöglich: Ganz abgesehen von dem theoretischen Problem, was denn «die Realität» sei, kann keine Rekonstruktion die Fülle auch nur der Faktoren angemessen wiedergeben, welche die für uns theoretisch faßbaren und allgemein nicht bestrittenen Elemente der Realität ausmachen. Die Museumsausstellung ist ein künstlicher Raum und sollte den Besucher nicht durch vorgeblichen «Realismus» über ihren fiktionalen Charakter täuschen. Historische Ausstellungen sind – wie Bücher – Interpretationsangebote, rationale Konstrukte, die sich an den Verstand und die Phantasie des Besuchers bzw. Lesers wenden. Im Unterschied zu Büchern tun Ausstellungen dies vorrangig (oder sollten es doch tun) mit den Mitteln der Anschauung und sinnlichen Wahrnehmung: Sie bieten dem Besucher «Bilder» an, die von den Ausstellungsmachern aus dreidimensionalen historischen Originalobjekten, Fotografien, Ton-, Film- und Schriftdokumenten und schließlich auch kommentierenden Historikertexten zusammengestellt werden – die Reihenfolge ist in etwa als Rangfolge zu verstehen. Die Inhalte dieser Bilder sind natürlich nicht beliebig, sondern den Erkenntnissen der historischen Forschung entsprechend ausgewählt, und die Art und Weise der Zusammensetzung (Inszenierung) mit ihren räumlichen Binnenbezügen ist ebenso von Bedeutung wie die einzelnen Exponate, die nicht um ihrer selbst willen, sondern wegen ihres Verweischarakters auf historisch bedeutsame Zusammenhänge ausgestellt werden. Eine solche Form der Präsentation ist, wenn sie nicht naiv sein will, notwendigerweise ästhetisch, das heißt bewußt gestaltet. Der Gestaltungsprozeß ist eine «Ästhetisierung», aber nicht im Sinne einer Schönung der Realität, sondern der Bewußtmachung sonst unbewußter Wahrnehmungsebenen und der Ermöglichung von Erkenntnis durch reflektierte sinnliche Anschauung. Das setzt die bewußte Wahl der in der Ausstellung verwendeten Ausdrucksmittel voraus unter dem Gesichtspunkt, ob ihre Ästhetik der intendierten Aussage entspricht.[3]

Diese Prinzipien lassen sich an einigen konzeptionellen Überlegungen zur Ausstellung «Über Leben im Krieg» deutlich machen. In einer Ausstellung über den Krieg können Waffen und militärische Ausrüstungsteile kaum fehlen, wenn man nicht auf die einzigen dreidimensionalen Originalobjekte verzichten will, die sich auf den militärischen Kampf und die Fronterfahrungen der Soldaten beziehen. Der Besuch einiger Militärmuseen zu Beginn der Arbeit an der Ausstellungskonzeption führte jedoch sehr bald zu dem Schluß, daß die Präsentation solcher Objekte in ihrem ursprünglichen Zustand – als frischgestrichene, blankgeputzte und womöglich funktionierende Panzer, Flugzeuge, Gewehre usw. – aufgrund der diesen Objekten eigenen technischen Ästhetik fast zwangsläufig zu einer Faszination beim Besucher führt, der durch keinen noch so gut gemeinten Kommentartext entgegengewirkt werden kann: Die in ihrer Wirkung Waffen und Militärtechnik verherrlichende Ästhetik des Objektes ist dafür viel zu durchschlagend. Wir haben daraus die Konsequenz gezogen, Waffen und militärische Ausrüstungsteile nur in verrosteter, beschädigter oder zerstörter Form auszustellen, die eine Waffen- und Technikfaszination verhindert. Diese gewählte ästhetische Form entspricht zugleich einer wesentlichen Realität des Ausstellungsthemas: An den Instrumenten der militärischen Zerstörung – Waffen – wird die Zerstörung sichtbar gemacht, die Folge des Krieges ist.

Andere, weniger harmlose Zerstörungen als die Deformierung des Kriegsmaterials, die Vernichtung von Menschen auf brutale, der Phantasie kaum zumutbare Weise, müssen in einer Ausstellung über Krieg, und insbesondere über diesen Krieg, bewußt gemacht werden. Wir haben uns dafür entschieden, dies nicht durch eine Anhäufung von allzu deutlichen Horrorbildern extremer Brutalität zu versuchen, da dies entweder abstumpfend wirken oder beim Besucher zu Abwehr und Erkenntnisblockade führen könnte. Statt dessen setzen wir auf den subtilen Schrecken, der sich aus dem Nebeneinander von Bildern des Alltagslebens, das auch Angenehmes enthielt, und den Zeichen des Entsetzlichen ergeben kann.

Ein wesentliches Gestaltungsproblem ergibt sich aus der äußerst ungleichen Verteilung der vorhandenen Exponate auf die relevanten Themen der Ausstellung. So gibt es relativ viele Objekte zum Kriegsalltag, zur «Heimatfront» und zum Bombenkrieg, aber kaum etwas zu den Kampferfahrungen der Soldaten an der Front. Präzise Schilderungen darüber fehlen zumeist selbst in den verbalen Äußerungen der Zeitzeugen, die diese schrecklichen und wohl auch meist nicht «heldenhaften» Erinnerungen offenbar eher vergessen möchten und im Gespräch allenfalls in Form allgemeiner Stereotypen beschwören. Noch gravierender wird dieses Problem des Ungleichgewichts der Exponate dadurch, daß uns vom Kriegsalltag der deutschen Mehrheitsbevölkerung erstaunlich viele Spuren überliefert sind, auch dreidimensionale und optisch höchst eindrucksvolle, während es nur wenige Fotos und allenfalls unscheinbare Objekte gibt, die Zeugnis über das Schicksal der entrechteten Zwangsarbeiter und der ermordeten Juden geben können. Die Ausstellungsgestaltung versucht dem durch die Inszenierung, die räumliche Anordnung und Gewichtung der Exponate entgegenzuwirken. Die Massenvernichtung der europäischen Juden soll bei der Wahrnehmung des deutschen Kriegsalltags immer mitgedacht werden, also als ein Leitgedanke in der Ausstellung präsent sein, ist aber nicht ausstellbar, weil sie sich unserem Vorstellungsvermögen entzieht. Es muß deshalb ein auch räumlich wahrnehmbares, aber möglichst abstraktes Zeichen gefunden werden, das in der Ausstellung als nicht übersehbare Chiffre für die Massenvernichtung stehen kann, ohne das Mißverständnis zu wecken, damit solle das nicht Darstellbare dargestellt werden.

Die Leiden der deutschen Bevölkerung im 2. Weltkrieg waren damals der wichtigste psychologische Schutz, um die am stärksten betroffenen Opfer des nationalsozialistischen Krieges, wie Zwangsarbeiter, Juden und die Zivilbevölkerung in den besetzten Gebieten, nicht wahrnehmen zu müssen. Auch heute noch dienen diese Leidenserfahrungen als Rechtfertigungen. Die hier beschriebene Sichtweise auf Kriegserfahrungen im 2. Weltkrieg mag deshalb manchen Deutschen aus der vom Krieg betroffenen Generation als eine Zumutung erscheinen. Hier soll nicht der Holzhammer angemaßter moralischer Überlegenheit gegen die ältere Generation geschwungen werden von einer jüngeren, die sich unter *gleichen* historischen Bedingungen wohl kaum anders verhalten hätte als ihre Eltern und Großeltern – eine ebenso schockierende wie triviale Feststellung. Wenn seitdem von Deutschen «hinzugelernt» worden sein sollte, dann gerade aus dem Entsetzen über den Nationalsozialismus. Aber eben dieses «Hinzugelernte» sollte den heutigen Blick auf die Vergangenheit auch leiten. Deshalb lädt die Ausstellung dazu ein, die damals geschehene Ausblendung der Opfer deutscher Politik aus der Wahrnehmung der Mehrheitsbevölkerung wenigstens heute, auf der Ebene der «erzählten Geschichte», durch eine Erweiterung und Veränderung der Perspektiven auf den Krieg zu beenden.

## Anmerkungen

1 Hierfür danke ich Herrn Johannes Pothmann von der «Westdeutschen Allgemeinen Zeitung» und Herrn Rainer Zunder von der «Westfälischen Rundschau» sowie allen Leihgebern, die so freundlich waren, uns Objekte zur Verfügung zu stellen und ihre Erinnerungen mitzuteilen.

2 Er fand von Januar bis Juni 1989 unter der Leitung von Heidi Behrens-Cobet und Angelika Wuszow statt.

3 Dieser Absatz faßt Prinzipien musealer Präsentation zusammen, die seit einigen Jahren im Ruhrlandmuseum diskutiert werden und an das von Heinz Reif entwickelte Konzept der 1984 eröffneten Dauerausstellung anknüpfen.

# Bildnachweis

## Erläuterungen zu den Bildern

Vor einer Bildserie steht der von uns gewählte Titel. Unter bzw. neben den Fotografien befinden sich Angaben zu Ort und Datum der Aufnahme sowie oft die *kursiv* gedruckte Original-Bildunterschrift, die wir in den Fällen, wo sie noch vorhanden ist, zur Wahrung des Dokumentencharakters meistens abgedruckt haben, obwohl sie manchmal weniger erhellend als propagandistisch irreführend ist. Eine von uns oder vom Archiv stammende Bildunterschrift dagegen erscheint im normalen Schriftbild. Es folgen – falls bekannt – der Name des Fotografen und der Typ des Fotos.

## Abkürzungen

AGKBZHwP = Archiwum Gt. Komisj Badania Zbrodni Hitlerowskich w Polsce, Warschau
BA = Bundesarchiv, Koblenz
bpk = bildarchiv preussischer kulturbesitz, Berlin
IML = Institut für Marxismus-Leninismus beim ZK der SED – Zentrales Parteiarchiv –, Berlin/DDR
IWM = Imperial War Museum, London
JMP = Jüdisches Museum Prag
NA = National Archives, Washington
PK = Propaganda-Kompanie
RLM = Ruhrlandmuseum, Essen
StADo = Stadtarchiv Dortmund

Seite 15 oben: Liselotte Dohse, Bottrop
Seite 15 unten: BA 85/66/17
Seite 16 oben: BA 584/2153/22
Seite 16 unten: BA 74/101/72
Seite 17 oben: BA 76/108/29
Seite 17 unten: Privatbesitz
Seite 18: Alexander v. Plato, Hagen
Seite 20 links: BA 71/107/22
Seite 20 rechts: BA 74/90/25
Seite 21: BA 81/41/5 a
Seite 22 oben: BA 217/466/13
Seite 22 unten: BA 210/128/11 a
Seite 23: BA (ohne Nr.)
Seite 24: Willi Janssen, Essen
Seite 25: Privatbesitz
Seite 27 oben: Werbeanzeige Adox
Seite 27 links: Willi Janssen, Essen
Seite 27 rechts: RLM
Seite 29 oben: BA MW 21/1019/5
Seite 29 unten: BA MW 21/1019/14
Seite 30 oben: BA MW 21/1019/12
Seite 30 unten: BA MW 21/1019/20
Seite 31 oben: BA MW 21/1019/15
Seite 31 unten: BA MW 21/1019/10
Seite 32 oben: BA MW 21/1019/3
Seite 32 unten: BA MW 21/1019/7
Seite 43 oben: BA (ohne Nr.)
Seite 43 unten: BA 87/89/13
Seite 44 oben: BA 81/53/18 a
Seite 44 links: BA 75/68/20 a
Seite 44 rechts: BA 81/53/4 a
Seite 45: BA 70/86/67
Seite 46 links: BA 668/7168/15 a
Seite 46 rechts: BA 677/8040/12 a
Seite 46 unten: BA 104/1079/39
Seite 47 oben: BA 292/1282/21
Seite 47 unten: BA 616/2522/21 a
Seiten 48 u. 49 Klaus Lindemann, Essen
Seite 62: BA (ohne Nr.)
Seite 63 links: BA 104/1085/20
Seite 63 rechts: BA (ohne Nr.)
Seite 63 unten: BA 15/853/24 a
Seite 64 oben: RLM 84/643
Seite 64 unten: BA 14 A/663/18
Seite 65 oben: BA K 2 a/16227/17
Seite 65 unten: BA 81/34/5
Seite 66 oben: BA 165/419/19 a
Seite 66 unten: BA 786/343/15
Seite 85 oben: Norbert Krüger, Essen
Seite 85 unten: Hedwig Schwarz, Essen
Seite 86 oben: IWM C 3580 A
Seite 86 unten: IWM C 3560
Seite 87 oben: IWM C 3554
Seite 87 unten: IWM C 5131
Seite 101 oben: RLM 84/789
Seite 101 unten: RLM 84/783
Seite 102 links: BA 71/30/31
Seite 102 rechts: BA 71/28/40
Seite 102 unten: RLM 84/666
Seite 103 oben: RLM 84/238
Seite 103 unten: RLM 84/350 a
Seite 104 oben: BA 72/40/88
Seite 104 unten: Norbert Krüger, Essen
Seite 105 oben: BA 83/122/5 a
Seite 105 unten: BA 81/157/34
Seite 106 oben: IML 3359 über Archiv Ernst Schmidt im RLM, Film 392-14
Seite 106 unten: AGKBZHwP sygn. 454. Recherche: Josef Herten, Essen

| | |
|---|---|
| Seite 107 oben: | AGKBZHwP sygn. 3467. Recherche: Josef Herten, Essen |
| Seite 107 unten: | StADo, Best. 502, Negativ WuV 631 |
| Seite 108 links: | IML 2022/70 über Archiv Ernst Schmidt im RLM, Film 392-10 |
| Seite 108 rechts: | NA 208-AA-131 k-1 über StADo, Negativ WuV 638 |
| Seite 108 unten: | NA 208-AA-131-7, über StADo, Negativ WuV 639 |
| Seite 109 oben: | H. Homann, Essen. Recherche: Josef Herten, Essen |
| Seite 109 unten: | H. Homann, Essen. Recherche: Josef Herten, Essen |
| Seite 110 oben: | Zinaida Sterck-Walichowa, Amsterdam. Recherche: Josef Herten, Essen |
| Seite 110 unten: | Zinaida Sterck-Walichowa, Amsterdam. Recherche: Josef Herten, Essen |
| Seite 123 oben: | BA 680/8285 a/25 |
| Seite 123 unten: | BA 680/8285 a/5 |
| Seite 124 oben: | JMP über Helga Gotschlich, Berlin |
| Seite 124 unten: | JMP über Helga Gotschlich, Berlin |
| Seite 125 links: | JMP über Helga Gotschlich, Berlin |
| Seite 125 rechts: | JMP über Helga Gotschlich, Berlin |
| Seite 125 unten: | JMP über Helga Gotschlich, Berlin |
| Seite 143: | Yad Vaschem, Jerusalem über bpk NS 815 |
| Seite 144–147: | Willi Janssen, Essen |
| Seite 151 links: | BA 76/110/31 |
| Seite 151 rechts: | BA 83/105/14 a |
| Seite 151 unten: | BA 80/10/13 |
| Seite 157 oben: | BA 74/104/42 |
| Seite 157 unten: | BA 79/113/4 |
| Seite 162 oben: | BA 206/1854/33 |
| Seite 162 unten: | BA 151/1784/22 |
| Seite 163: | BA 89/72/20 |
| Seite 164 oben: | BA 206/1854/15 |
| Seite 164 unten: | BA 286/815/22 a |
| Seite 165 links: | BA 31/2436/6 a |
| Seite 165 rechts: | BA 287/872/27 a |
| Seite 165 unten: | BA 287/872/28 a |
| Seite 166: | BA 212/221/3 a |
| Seite 167 oben: | BA 212/221/4 a |
| Seite 167 Mitte: | BA 212/221/5 a |
| Seite 167 unten: | BA 212/221/6 a |
| Seite 168 oben: | BA 138/1083/16 |
| Seite 168 Mitte: | BA 138/1083/26 |
| Seite 168 unten: | BA 138/1083/29 |
| Seite 179: | Privatbesitz |
| Seite 195 oben: | Mit freundlicher Genehmigung des Lappan-Verlags, Oldenburg, nach dem Bildband: Daniela Mrázkowá und Vladimir Remeš: Von Moskau nach Berlin. Der Krieg im Osten 1941–45, gesehen von russischen Fotografen, Oldenburg/Münster 1979, S. 139 |
| Seite 195 unten: | bpk NS 836 |
| Seite 196 oben: | bpk NS 814 |
| Seite 196 unten: | bpk NS 830 |
| Seite 197 oben: | BA (ohne Nr.) |
| Seite 197 unten: | BA 79/84/15 |
| Seite 198 links: | BA 71/54/47 |
| Seite 198 rechts: | BA 87/53/38 |
| Seite 198 unten: | BA 77/125/2 |

# Die Autoren

*Prof. Dr. Hans Mommsen*, 1930, Studium der Geschichte, Germanistik, Philosophie und Politischen Wissenschaft in Marburg und Tübingen, Prof. für Neuere Geschichte an der Ruhr-Universität Bochum

*Dr. Alexander v. Plato*, 1942, Studium der Philosophie, Germanistik und Soziologie in Berlin, wissenschaftlicher Angestellter an der Fern-Universität Hagen

*Stephan Sensen*, 1961, Studium der Geschichte und Kunst in Essen, Doktorand an der Universität-GH-Essen

*Dr. Wolfgang Franz Werner*, 1947, Studium der Geschichte und Anglistik in Bochum, Leiter des Archivs des Landschaftsverbandes Rheinland, Brauweiler

*Dr. Nori Möding*, 1951, Studium der Politologie, Soziologie, Philosophie, Religionswissenschaften und Germanistik in Berlin, Wissenschaftliche Angestellte an der FU Berlin und an der Fern-Universität Hagen

*Dr. Dorothee Wierling*, 1950, Studium der Geschichte und Anglistik in Bochum, Wissenschaftliche Mitarbeiterin im Fachgebiet Neuere Geschichte an den Universitäten Essen und Hagen

*Nobert Krüger*, 1940, Studium der Latinistik und Geschichte in Köln, Lehrer am Helmholtz-Gymnasium in Essen

*Uwe Kaminsky*, 1962, Studium der Geschichte und Sozialwissenschaften in Essen, arbeitet zur Zeit an einer Untersuchung über Zwangssterilisation und «Euthanasie» in den Einrichtungen der rheinischen Inneren Mission

*Dr. Michael Zimmermann*, 1951, Studium der Geschichte, Sozialwissenschaften und Latinistik in Bochum, Wissenschaftlicher Mitarbeiter an der «Alten Synagoge» Essen

*Dr. Omer Bartov*, 1954, Studium der deutschen Geschichte in Tel Aviv und Oxford, assistent professor an der Universität Tel Aviv, zur Zeit junior fellow der Society of fellows an der Harvard Universität, USA

*Dr. Manfred Messerschmidt*, 1926, Studium der Geschichte und Rechtswissenschaften in Münster und Freiburg, bis Oktober 1988 Leitender Historiker am Militärgeschichtlichen Forschungsamt Freiburg

*Dr. Bernd-A. Rusinek*, 1954, Studium der Geschichte, Germanistik und Philosophie in Berlin und Düsseldorf, Wiss. Angestellter an der Universität Düsseldorf

*Dr. Mathilde Jamin*, 1948, Studium der Geschichte und Germanistik in Bochum und Heidelberg, Historikerin am Ruhrlandmuseum Essen

*Dr. Ulrich Borsdorf*, 1944, Studium der Geschichte und Germanistik in Bochum und Freiburg, Leiter des Ruhrlandmuseums Essen.